Bach | Die Spuren der DDR

Jonathan Bach

# Die Spuren der DDR

## Von Ostprodukten bis zu den Resten der Berliner Mauer

Aus dem Amerikanischen übersetzt
von Ursula Blank-Sangmeister
unter Mitarbeit von Anna Raupach und Janet Schüffel

Reclam

*Für Yukiko*

Titel der amerikanischen Ausgabe: Jonathan Bach: What Remains. Everyday Encounters with the Socialist Past in Germany


2019 Philipp Reclam jun. Verlag GmbH, Siemensstraße 32, 71254 Ditzingen
Druck und buchbinderische Verarbeitung: Friedrich Pustet GmbH & Co. KG
Gutenbergstraße 8, 93051 Regensburg
Printed in Germany 2019
RECLAM ist eine eingetragene Marke
der Philipp Reclam jun. GmbH & Co. KG, Stuttgart
ISBN 978-3-15-011152-9

Auch als E-Book erhältlich

www.reclam.de

FSC www.fsc.org
MIX
Papier aus verantwortungsvollen Quellen
FSC® C014889

# Inhalt

Einführung 7
»Der Geschmack bleibt« 21
Kommunismus-Sammlungen 58
Rückbau 110
Die Mauer nach der Mauer 161
Epilog: Exit Ghost 200

Dank 215
Abbildungsverzeichnis 220
Anmerkungen 222
Register 259

# Einführung

»Die DDR hat's nie gegeben.« Das ist natürlich Unsinn – die Deutsche Demokratische Republik, d. h. Ostdeutschland, hat während des Kalten Krieges 40 Jahre lang existiert, als Frontlinie des Sowjetblocks, als der sozialistische Doppelgänger Westdeutschlands und als gelebte Realität für 16 Millionen Menschen. Dennoch wurde 18 Jahre nach der deutschen Vereinigung im Jahr 1990 dieser Slogan in über 30 cm großen Lettern auf das noch erhaltene Fundament des vor kurzem abgerissenen ostdeutschen Palastes der Republik in der Mitte Berlins aufgesprüht.[1] Diese ironische Provokation zeigt die gespenstische Situation, die durch die Vereinigung geschaffen wurde: Die DDR wurde zu einer gegenwärtigen Abwesenheit, auf die man sich berief, um sie meist gleich wieder zu verleugnen.[2] Als 1990 das fortschrittlichste sozialistische Land mit halsbrecherischer Geschwindigkeit zusammenbrach, erschienen die von ihm hinterlassenen Artefakte als Schutt, als Trümmer, die plötzlich unzeitgemäß und fehl am Platz waren, als anachronistische Überbleibsel eines gescheiterten Traums von sozialistischer Modernität. Dieses Buch befasst sich mit den Folgen einer solch radikalen Diskontinuität. Sein Blick richtet sich auf das, was geschieht, wenn der Staat verschwindet und ein materielles Vermächtnis hinterlässt, das sich einer Reaktion vonseiten gewöhnlicher Menschen widersetzt und sie zugleich einfordert. Diese Reaktion verfolge ich anhand heutiger Begegnungen mit Dingen und Orten des sozialistischen Alltags. Umetikettiert in Objekte der Nostalgie, werden sie wiederverwendet, um die Gesellschaft zu kritisieren, und auf eine Weise neu genutzt, die die Bedeutung der Vergangenheitsbewältigung verändert.

Als der bekannte frühere ostdeutsche Bürgerrechtler Joachim Gauck, der bald darauf Bundespräsident von Deutschland werden sollte, in einem Interview gefragt wurde, ob die DDR-Nostalgie eine Gefahr für die Demokratie darstelle, antwortete er: »Aber selbstverständlich. Ostalgie verringert all das, was unsere Demokratie ausmacht. Durch selektives Erinnern, Bagatellisierungen und Leugnen droht die politische Urteilsfähigkeit bei der grundsätzlichen Unterscheidung von Diktatur und Demokratie verloren zu gehen.«[3] Solche immer wiederkehrenden Statements beziehen sich auf die Diskussion des Alltags im Sozialismus und lassen wenig Raum für Ambiguitäten. So heißt es 2014 in einer dem »Alltag« gewidmeten didaktischen Schrift der Denkfabrik, die der wichtigsten politischen Partei Deutschlands nahesteht: »Nur wer bereit war, sich mit Mangelwirtschaft, Umweltverschmutzung, Überwachungsstaat und Schießbefehl an der Grenze zu arrangieren, oder wer diese Realität für sich verdrängen oder als unabänderlich hinnehmen konnte, für den war es möglich, den Alltag in der geschlossenen Gesellschaft des SED-Staates als weitgehend normal anzusehen.«[4]

Gleichzeitig zeigen Meinungsumfragen 20 Jahre nach der Vereinigung, dass die Hälfte der früheren DDR-Bürger, etwa acht Millionen Menschen, in dem gescheiterten Staat rückblickend »mehr Gutes als Schlechtes« sehen.[5] Die Ostalgie, ein Neologismus, der die deutschen Wörter Osten und Nostalgie kombiniert, hat sich als ein wichtiges gesellschaftliches Phänomen jahrzehntelang gehalten, sie betrifft den Handel, die Medien und den Tourismus und ist ein ständig wiederkehrendes Thema in politischen und kulturellen Diskussionen. Nicht nur aufsässige loyale Regimeanhänger haben den Eindruck, dass die sozialistischen Bestrebungen im Prinzip löblich waren, dass im Osten, trotz der Überwachung durch den Staat, Freundschaften aufrichtiger oder die speziellen sozialen Wohlfahrtsprogramme der DDR wie etwa die Kinderbetreuung progressiver waren als im Westen. Um zu verstehen, worum es bei der »keineswegs hilfreichen [...] Meinungspolarisierung« geht, die sich hinsichtlich des – besonders das Alltagsleben betreffenden – Vermächtnisses der DDR zeigt, ist es wichtig, gegenwärtige Diskussionen im Kontext des doppelten Erbes der nationalsozialistischen und sozialistischen Vergangenheit zu verorten.[6] Trotz ihrer gegensätzlichen Ideologien werden diese Regime häufig in einen Topf geworfen und im alltäglichen Sprachgebrauch als die beiden Diktaturen Deutschlands bezeichnet.[7] In einer Nation, deren heutige Identität weitgehend auf ihrer substantiellen Bewältigung der Vergangenheit beruht, durchgeistert und prägt dieser umstrittene Vergleich manch eine Debatte über die Erinnerung an die sozialistische und darüber hinaus auch an die nationalsozialistische Zeit und hat Auswirkungen auf eine breitere europäische Erinnerungsethik, die maßgeblich auf dem deutschen Modell beruht.[8]

Daher ist der Alltag bei weitem kein harmloses Thema. Dies Buch sieht ihn weder als eine Stätte der Verdammnis noch der Erlösung. Der Alltag überschreitet und übersteigt die Grenzen des Politischen durch seine Formbarkeit – der Alltag als Zuflucht, als falsches Bewusstsein, als Raum für Befreiung und Kollusion, für Rückzug und Ruhelosigkeit. Die materielle Kultur gestattet einen einzigartigen Einblick in die Funktionsweisen des Alltags in Situationen radikaler Diskontinuität, da sie gewöhnlichen Dingen eine wichtige, aber noch nicht ausreichend erforschte Rolle bei der Aufarbeitung des lebendigen Vermächtnisses umstrittener Vergangenheiten zuschreibt.

Indem es untersucht, auf welche Weise die Vergangenheit in der Gegenwart angeeignet wird, teilt dieses Buch ein Kernanliegen der erinnerungsgeschichtlichen Studien darüber, wie eine symbolische Bedeutung entsteht und Orten, Dingen und Menschen zugewiesen wird.[9] Es bereichert solche Ansätze, indem es darauf schaut, wie unterschiedliche Arten des Umgangs mit materiellen Relikten die Formen der Kommerzialisierung, Präsentation und Performanz – die ich als Aneignungsakte bezeichne – annehmen. Diese Arten des Umgangs ergänzen, verschieben und stellen die symbolische Bedeutung in Frage. Während Erinnerungsstudien sich häufig damit befassen, wie diese Umgangsformen neue Narrationen der Vergangenheit hervorbringen, möchte ich zeigen, dass die materielle Kultur der Vergangenheit in sich überschneidenden Ökonomien der Gegenwart zirkuliert: auf dem Markt für »Ostprodukte«, in der symbolischen Ökonomie nationaler Symbole, in der kreativen Ökonomie im Berlin des 21. Jahrhunderts sowie in der globalen Erinnerungsökonomie.

Die Zirkulation führt weder zur Formulierung eines neuen Narrativs über die Vergangenheit (auch wenn konkurrierende Darstellungen gefördert werden) noch dazu, dass man Geld verdient (auch wenn sich einiges Geld verdienen lässt) oder dass die Vergangenheit »lebendig« gehalten wird (auch wenn ein gewisses historisches Bewusstsein erweitert und generationenübergreifend übermittelt wird). Vielmehr hält sie die Gegenwart in Bewegung und verhindert das Erstarren von Narrativen. Die materielle Kultur, die ich in diesem Buch untersuche, hat einen wenig komfortablen Platz zwischen verschiedenen Wertepolen. Einige Objekte aus der Vergangenheit, wie etwa Antiquitäten, sind wertvoll und weiterhin im Umlauf, haben aber nichts Verstörendes an sich (außer vielleicht, wenn sie gestohlen werden). Andere wiederum, wie z. B. manche obsolet gewordene Produkte, sind wertlos und zirkulieren nicht mehr (außer vielleicht als Abfall). Die in diesem Buch analysierten verwaisten Artefakte aus der früheren DDR sind mehrdeutig, und ihre Verbreitung erhöht jene Ambiguität. Ihr Wert beruht also, wenn man so will, nicht auf dem Austausch, sondern auf ihrer Fähigkeit zu verstören.

Diese Objekte verstören, weil alltägliche Gegenstände und Orte – hier Haushaltswaren, Fernsehapparate, Gebäude und sogar die Berliner Mauer selbst – auf eine Weise verwendet (und zweckentfremdet) werden, die von ihren Herstellern, ursprünglichen Nutzern oder der Mainstream-Gesellschaft nicht vorausgesehen oder sanktioniert wurde.[10] Sich zwischen Unsichtbarkeit und Sichtbarkeit bewegend, zeigen sie, wie Überreste des Sozialismus zu volkstümlichen Formen der Erinnerung werden und eine unterschiedliche Entwicklung nehmen, parallel zu den offiziellen öffentlichen Erinnerungsdiskursen und häufig auch gegen sie. Dieses Buch zeichnet die verstörenden Wirkungen dieser von ihrem verschwundenen Staat abgekoppelten Artefakte nach und stellt dar, wie normale Menschen die Räume des Alltags nutzen, um eine Erinnerung von unten zu schaffen.[11]

Die Geschichte dieses Buches beginnt mit der Zeit, als Ostdeutschland, das als das ökonomisch und technologisch höchstentwickelte Land des Ostblocks galt, im Jahr 1990 verschwand, nicht einmal ein

Jahr nach seinem 40. Geburtstag. Mit seinem jähen Fall schien die gesamte Materialität eines modernen Staates plötzlich veraltet, angefangen mit der Kleidung und den Waschmitteln über die Fabriken bis hin zur Berliner Mauer. Eine solch extreme Kehrtwende war nur möglich, weil das Ende des Ostens technisch gesehen ein Beitritt zum Westen war, nicht aber ein Zusammenschluss zweier gleichberechtigter Staaten: Am 3. Oktober 1990, um null Uhr, wurde das (bundesrepublikanische) deutsche Recht buchstäblich über Nacht im gesamten Osten eingeführt. Viele ehemalige Ostdeutsche (und einige ehemalige Westdeutsche) verurteilten diese Form der Vereinigung, da sie den Osten der Möglichkeit beraubte, die Bedingungen für seine Umgestaltung festzulegen, da sie den Geist der ursprünglichen Revolution gegen die kommunistische Regierung verriet und einer Kolonisierung peinlich nahekam. Ob die Vereinigung auf diese Weise geschehen musste oder nicht, sie bereitete jedenfalls den Weg sowohl für ein ungleiches Machtverhältnis als auch für einen noch nie dagewesenen Fall von kultureller Obsoleszenz, weil binnen kurzem die Infrastruktur, die Produkte und Standards eines gesamten Landes allgemein als minderwertig, antiquiert und nicht wünschenswert galten und rasch durch westliche Güter ersetzt wurden.

Als in den 1990er Jahren die Marktwirtschaft etliche frühere sozialistische Länder hinwegfegte, kam es überall im ehemaligen Sowjetblock zu kultureller Obsoleszenz und zur Fetischisierung westlicher Waren. Doch wegen ihres rasanten Beitritts zu Westdeutschland ging in der Ex-DDR dieser Prozess noch viel weiter. Das macht den Wandel in der DDR einzigartig, während er zugleich die Transformationen in der materiellen Kultur und im Alltagsleben überall in der postsozialistischen Welt ankündigte, von Osteuropa und den Balkanstaaten über Russland und Zentralasien bis zum nachrevolutionären China, das seinen eigenen Weg ging.[12]

Die in Deutschland besonders schnelle Veränderung stellt für das Verständnis der Modalitäten des Alltags eine außergewöhnliche Herausforderung dar. Entsprechende ethnographische Studien gehen meist davon aus, dass der Alltag in differenzierte Gewohnheiten eingebettet, auf sie gegründet und in ihnen verkörpert ist. Aber da die Vereinigung so abrupt erfolgte, scheint der sozialistische Alltag im heutigen Deutschland zerrissen, entkörpert und seines Kontextes beraubt. Der Alltag ist kein vorgegebener Analysebereich, sondern seinerseits ein Artefakt, das wieder angeeignet, rekombiniert und neu gedeutet werden kann. Für diejenigen, die im Sozialismus lebten, wurde der Alltag zu einer Sphäre, wo die Menschen unter neuen Verhältnissen mit ihren Lebenserfahrungen konfrontiert sind und wo Begegnungen mit Alltagsgegenständen »von früher« in der Gegenwart schwierige Fragen aufwerfen: Was stiftet Komplizenschaft in dem früheren System und was Zustimmung in dem aktuellen?

Diese Komplizenschaft ist geknüpft an den Status der materiellen Kultur im Staatssozialismus, in dem die materielle Welt – von Haushaltsprodukten bis zu Lebensmittelläden und Gebäuden – vom Staat ausdrücklich in Dienst genommen wurde, um das Klassenbewusstsein zu formen und zu disziplinieren. Etwas so Banales wie ein farbiger Plastikeierbecher der DDR enthält die kondensierte Geschichte des ostdeutschen Plastiks als ideologischer Frontlinie im Kampf für sozialistische Werte und Macht.[13] Dies führt in wissenschaftlichen und politischen Diskursen zu dem starken Subtext, dass der sozialistische Alltag zwangsläufig eine dunklere antidemokratische Agenda verbirgt. Der persönliche Andenkenkitsch oder die in Ehren gehaltene Erinnerung kann daher auch als symbolische Verharmlosung verurteilt werden. Und das Letzte, was ein verantwortungsbewusster, demokratischer Bürger möchte, ist, dass man ihn beschuldigt, er habe die Geschichte der deutschen Diktatur für harmlos erklärt.

* * *

Während das Alltagsleben im früheren Ostdeutschland für Historiker an Interesse hinzugewonnen hat, haben nur vergleichsweise wenige Wissenschaftler untersucht, welche Rolle der sozialistische Alltag im vereinigten Deutschland bei der Aufarbeitung der Vergangenheit spielt.[14] Sogar noch weniger Aufmerksamkeit hat man der Frage gewidmet, welche Bedeutung der sozialistischen materiellen Kultur im Vereinigungsprozess auf der alltäglichen Ebene zukommt.[15] *Die Spuren der DDR* teilt mit den Historikern des Alltagslebens die Überzeugung, dass die Veränderung nicht nur große Strukturen, sondern auch tägliche Praktiken betrifft. So wie historische Analysen des Alltagslebens unter dem Faschismus und ähnliche Studien über die sozialistische Ära betont das Buch individuelles Handeln und Kontingenz. Dennoch befasst sich diese Untersuchung nicht mit der Geschichte, sondern mit der Gegenwart. Ich versuche nicht, die Vergangenheit mithilfe des Alltags zu rekonstruieren oder das »Problem der Normalität« aus historischer Perspektive zu erklären.[16] Vielmehr untersuche ich, was mit diesem Alltag geschieht, nachdem er, abrupt unterbrochen, zu einem schwierigen Erbe des heutigen vereinten Deutschlands geworden ist.

Gestützt auf Interviews, Feldstudien, wissenschaftliche Untersuchungen und Medien-Analysen, die einen Zeitraum von mehr als zwei Jahrzehnten umfassen, ist *Die Spuren der DDR* eine Ethnographie der Begegnung, im Sinne von Lieba Faier und Lisa Rofel, wonach »Bedeutung, Identitäten, Objekte und Subjektivitäten durch ungleiche Beziehungen zwischen Menschen und Dingen entstehen, die auf den ersten Blick als unterschiedlich gelten können«.[17] Für Faier und Rofel ist eine Begegnung der Prozess, durch den Kategorien durch »sich über Unterschiede hinwegsetzende Engagements« entstehen.[18] Was wir als heutige deutsche Identität ansehen, ist zum Teil das Ergebnis von der Art von Begegnungen, die in diesem Buch untersucht werden. Diese Begegnungen vollziehen sich zwischen Menschen und Menschen, Menschen und Dingen sowie Dingen und Menschen. Durch diese Begegnungen werden die hier behandelten Artefakte zu Stätten aktiver Verstörung, durch die sie in den Medien, im allgemeinen Bewusstsein und auf dem Markt im Umlauf gehalten werden.

Beginnend mit dem Lokalen, Intimen und Kleinen, wendet sich *Die Spuren der DDR* dann dem Nationalen und Globalen, dem Unpersönlichen und Großen zu. Das Buch befasst sich mit nostalgischen Konsumgütern, Museen zum Alltag im Sozialismus, dem Streit über das frühere ostdeutsche Parlamentsgebäude und den Überresten der Berliner Mauer. Diese meist anspruchslosen Stätten unterscheiden sich von prominenten Fällen wie den Akten der Geheimpolizei oder den Mauerschützenprozessen. Anders als Studien über politische Institutionen, über Intellektuelle oder die Dauerhaftigkeit von Stereotypen über die frühere Ost-West-Grenze hinweg erfassen diese Stätten das Spiel von Gegenwart und Abwesenheit nach dem politischen Umbruch, das sich aus dem hartnäckigen Fortbestand der materiellen Überreste entspinnt: Gegenwärtige und künftige Generationen können kaum entscheiden, ob sie den Überresten der Vergangenheit begegnen wollen oder nicht – die Dinge sind da.[19] Dennoch sind sie nicht automatisch Teil dessen, was wir leger als Erinnerung bezeichnen. Im Gegenteil, es kostet Mühe, Objekte mit einem Erinnerungswert auszustatten.

In diesem Buch lege ich dar, dass eine solche Erinnerungsarbeit durch Akte der Aneignung – des Prozesses, etwas zu seinem Eigenen zu machen – geschieht und dass die Aneignung in der Erinnerungsforschung einen eigenen konzeptuellen Status verdient, wenn man verstehen will, wie normale Menschen sich mit verleugneten Vergangenheiten auseinandersetzen. Aneignung ist der Schlüsselmechanismus, durch den Dinge, die einmal als längst vergangen galten oder der Erinnerung nicht wert schienen, aktiv in die Gegenwart (re)integriert werden und einen neuen Wert erhalten. Im Englischen wird der Begriff *appropriation* häufig in der Bedeutung verwendet, dass man sich auf Kosten eines anderen etwas nimmt, ein gewaltsamer Eigentumstransfer, der in gewisser Weise ungesetzlich oder zumindest moralisch fragwürdig ist. Der Begriff kann sich aber auch, weniger wertend, auf den Prozess beziehen, in dessen Verlauf ein Objekt in die Gewohnheiten von Menschen und dadurch in ihr Selbstverständnis integriert wird. Tatsächlich bezeichnete der Philosoph und Pragmatiker William James den Akt der Aneignung als zentral für die Konstruktion der Identität aus der Erfahrung. Unser gegenwärtiges Selbst, »der Haken, an dem die Kette früherer Selbste hängt«, wie es James formulierte, eignet sich die Vergangenheit an und wird von der Zukunft in Besitz genommen.[20]

Ich verwende den Begriff »Aneignung«, weil er das Augenmerk sowohl auf die Materialität als auch auf den prozessualen Charakter von ansonsten singulären Ereignissen richtet. Die Vereinigung ist das, was die Soziologin Robin Wagner-Pacifici eher als »ruheloses Ereignis« denn als ein Ereignis mit klarem Anfang und Ende bezeichnen würde und das auf einem teleologischen Übergang beruht.[21] Die Objekte, mit denen sich dieses Buch befasst, von der Müllkippe bis zum Laden und Museum, sind ruhelos, und Begegnungen mit ihnen formen die Identität (neu) entlang der Kette von Vergangenheit und Zukunft. In anthropologischen Studien über die kulturelle Aneignung verändert sich die Bedeutung von Objekten, die kulturelle Grenzen überschreiten, wenn sie zu Objekten ästhetischen Begehrens werden – eine einst heilige Statue wird zu einem privaten Schmuckgegenstand, ein Geschenk zur Ware, Nutzwert zum Austauschwert. Wenn sie Grenzen überschreiten, seien sie zeitlicher oder räumlicher Natur, ändert sich ihr Wert, ähnlich wie bei Waren, die beim Überschreiten nationaler Grenzen im Wert »steigen« oder »fallen«.[22]

Die banalen Objekte, die in der ersten Hälfte des Buches unter die Lupe genommen werden – einst ausrangierte oder verspottete Lebensmittel oder Kleidungsstücke –, ändern ihren Wert, wenn sie infolge der Kommerzialisierung in der Marktwirtschaft oder in Museumsausstellungen erneut zirkulieren. Dadurch können solche Objekte als eine Form der generationenübergreifenden kulturellen Übermittlung fungieren und generieren eher neue Praktiken, als dass sie zu passiven Symbolen für politische Manipulation, Erlösung oder Widerstand werden. Eine Kommerzialisierung der Vergangenheit bildet, so behaupte ich, per se kein Hindernis für die »positiven Erinnerungsziele«, sondern gestattet es vielmehr amateurhaften, populären und performativen Arten der Aneignung, legitime Wissensformen über die Vergangenheit hervorzubringen.[23]

Dieser Prozess zeigt sich auf andere Weise in der zweiten Buchhälfte, wo wir von (ursprünglich) privat konsumierten Objekten zur Konsumption urbaner Räume der früheren sozialistischen Staatsmacht übergehen. Hier ist das Alltägliche in Form monumentaler sozialistischer Bauwerke, die einst das Alltagsleben zu vereinnahmen und zu kontrollieren versuchten, auf den Kopf gestellt. Bei der Beschäftigung mit prominenten Bauten, die aktiv unmarkiert – abgerissen, entweiht, zerstört – und dann durch ihre spätere Aneignung erneut markiert werden, sehen wir, dass sie am Ort ihres Verschwindens wieder erscheinen und so in einem erbitterten Streit über die Bedeutung der Vergangenheit, der Nation und des Wesens authentischer Repräsentation und Erfahrung weiter zirkulieren. Zwei dialektische Formen des Verschwindens – es geht um den früheren ostdeutschen Palast der Republik und das Wiederauftauchen der Berliner Mauer als Gedenkstätte nach einer Generation der Abwesenheit – stehen im Mittelpunkt und zeigen den aktiven Kampf um das Erbe nicht als Trauer über eine verlorene Vergangenheit, sondern als Bemühungen, die in materiellen Objekten enthaltene überschüssige symbolische Kraft zu nutzen und zu steuern.

Kapitel 1 beginnt mit Konsumartikeln aus der Zeit der DDR, den sog. »Ostprodukten«. Es befasst sich mit ihrem Verschwinden und Wiederauftauchen im Kontext des zugehörigen Tropus der Kommunismus-Nostalgie. Die starken Emotionen, die durch diese anscheinend alltäglichen Dinge ausgelöst werden, sind, so meine Behauptung, kennzeichnend für die Schwierigkeiten, sich dem »normalen« Leben unter einer Diktatur in einem Land zu stellen, in dem der nationalsozialistische Alltag umstritten bleibt. Am Anfang des Kapitels steht ein Besuch des damals neu eröffneten Intershop 2000 im früheren Ostberlin, gefolgt von einer Untersuchung darüber, wie der Konsum zu einem Mittel wurde, die – durch die Wiedervereinigung verursachte – rasche kulturelle Wende psychologisch und gesellschaftlich zu verarbeiten. Das Kapitel endet mit dem Besuch einer Berliner Handelsmesse für Ostprodukte im Jahr 2013 und zeigt, dass diese sich von verspotteten ephemeren Artikeln zu einer regionalen Industrie entwickelt haben. Ostprodukte sind zu Objekten der »Ostalgie« geworden, der Nostalgie nach Dingen aus dem Osten, und erfordern im vereinten Deutschland eine neue Form der Bewertung. Im Gegensatz zu den Medien, die Ostprodukte standardmäßig als oberflächliche oder triviale Überbleibsel abtun, zeige ich, dass die Nostalgie, die sich in ihnen verkörpert, als Trickbetrügerin fungiert und das nationale Projekt des kollektiven Gedächtnisses durch Ironie, Wortspiele und symbolische Mehrdeutigkeit subtil untergräbt. Für die Nostalgie als kollektives Phänomen spielt, so meine Behauptung, die Kommerzialisierung eine entscheidende Rolle, da sie, indem sie repräsentative Produkte aus einer vergangenen Epoche als wertvoll markiert, diese im Umlauf hält und ihnen die Vermittlung kulturellen Wissens ermöglicht. Durch das Beseitigen und Rekombinieren der Symbole, Slogans und Stile des alten Regimes werden Objekte der Nostalgie letztlich wieder modern.

Kapitel 2 verfolgt den Weg der sozialistischen Alltagsobjekte vom Ladenregal ins Museum und stellt den in Kapitel 1 behandelten Kommerzialisierungstaktiken neue Ausstellungs- und Präsentationsstrategien bei der Schaffung kultureller Erinnerung gegenüber. Die Tatsache, dass Alltagsobjekte zu Museumsexponaten werden, bringt, so behaupte ich, normale Menschen in Kontakt mit politischen und wissenschaftlichen Debatten darüber, wie eine »korrekte« Erinnerung an das Leben im sozialistischen Regime auszusehen habe. Kernstück des Kapitels ist eine ethnographische Untersuchung darüber, wie von Amateuren betriebene, privat finanzierte Museen über den Alltag im Sozialismus staatlich geförderte Darstellungen des Ostens in professionellen historischen Museen herausfordern und ergänzen. Hier wird gezeigt, wie sich aus einer buntgemischten Gruppe von Sammlern eine Amateurmuseumslandschaft entwickelt hat und mithilfe welcher Präsentationsstrategien man sich den Mantel der Authentizität umzuhängen versucht. Vor dem politischen Hintergrund der DDR, wo der Alltag vollständig politisiert war, analysiere ich kritisch den Anspruch der Museen auf apolitische Authentizität als ein Mittel, das historische Narrativ und die

Erinnerungspolitik in Frage zu stellen. Da die Museen sich mit der Spannung zwischen gelebter Erfahrung und Politik befassen, spielen diese von Amateuren gestalteten Räume, so meine These, sowohl für Ost- als auch für Westdeutsche insofern eine wichtige Rolle, als sie den Alltag zu einem integralen Bestandteil der Bearbeitung der jüngeren sozialistischen Vergangenheit erheben.

Kapitel 3 verlagert die Debatten über den Alltag auf die bauliche Umwelt und wirft einen Blick darauf, wie eine mit einer wechselvollen Geschichte behaftete Stätte im Zentrum von Berlin zum Fokus von Projektionen über den »richtigen« Umgang mit ererbten Überresten wird. Es befasst sich mit dem früheren ostdeutschen Parlament, dem sog. Palast der Republik, der »zurückgebaut« und zu einem komplexen Streit über das Erbe wird, der sowohl räumlich zwischen Ost und West als auch zeitlich zwischen den Generationen ausgetragen wird. Ich lege dar, dass die einzigartige Funktion des Palastes zur Zeit des Sozialismus als hybrider politischer und alltäglicher Raum den Bau zu einer außergewöhnlich mehrdeutigen Stätte machte, als er nach der Vereinigung verdammt, abgerissen und durch eine Kopie seines Vorgängers, der früheren kaiserlichen Residenz, des Berliner Stadtschlosses, ersetzt wurde. Diese Aneignung durch Auslöschung steht im Gegensatz zu der in den vorherigen Kapiteln untersuchten Aneignung durch Kommerzialisierung und Präsentation. Das Kapitel zeigt, dass der Ort zu einer *cause célèbre* wurde: für frühere Ostdeutsche, die den Palast retten wollten; für Konservative, die entschlossen waren, das kaiserliche Schloss als Symbol für das neue Deutschland, das sich auf seine preußische Vergangenheit besinnt, wiederaufzubauen, und für eine jüngere Generation, die bestrebt war, durch Performanz den Raum auf subversive Weise neu zu nutzen, um sowohl die Nostalgie als auch die nationale Bildersymbolik zu überwinden. Der Palast wird dabei sowohl zu einem Schwerpunkt in Debatten über die Rolle der Modernität bei der Darstellung der nationalen Bestrebungen Deutschlands und seines Selbstbewusstseins als auch zu einem Experimentierfeld für die performative Aneignung durch die Nachwende-Generation.

Nachdem ich mich von den lokalen Nostalgie-Objekten in den nationalen Raum von Berlins Palästen begeben habe, widme ich mich im letzten Kapitel einem internationalen Symbol für staatliche Repression, dem Kalten Krieg, und dem Überwinden von Grenzen: der Berliner Mauer. Hier lege ich dar, dass der materielle Raum der Mauer als Grenze verschwand, um fast eine Generation später als Erinnerungsstätte wieder aufzutauchen, wobei sie die – in den vorherigen Kapiteln vorgestellten – Formen der Kommerzialisierung, der Präsentation und Performanz integriert. Ich lege dar, dass die Mauer zuerst »aus der Zeit« genommen (detemporalisiert) und dann in den Narrativen von Trauma, Konsum und Politik durch drei bedeutende Erinnerungsstätten retemporalisiert wurde – die Gedenkstätte Berliner Mauer in der Bernauer Straße, Checkpoint Charlie und die East Side Gallery. Unabhängig davon und als Teil des offiziellen »Konzepts« der Stadt, der Mauer zu gedenken, schildert das Kapitel, wie diese Orte die Stadt ebenso sehr mit ihrer Suche nach neuen Grenzen möglicher Zukünfte wie mit ihrer Vergangenheit verbinden. Es zeigt, dass ein Zusammenfluss von Bewusstsein, »coolness« und Kommerzialismus die Mauer veränderte: Aus einer Quelle der Scham wurde ein positives Symbol für die kulturelle Regenerationsfähigkeit der Stadt.

Der Epilog liefert eine Coda zu den neuen Formen der Aneignung, die in den vorausgegangenen Kapiteln analysiert wurden. Er handelt von Angehörigen der ersten Generation, die nach der Vereinigung heranwuchsen und mehr als 20 Jahre nach dem Fall der Berliner Mauer ein Theaterstück erstellten und aufführten. Das Stück *1989 [Exit Ghost]* ist ein komplexer Aneignungsakt, der Shakespeares *Hamlet*, *Hamletmaschine*, ein Werk des DDR-Dramatikers Heiner Müller, Probennotate der ersten ostdeutschen Produktion von *Hamletmaschine* im Jahr 1989 zur Zeit des Mauerfalls und eine Dokumentation zeitgenössischer Texte und Medienberichte kombiniert. In dieser Aufführung werden die Ereignisse von 1989 letztlich als Hintergrund für die jüngeren Proteste in Griechenland, Spanien und im Nahen Osten genutzt und werfen neue

Fragen darüber auf, was es bedeutet, durch den Akt des Erbens der Vergangenheit und Gegenwart gerecht zu werden.

Die hier untersuchten Fälle umfassen die ersten 25 Jahre seit dem Fall der Berliner Mauer, also etwa eine ganze Generation. Jedes Kapitel endet zu dem Zeitpunkt, wo die Beziehung zwischen volkstümlicher Erinnerung und kollektivem Gedächtnis sich allmählich verändert und institutionalisiert wird: die Vermarktung von Ostprodukten, der Versuch, das Alltagsleben durch staatlich geförderte Museen zu vermitteln, die endgültige Auslöschung des Palastes der Republik, um Platz für den Wiederaufbau des Schlosses zu schaffen, die Übernahme der East Side Gallery durch die Stiftung Berliner Mauer. In der einstigen Erinnerungsgeschichte von unten scheinen diese Momente jetzt ein neues Durchsetzungsvermögen des Staates zu markieren. Im Epilog zeigt jedoch die jüngere Generation, die – als sie die Revolutionen des Arabischen Frühlings erst gedeihen und dann scheitern sieht – über 1989 nachdenkt, dass die fortgesetzte Beschwörung des Alltags die Bemühungen, Deutschlands vielschichtige Historizitäten zu versöhnen, stört, untergräbt und neu ausrichtet. Deutschlands Vereinigung bot den Deutschen die ungewöhnliche zweite Chance, sich in der Kunst der Vergangenheitsbewältigung zu üben. In den nachfolgenden Kapiteln beschreibt *Die Spuren der DDR* ethnographisch, wie normale Menschen diese Kunst durch alltägliche Begegnungen praktizieren, die sowohl die Vergangenheit als auch die Gegenwart ins Wanken bringen.

## »Der Geschmack bleibt«

In einem Industriegebiet nahe der früheren Grenze tauchte im Oktober 1998 auf einem grasbewachsenen leeren Grundstück ein flaches Gebäude auf, dessen Wände merkwürdig gebogen waren und über dessen Tür ein großes rotes M zu sehen war. Das sonderbar modernistische fragile Gebäude war eine der letzten erhaltenen »Raumerweiterungshallen« des früheren Ostdeutschlands, ein mobiler Container aus Aluminium und Hartfaserplatten, der an nur einem Tag aufgestellt und auf einem Anhänger transportiert werden konnte. Einst zu Tausenden produziert und in der sozialistischen Landschaft allgegenwärtig, stand dieses vereinzelte Exemplar jetzt in zeitlichem und räumlichem Kontrast zu den massiven, aus dem 19. Jahrhundert stammenden Fabrikgebäuden im Hintergrund. Fünf Jahre zuvor beherbergten diese eindrucksvollen Bauten noch das ostdeutsche Lampenkombinat Narva. Jetzt erlebten sie die Transformation von einem »Age of Industry Exteriors« zu einem »Age of Information Interiors and Amenities«, wie es die Bauentwicklungsgesellschaft des Fabrikgeländes auf ihrer englischen Website formulierte.[1]

Diese »Raumerweiterungshallen«, die weder in das Industrie- noch in das Informationszeitalter ganz genau passten, hatten einst der Mitropa gehört – ein von »Mitteleuropa« abgeleitetes grässliches Akronym und Name der Speisewagengesellschaft der Deutschen Reichsbahn (eine sogar noch anachronistischere Bezeichnung), der zurechtgestutzten sozialistischen Eisenbahngesellschaft. Nach der Vereinigung im Jahr 1990 übernahm die westdeutsche Bundesbahn das ostdeutsche Unternehmen. Die Kosten für die Verschrottung dieser jetzt nutzlosen Gebäude beliefen sich auf Tausende von Dollars; Elke Matz, eine Westberliner Graphikdesignerin, die Mitropa-Artefakte sammelt, kaufte zwei dieser Raumerweiterungshallen zum symbolischen Preis von einer Deutschen Mark und eröffnete in ihnen einen mit einer Ausstellung verbundenen Laden namens Intershop 2000.

Der ursprüngliche Intershop war eine Kette von staatlichen Ein-

Intershop 2000 in Berlin. Der Intershop 2000 (rechts) befindet sich neben einer anderen früheren »Raumerweiterungshalle« der Mitropa. Der Laden steht auf dem Gelände des früheren DDR-Lampenkombinats Narva in einem Industriegebiet des beliebten Berliner Bezirks Friedrichshain. 2012.

zelhandelsgeschäften, die von der DDR zur Einnahme harter Devisen gegründet worden war. Es war eine Art zollfreier Laden für westliche Zeitreisende, die die Welt des Ostens besuchten, und ein Honeypot, der wertvolle harte Devisen ansaugte, die als Geschenke der westlichen Verwandten ihren Weg in die Taschen der Ostdeutschen fanden. Zur Zeit des Sozialismus führten diese Geschäfte seltene Konsum- und Luxusgüter wie Schokolade, Elektronikartikel und Parfum. Sie erinnerten ständig nicht nur an die erheblichen Mängel der DDR-Wirtschaft, sondern auch an das Missverhältnis zwischen dem sozialistischen Ideal und den Devisenbeschaffungsmaßnahmen des Staates.

Intershop 2000, dessen damals (im Jahr 1998) futuristischer Name den zehnten Jahrestag der Wiedervereinigung ankündigte, präsentierte alte DDR-Produkte, die in den meisten Fällen jetzt fast ebenso selten waren wie früher die westlichen Güter.[2] Anfangs war Intershop 2000 als eine Ausstellung gedacht, welche die materielle

Kultur einer rasch versinkenden Ära anhand kommerzieller Produkte und Alltagsgegenstände einfangen sollte, doch die Besucher versuchten ständig, die zur Schau gestellten Produkte zu kaufen. Um die Nachfrage nach Waren zu befriedigen, die zu jener Zeit nur noch auf Flohmärkten oder in Großhandelslagern zu finden waren, teilten die zu Eigentümern gewordenen Kuratoren Intershop 2000 auf: in eine historische Ausstellung und in eine Version seiner ursprünglichen Rolle als Einzelhandelsgeschäft. Die Besucher – angefangen mit älteren Bürgern, die vertraute Produkte suchten, bis hin zu hippen westlichen Kitschsammlern – strömten herbei, um die Regale nach DDR-Marken und Souvenirs zu durchforsten.

Der auf den Kopf gestellte Intershop löste einen Wirbel in den Medien aus und sprang auf die sozialistische Nostalgie-Welle auf, die in Deutschland als »Ostalgie« (ein von »Nostalgie« abgeleiteter Neologismus) bekannt ist. Intershop 2000 war Teil eines boomenden Phänomens in den späten 1990er Jahren, bevor der Film *Goodbye Lenin* die Entwicklung von der Gegenkultur zum Mainstream anschob.[3] 1998 waren Nostalgie-Partys voll im Trend. Sie protzten mit »Visa« als Eintrittskarten, und Nostalgie-Kneipen schossen aus dem Boden, so wie das »Mauerblümchen« mit einer Berliner Mauer aus Pappmaschee, das »VEB Ostzone« (Volkseigener Betrieb Ostzone) mit seinem ungenießbaren Cocktail »Generalsekretär« oder »Die Tagung«, die ihre Gäste mit Porträts der früheren Parteichefs Walter Ulbricht und Erich Honecker begrüßte. Während kurz nach der Vereinigung die Ostdeutschen bekanntlich alles verabscheuten, was im Osten produziert wurde (sogar Milch und Eier), und Waren aus dem Westen den Vorzug gaben, kam es zehn Jahre später zu einer gewissen Kehrtwende: »Ostprodukte« – Alltagsartikel aus der DDR, die noch oder wieder erhältlich waren, insbesondere Lebensmittel und Haushaltswaren, erlebten ein Comeback in Fachgeschäften mit Namen wie OstOase sowie in normalen Lebensmittelläden und im neu entstehenden Online-Markt im Internet.

Solch nostalgische Sujets trafen einen Nerv in den Medien und bei den Politikern, die das Phänomen meist als unangebrachte oder naive Trivialisierung des gescheiterten sozialistischen Regimes und dessen repressiven Gewaltapparates geißelten. Ironische Aneignungen, die sich über das gescheiterte Regime offen lustig machten, waren gesellschaftlich durchaus akzeptiert, aber jede Äußerung, die als Sehnsucht nach der DDR interpretiert werden konnte, wurde rasch als wahnhaft und undankbar ins Lächerliche gezogen. Im öffentlichen Diskurs wurde »Ostalgie« trotz und wegen dieses Makels rasch zu einem Standardbegriff, der im allgemeinen Sprachgebrauch sowohl pejorativ als auch scherzhaft verwendet wurde. Mit Bezug auf die Gewohnheiten von Ostdeutschen bekräftigt »Ostalgie« tendenziell ein weit verbreitetes westliches Bild der Ostdeutschen als Leuten, die, verblendet und undankbar, sich pathetisch nach der sozialistischen Vergangenheit zurücksehnen. Wenn das Subjekt jedoch der bewusst ironische Westler (oder der »intellektuell anspruchsvolle« Ostler) ist, der an der Retro-Ausstrahlung des DDR-Designs Gefallen findet, erscheint die Ostalgie als (p)ostmodernes Artefakt, das just wegen seiner fehlenden emotionalen Bindung an eine spezielle Vergangenheit geschätzt wird. So umfasst die Ostalgie gleichzeitig zwei Formen der Nostalgie, die den Unterschieden ähneln, die Marilyn Ivy in der Nostalgie in Japan wahrnimmt: eine »modernistische« Nostalgie im früheren Ostdeutschland und eine »Stil-Nostalgie« hauptsächlich (aber nicht ausschließlich) im Westen.[4]

Dieses Kapitel untersucht die Produktion und den Konsum von Ostprodukten als dem entscheidenden symbolischen Ort, an dem sich diese beiden Typen der Nostalgie herauskristallisieren. Es zeigt, wie diese Formen der Nostalgie die Funktion der Ostprodukte verändern, die von gering geachteten ephemeren Erscheinungen zu einer regionalen Industrie und einem akzeptierten Teil der kulturellen Erinnerungslandschaft des vereinten Deutschland werden. Der Anfang des Kapitels nimmt die Rolle der modernistischen Nostalgie unter die Lupe, die in der früheren DDR in dem Jahrzehnt nach der Wiedervereinigung aufkommt, wo der Konsum von Ostprodukten als eine Form der Produktion selbst erscheint – eine Wiederaneignung von Symbolen, die das »Eigentum« an einem symbolischen Kapital begründen, oder das, was Michel de Certeau

(N)Ostalgie-T-Shirt. Radebeul 2009.

als »Manipulation durch Verbraucher, die nicht seine Hersteller sind« bezeichnet.[5] In seiner modernistischen Ausrichtung fungiert die Nostalgie als Mechanismus für die psychologische und gesellschaftliche Verarbeitung der durch die Wiedervereinigung verursachten raschen kulturellen Veränderungen. Anschließend befasst sich das Kapitel mit der Stil-Nostalgie, bei der Ostprodukte flottierende Signifikanten des »Neokitschs« darstellen, die den Konsum als oppositionelle Praxis untergraben, indem sie zugleich den Verbraucher *in* den Markt und die Güter in Marker des persönlichen ironischen Ausdrucks verwandeln.

Im Zuge der zunehmenden Institutionalisierung und Kommerzialisierung der Ostalgie in der größeren kulturellen Erinnerungslandschaft Deutschlands ist es das Janus-Gesicht der Nostalgie, das diese zum Medium für die Übermittlung kulturellen Wissens werden lässt. Ich behaupte hier, dass die Nostalgie ein kollektives Phänomen ist, eine Folge der Kommerzialisierung, die Alltagsgegenstände in nostalgische Objekte verwandelt und ihre Verbreitung und Rekombination mit aktuellen Debatten, Tropen und Symbolen ermöglicht. Die Untersuchung der Beziehung zwischen Materialität und Nostalgie hilft nicht nur den Ursprung der Ostalgie zu verstehen, sondern auch, warum sie nicht mit der ersten Nachwende-Generation abflaute, sondern sich allem Anschein nach weiter verfestigte. Der Fall Deutschland hilft uns auch, in allgemeinerer Weise über die Funktion der Nostalgie als einer Form der kulturellen Übermittlung nachzudenken.

## Moderne Sehnsüchte und die Sehnsucht nach dem Modernen

Im allgemeinen Sprachgebrauch ist die Nostalgie eine Form der Sehnsucht nach der Vergangenheit, aber ihre modernistische Variante ist weniger die Sehnsucht nach einer unwiderruflich verlorenen Vergangenheit als solcher als vielmehr die Sehnsucht nach den Phantasien und Wünschen, die in jener Vergangenheit einmal möglich waren. Insofern ist das, was sich als modernistische Nostalgie bezeichnen lässt, die Sehnsucht nach einem bestimmten *Modus* der Sehnsucht, der jetzt nicht mehr möglich ist. Diese Form der Nostalgie wurde im Fall der Ex-DDR besonders akut, da der Sozialismus dort eine spezielle Art der Sehnsucht hervorbrachte. Diese war ein ausnehmend integraler Bestandteil ihrer Identität, wurde aber nach dem Zusammenbruch des Staates außergewöhnlich rasch ins Gegenteil verkehrt, für nichtig erklärt und von ihrem Alter Ego absorbiert. Der sozialistische Staat hatte eine harmonische Zukunft entworfen, in der nach dem Absterben des Kapitalismus die hart arbeitenden Menschen einen utopischen Staat hervorbringen würden, der ihre materiellen Bedürfnisse befriedigen sollte. Gleichzeitig hatten die Ostdeutschen einen umfassenden Zugang zu westlichen Bildern, besonders durch das Fernsehen, die auf ihre eigene unwirkliche Weise das Leben im Einklang mit seinem materiellen Umfeld zeigten. Diese beiden Entwürfe – die sozialistische Utopie, durch zahllose Slogans, Reden und Plakate verbreitet, und die Verbraucherutopie der westdeutschen Fernsehwerbung und Medienspektakel – verschmolzen zu einer zeitlich (auf die Zukunft) und örtlich (auf den Westen) aufgespaltenen Sehnsucht: Für die Ostdeutschen erschien, wie Milena Veenis feststellt, das »schöne Material« des Westens »mit seinen harmonischen ästhetischen Kompositionen und seinen tangiblen, weichen und sinnlichen Merkmalen auf gewisse Weise wie die konkrete Realisierung und endgültige Erfüllung all der schönklingenden, aber niemals verwirklichten (sozialistischen) Versprechen einer goldenen Zukunft, in der wir alle über ein vollentwickeltes Selbst verfügen und in vollendeter Harmonie miteinander leben würden.«[6]

Somit lag der Sehnsucht in der DDR ein unerreichbares Objekt der Begierde zugrunde, »das vollentwickelte Selbst«, das vom Sozialismus ebenso wie vom westlichen Materialismus verheißen wurde. Die Sehnsucht nach einer sozialistischen Utopie war daher auf perverse Weise mit einer fetischistischen Bewunderung für die westliche materielle Kultur verknüpft. Die plötzliche Aussicht auf eine Vereinigung beider Staaten in den Jahren 1989 und 1990 barg das unglaubliche Versprechen, diese zeitlichen und räumlichen Phantasien zu konkretisieren. Die Unfähigkeit der Vereinigung, die dialektischen Phantasien durch die Sublimierung der anscheinend entgegengesetzten, durch den Sozialismus trainierten und den Kapitalismus angetriebenen Wünsche nach Harmonie zu erfüllen, produzierten im früheren Osten eine modernistische Form der Nostalgie. Diese Nostalgie galt nicht der DDR selbst, sondern der mit der DDR verbundenen Sehnsucht. Was eine eingefrorene Hoffnung auf eine für unbestimmte Zeit verschobene Zukunft gewesen war, verwandelte sich in eine Nostalgie nach dieser Hoffnung.

Die Nostalgie hinsichtlich des Verlusts der Sehnsucht war Teil eines allgemeineren Verlustgefühls der Bürger der früheren DDR, ein Verlust, den Gisela Brinker-Gabler beschreibt als eine Dis- und Re-Lokation von Deutschland nach Deutschland, »ein Auseinanderbrechen des kollektiven ostdeutschen Subjekts und des individuellen Subjekts – gleichfalls ein Auseinanderbrechen der Sprache – und eine Wiederzusammensetzung in einem vereinten Deutschland unter neuen Erfahrungsbedingungen«.[7] In der Technologie und Industrie hatte die DDR unter den Ostblockstaaten eine führende Rolle gespielt. Selbst während der Revolutionen von 1989 und 1990 schien die DDR die Gewinnerin zu sein, indem sie wortwörtlich über Nacht »westlich wurde«, während ihre sozialistischen Nachbarn von einer solchen Metamorphose am Ende eines langen Weges nur träumen konnten. Doch nach ihrer Eingliederung in den Westen sahen sich die Bürger der ehemaligen DDR mit einem klar untergeordneten Status konfrontiert. Die hohe Arbeitslosigkeit, niedrigere Löhne und gesellschaftliche Anomie, die den Osten bald nach der Vereinigung prägten, galten zunächst als Übergangseffekte, wurden aber rasch zu permanenten Merkmalen der relativen Position Ostdeutschlands. Um die Mitte der 1990er Jahre sang die Rap-Gruppe A. N. T. I.: »Ostnigger […] heißen wir am Stück. / Die Farbe unserer Haut ist zwar weiß, / aber in Deutschland sind wir der letzte Scheiß.«[8] Ein repräsentativer Artikel, der um dieselbe Zeit in einer angesehenen westdeutschen Zeitschrift erschien, formulierte es etwas anders: Die Ostdeutschen, so schrieben die Wissenschaftler, hätten mit der Tatsache zu leben gelernt, dass sie Bürger zweiter Klasse sind und dies auf absehbare Zeit auch bleiben werden.[9] Angesichts solch offener Eingeständnisse, dass das Versprechen der Einheit, den Osten auf das Niveau des Westens zu bringen, nicht eingelöst wurde, ist es kaum überraschend, dass die Ostdeutschen sich mit der »Tatsache« ihrer Zweitklassigkeit nicht zufriedengeben würden.

Es ist indes ein prekäres Unterfangen, eine ostdeutsche Identität zu definieren, da der Osten den diskursiven Raum der Inferiorität fest besetzt und die Westdeutschen de facto rasch die ökonomische, kulturelle und politische Landschaft des Ostens dominierten. Hier halfen die Ostprodukte, den psychologischen Vorteil der westlichen Überlegenheit bei der Vereinigung abzumildern. Wie Daphne Berdahl feststellt, suchen die Ostdeutschen die »Einheit« mit den Westdeutschen, während die Westdeutschen eine solche Einheit nicht brauchen und sogar befugt sind, sie zu leugnen.[10] Ostprodukte sind nun genau dazu angetan, diese Situation umzukehren: Durch die Ablehnung der offenkundig überlegenen westlichen Güter und das Zurückgreifen auf die »guten alten« ostdeutschen Produkte versuchen die Ostdeutschen, den Markt symbolisch gegen den Westen einzusetzen.

Die Aufwertung der Ostprodukte war zunächst eine direkte Reaktion auf die mit den DDR-Produkten verbundene Schmach: Sie galten als qualitativ schlechter, eine Meinung, die im Westen weithin geteilt und im Osten internalisiert war. So dienten sie als eine Form der kulturellen Intimität im Sinne Michael Herzfelds, wonach bestimmte Objekte, die von mächtigen Outsidern, in diesem Fall den Westdeutschen, abgelehnt werden, das Insidertum definieren.[11] Die Alltagsprodukte, die auf den Markt zurückkehrten oder dort blieben – Waschmittel, Essiggurken, Senf, Bier –, waren auch im wörtlichen Sinn intim, da sie als ephemere Produkte in engen Kontakt mit dem Körper kamen. In den ersten Jahren nach der Wiedervereinigung horteten einige Leute außer Gebrauch gekommene Waren. So legte sich etwa ein Mann, wie er sich erinnerte, einen Jahresvorrat des Waschmittels Spee an, als er bemerkte, dass es in den Läden plötzlich als wertlos galt. Nachdem anfänglich alle östlichen Waren aus den Regalen entfernt worden waren, begannen ein paar Läden damit, Schilder mit der Aufschrift »Wir verkaufen Ostprodukte« aufzuhängen, und boten bestimmte beliebte DDR-Marken zum Verkauf an, um sich an die Konsumenten zu wenden, die sowohl vom Ausprobieren neuer Artikel als auch von der Suche nach Einsparmöglichkeiten erschöpft waren.

Innerhalb kurzer Zeit erlangten manche Marken Kultstatus, teils weil sie noch erhältlich, vertraut und billig waren, teils wegen ihres Designs, das den sofort erkennbaren Retro-Trend der sozialistischen Werbung betonte. In Gesprächen mit Freunden, in Geschäften und auf Online-Foren bin ich Ostdeutschen begegnet, die Ostprodukte als schmackhafter empfanden, u. a. deshalb, weil sie authentischer waren: Manche hielten sie für reiner (weniger Konservierungsmittel) und ehrlicher (weniger Marketing-Tricks), auch wenn dies nicht immer der Fall war. Die »guten alten« ostdeutschen Produkte vermittelten eine wenig subtile Trotzhaltung, die sich in ihren beißend ironischen Slogans widerspiegelte: »Der Osten hat gewählt«, verkündeten die Kathi-Backmischungen, während Club Cola erklärte: »Von einigen belächelt, ist sie doch nicht tot zu kriegen – Club Cola, die Cola aus Berlin« und sicherheitshalber »Hurra, ich lebe noch« hinzufügte. Der Werbeslogan der Kaffeemarke Rondo war sogar noch direkter: »Natürlich war nicht alles schlecht, was wir früher gemacht haben«, und eine regionale Boulevardzeitung, *Super Illu*, warb mit »Eine von uns«. Am besten las man sie wohl, während man Club Cola trank, die außerdem den Slogan »unsere Cola« verwendete. Die Werbung für alte ostdeutsche Zigarettenmarken war am kühnsten und überall in den Städten auf Plakatwänden zu sehen: »Ich rauche Juwel, weil ich den Westen schon getestet habe. Eine für uns.« Karo-Zigaretten behaupteten aggressiv einen »Anschlag auf den Einheitsgeschmack«, während die Zigarettenmarke f6 keck erklärte: »Der Geschmack bleibt.«[12]

Dieses diskursive Terrain ist für Deutsche, Westler wie Ostler, sofort erkennbar. Diese Werbeslogans zeigten einen ausgeprägten

Sinn für Mehrdeutigkeiten, die auf die bittersüße Begegnung mit dem einst goldenen Westen anspielten und sich in drei Hauptkategorien unterteilen lassen. Der erste Tropus impliziert, wie am Beispiel von Kathi und Juwel abzulesen, dass die Dinge im Osten besser waren und der Westen die Erwartungen nicht erfüllen konnte: Die Backmischung-Werbung »Der Osten hat gewählt« erinnert an die Verachtung der Ostdeutschen für westliche Brötchen, deren harte Kruste eine lockere Krume umschließt, die sie im Vergleich mit den herzhaften Schrippen des Ostens als fluffig und »leer« empfinden.[13] Der Slogan von Juwel »Ich habe den Westen schon getestet« ist deutlich weniger subtil. Dieses Wortspiel hat eine doppelte Zielrichtung, insofern als es einerseits den berühmt-berüchtigten allgegenwärtigen Werbeslogan der beliebten westlichen Zigarettenmarke West »Test the West« konterkariert und andererseits eine sarkastische Antwort gibt auf den kaum verhüllten Subtext der Vereinigung, wonach man durch den Kauf westlicher Güter zum Westler wird.

Der zweite Tropus, repräsentiert durch Karo und f6, vertieft die Enttäuschung und hat einen bitteren Beigeschmack. Karos »Anschlag auf den Einheitsgeschmack« ist ein harsches Wortspiel, da »Einheitsgeschmack« auch als »Geschmack an der Einheit« verstanden werden kann. Schließlich gibt es noch die Bedeutung des Opfertums und Überlebens in Slogans wie »Hurra, ich lebe noch« (Club Cola), ein schauriges Echo auf den nach 1945 verbreiteten Slogan »Hurra, wir leben noch«. Der Slogan von f6 »Der Geschmack bleibt« lässt sich als lapidare Antwort auf Christa Wolfs umstrittenes Buch *Was bleibt* verstehen, das nach dem Zusammenbruch der DDR veröffentlicht wurde.[14]

Das romantisierte Bild Ostdeutschlands, das durch diese Produkte erschaffen wurde, ist absichtlich provokativ. Sie hinterfragen die Authentizität, indem sie auf eine Zeit zurückblicken, als die Beziehung zwischen dem *Echten* und dem *Ersatz* noch stimmig zu sein schien. Das »Echte« galt üblicherweise als das typische Merkmal westlicher Produkte: echter Kaffee statt Zichorie, echter Orangensaft statt Orangenaroma usw. In diesem Zusammenhang wurden bekanntlich selbst leere Softdrinkdosen zu Fetischen (schließlich ist nur Coca-Cola »The Real Thing«). Das mit dem authentischen Selbst verbundene authentische Produkt war im Westen lokalisiert. Seine Relikte sickerten ständig in das ostdeutsche Bewusstsein: durch die westliche Fernsehwerbung, durch Geschenke, die von westlichen Verwandten persönlich überreicht oder in »Westpaketen« per Post verschickt wurden, sowie durch verschiedene Berichte der wenigen Glücklichen, die nach »drüben« reisen durften.

Diese Wertschätzung authentischer Produkte ist eng verbunden mit der Erfahrung der Ostdeutschen mit dem Warenfetischismus. Trotz der offiziellen Siegesmeldungen über diesen Fetischismus heizte das sozialistische System ihn eher noch an, indem es die Verbraucherwünsche ständig enttäuschte und dann wieder stimulierte. Dieser fortwährende Kreislauf hatte seinen Ursprung im Verhältnis zwischen dem offiziellen Austauschkreislauf (»erste« Wirtschaft) und dem des Schwarzmarktes (»zweite« Wirtschaft oder Schattenwirtschaft). Die zweite Wirtschaft war nicht nur ein Parasit der ersten, sondern auch ko-konstitutiv: Ohne den Schwarzmarkt wäre die offizielle Wirtschaft völlig zusammengebrochen.

Die inoffizielle, wenn nicht geradezu illegale Wirtschaft trug dazu bei, die Dynamik von Stimulation und Deprivation einzudämmen, die durch die Unfähigkeit des zentralen Plansystems, die versprochenen Güter zu liefern, verursacht wurde. Doch sie übertrug auch den Markt auf alle Aspekte des Lebens. Nützliche Deals, Beziehungen und Gelegenheiten konnten sich überall und jederzeit bieten (wie in der oft erzählten Anekdote über das Schlangestehen: Man fragte erst gar nicht, warum man Schlange stand, denn wenn Menschen anstanden, mussten die angebotenen Artikel selten und deshalb gut sein), und so stauten sich die Verbraucherwünsche immer weiter auf.[15]

Die Umwertung östlicher Güter von *Ersatz-* zu *echten* Produkten erfolgte mit der Apotheose dieser Verbraucherwünsche: der Vereinigung. »Der Sozialismus hatte sie darin trainiert, Wünsche zu haben«, bemerkt John Borneman, »der Kapitalismus trat auf die

Bühne, um ihnen das Kaufen zu ermöglichen.«[16] Das – durch den Fall der Berliner Mauer ausgelöste – Gefühl des Unwirklichen und Phantastischen wurde durch die Art der Sehnsucht verstärkt, welche die sozialistischen Versprechungen des Ostens in die Nähe der westlichen Konsumentenprojektionen gerückt hatte und so, wie Veenis beschreibt, jede der beiden Seiten mit den Phantasien der anderen durchdrang. Die ersten Monate nach der Vereinigung lösten einen Konsumrausch aus, der an Walter Benjamins Bemerkungen über das Paris des Zweiten Kaiserreichs erinnerte, wo mit Waren gesättigte Kunden den trunkenen Charme von Drogensüchtigen an den Tag legten. Wie bei Suchtkranken, schreibt Benjamin, gewinnt die Ware »den gleichen Effekt [...] der sie berauschenden, sie umrauschenden Menge ab. Die Massierung der Kunden, die den Markt, der die Ware zur Ware macht, eigentlich bildet, steigert deren Charme für den Durchschnittskäufer.«[17] Gleich nach der Öffnung der Grenzen nutzten berauschte Ostdeutsche die Möglichkeit des Geldumtauschs, um in den Westen einzutauchen.

Alle rauschhaften Zustände sind natürlich kurzlebig, und die Vereinigung läutete keine hybride goldene Zukunft ein, in der vollentwickelte Persönlichkeiten harmonisch miteinander lebten. Ganz im Gegenteil. Skrupellose Geschäftsleute, betrügerische Tricks und das eingeplante schnelle Verfallsdatum glamouröser Produkte setzten der Illusion einer materiellen Bedürfnisbefriedigung als Zwischenstufe zu einem harmonischen Dasein ein rasches Ende. Dementsprechend verwarfen die meisten Ostdeutschen die kurz (wenn auch intensiv) gehegte Vorstellung, dass westliche Güter ipso facto *echter* als östliche seien. In einem raschen Sinneswandel erklärten fast drei Viertel der Ostdeutschen schon bei einer Umfrage am Ende des Jahres 1991, dass sie Ostprodukte bevorzugten.[18]

Dies bereitete die Bühne für die endgültige Kehrtwende: In vielen Fällen galten DDR-Güter nun als *authentischer* als ihre damaligen westlichen Pendants. Die Produkte aus der alten DDR wurden mit einer Art symbolischen Kapitals assoziiert, das einst für die anscheinend überlegenen Waren des Westens reserviert war, insofern als sie angeblich eine authentische, nichtentfremdete Beziehung zwischen dem Selbst und dem Produkt zum Ausdruck brachten. Sie stellten in gewisser Weise eine Art Heimkehr dar, machten sich das zunutze, was ein ehemaliger Ostdeutscher bezeichnete als »fest im Bewusstsein der Ex-DDR-Bürger verankertes Gut der Erinnerung an das Positive der DDR und der eigenen erlebten Vergangenheit«, und waren empfänglich für verdrängte Seiten, um ihren Gefühlen freien Lauf zu lassen: »Ich bin in Freudentränen ausgebrochen, der gute alte Rondo«, erklärte ein Kunde angesichts der Wiedereinführung der Kaffeemarke Rondo im Jahr 1997.[19]

## Die Ökonomie des schönen Scheins

Dass westliche Güter plötzlich nicht mehr als echt, sondern als Fake wahrgenommen wurden, liegt zum Teil daran, dass die Ostdeutschen sich zu sehr wie ideale Verbraucher verhielten. Sie fielen auf die Werbung herein, und als sie verstanden, dass List und Tücke Teil der Werbung sind, fühlten sie sich zugleich betrogen und klüger. Aber natürlich beruht das gesamte Verpackungskonzept auf der Annahme, dass der Verbraucher leichtgläubig ist. Im Westen sind die Konsumenten einerseits geneigt, der verführerischen Werbung nachzugeben, und sind sich andererseits bewusst, dass der Packungsinhalt niemals dem Bild auf dem Cover entspricht. Die Ostdeutschen mussten jedoch einen bestimmten Lernprozess durchlaufen, um für ihre Konsumpraktiken die notwendige »kulturelle Kompetenz« zu erwerben.[20]

Als die kulturelle Konsumkompetenz zunahm, wurden die ehemaligen Ostdeutschen rasch als Nischenmarkt institutionalisiert, und Marketingfirmen traten auf den Plan, um dem sich verändernden Geschmack auf die Spur zu kommen. Hier traf die modernistische Nostalgie nach einer bestimmten Art der Sehnsucht im Sozialismus auf den Wunsch des westlichen Marktes nach Verbrauchern, die sich mit ihren Produkten in hohem Maße identifizieren. Die Definition von Geschmack gilt seit langem als eine Form der Identitätsbestimmung, wodurch sie auch zur Grundlage für die Schaffung eines Nischenmarktes wird.[21] Werbeslogans wie die oben diskutierten verwirklichen laut Conrad Lay den Traum eines Marketingfachmanns: Persönliche Biographien sind mit der Geschichte der Produkte untrennbar verbunden und machen es für westliche Firmen attraktiv, sich mit Erfolg einer Strategie zu bedienen, bei der man den ursprünglichen Markennamen beibehält, die Qualität des Produkts auf Westniveau anhebt und das äußere Erscheinungsbild nur behutsam modernisiert.[22]

Zahlreiche Ostprodukte, die bei den Verbrauchern als authentischer gelten, befinden sich – der Gipfel der Ironie – vollständig im Besitz westlicher Firmen. Dass es dazu kam, lag nicht nur an den Verbrauchervorstellungen von (wirklicher oder vermeintlicher) Qualität, sondern auch daran, dass die ostdeutschen Firmen auf dem neuen vereinigten Markt schlichtweg nicht konkurrenzfähig waren. Von ursprünglich ungefähr 700 Marken existierten im Jahr 2009 nur noch 120 (oder waren wieder neu auf dem Markt).[23] Die mit der Privatisierung beauftragte bundesrepublikanische Treuhandgesellschaft zerschlug oder verkaufte die meisten der »volkseigenen« Firmen, die ostdeutsche Konsumgüter herstellten, was dazu führte, dass die meistverkauften großen DDR-Marken heute überwiegend das Eigentum westlicher Unternehmen sind, selbst wenn diese in manchen Fällen noch vor Ort produzieren. Juwel beispielsweise gehört Philip Morris, Club Cola wiederum einem in Hessen ansässigen Getränkeunternehmen; f6 ist eine Tochtergesellschaft von Philip Morris, der Produzentin von Juwel, und ein Beispiel für die symbiotische Beziehung zwischen der Nachfrage nach Ostprodukten und westlichem Marketing. Die Zigarettenmarke f6 ist, wie ihre Presseabteilung gutgelaunt erklärt, sogar ein Therapeutikum, denn sie »steht für das Gute und das Vertraute aus den vergangenen Tagen und hilft, die ostdeutsche Identität selbstbewußt auszudrücken [...] Die f6 steht nicht für falsch verstandenen Konservativismus, vielmehr wird durch diese Zigarette ein Stück ostdeutscher Kulturgeschichte repräsentiert, die inzwischen wieder einen bedeutenden Teil der Identitätsbildung der Bürger in den neuen Bundesländern ausmacht [...] Obwohl Qualität und

Zigaretten aus Sachsen. Die Nach-Wende-Reinkarnationen der in Sachsen hergestellten DDR-Zigarettenmarken Juwel, f6 und Karo, nachdem sie von Philip Morris gekauft worden waren.

Herstellung entscheidend verbessert wurden, ist die f6 doch genau so geblieben, wie sie schon immer war: kräftig, stark und unverwechselbar würzig im Geschmack.«[24]

So geben die cleveren kritischen Werbeslogans für Ostprodukte vor, den Identitätsverlust zu teilen, um ihre Marktanteile zu erhöhen. Der Osten erscheint als »genau derselbe«, aber »entscheidend verbessert«, eine Lagebeschreibung, die sich an jeden Verbraucher oder Bürger wendet, der eine Veränderung fürchtet, sich jedoch noch immer nach einem besseren Leben sehnt.

Die Konsumenten sind von diesen leicht durchschaubaren Taktiken westlicher Firmen in östlichem Gewand sowohl angezogen als auch abgestoßen. In einem Interview (1996) zeigte sich der Kulturkritiker Horst Groschopp hinsichtlich der Zukunft von Ostprodukten skeptisch. Denn wer würde schon für eine Tube Chlorodont ein paar Kilometer weit fahren, fragte er sich und fügte hinzu:

»Vielleicht ist dann in der Zahnpasta-Tube schon gar nicht mehr das alte Putzmittel drin und das Ganze nur ein Marketing-Trick [...] das [sic] Ossi ist da sehr mißtrauisch geworden.« Beim Bier, sagte er, »wisse man's ja inzwischen«, dass in Flaschen mit lokalen östlichen Etiketten Bier aus dem Westen sei, um dann seine Behauptung gleich wieder zu relativieren: »Jedenfalls geht das Gerücht um. Man weiß ja nie, was da stimmt [...] und das prägt die Stimmung.«[25]

Dieser Verdacht, dass die Dinge anders sind, als sie scheinen – dein Bier ist nicht dein Bier, deine Zahnpasta nicht deine Zahnpasta, und vielleicht ist das auch besser so (»genau dasselbe«, aber »entscheidend verbessert«) –, ist symptomatisch für ein noch tieferes Misstrauen und eine noch größere Orientierungslosigkeit. Die dominante Gestalt des wiedervereinten Deutschland war der IM, die Abkürzung für den »informellen Mitarbeiter« im Dienst des Staatssicherheitsministeriums, umgangssprachlich Stasi genannt. In der DDR war die Existenz des IM kein Geheimnis, doch erst als nach der Vereinigung die Akten der Staatssicherheit geöffnet wurden, zeigte sich das wahre Ausmaß. Freunde, Familie, Kollegen und Nachbarn hatten sich, wie jetzt schmerzlich klar war, in einer absurden Orgie vertraulicher Berichte gegenseitig bespitzelt, wobei manche aus Überzeugung gehandelt, andere wiederum falsche oder irreführende Informationen geliefert und auf diese Weise das System untergraben und gleichzeitig am Leben erhalten hatten. Aufgrund der nach der Vereinigung geltenden Transparenzregeln durfte man lediglich seine eigene Akte, nicht die von anderen, einsehen, und aus gutem Grund konnte man argwöhnen, dass jemand, wenn nicht gar jeder, nicht das war, was er schien. Und nach der Wende war ohnehin wirklich niemand mehr derselbe wie früher. Natürlich erfanden sich manche auf mehr oder weniger legitime Weise neu, während andere sich damit abfanden, dass sie Auslaufmodelle waren. Doch wie sagte schon Groschopp über die Herkunft des Bieres: »Man weiß ja nie, was da stimmt [...] und das prägt die Stimmung.«

## Stil-Nostalgie: »Fast wieder modern«

Im Westen herrschte jedoch eine andere Stimmung. Selbst bevor die Ostprodukte ihr Comeback bei den ehemaligen Ostdeutschen erlebten, wurden die Westdeutschen auf ihr Design aufmerksam. Im Sommer 1989, nur wenige Monate vor dem Mauerfall, widmete eine kleine Gruppe westlicher Kuratoren in Frankfurt dem faszinierend schlichten Design des im Schwinden begriffenen Spätsozialismus eine Ausstellung und veröffentlichte einen Katalog mit dem spöttischen Titel *SED: Schönes Einheits-Design*, ein Wortspiel mit den Anfangsbuchstaben der kommunistischen Partei (der Sozialistischen Einheitspartei Deutschlands). Der Katalogtext war von bissiger Aggressivität und stellte die DDR dar als »Galapagos-Inseln des Designs«, die 20 bis 30 Jahre alte »Fossilien dessen bewahrt, was [...] zu einem Reservat wurde, in dem Produktformen, die im Westen langsam abstarben, wie im Kälteschlaf müde weitermutierten« und an einem chronischen »Fetisch-Mangel« litten. Ausstellung und Katalog waren eine Rettungsaktion, eine selbsternannte »Archäologie der Warenwelt, bevor im Sog des Umsturzes alles Eigene von Westgütern zugestellt [...] sein wird.«[26]

Dieser herablassende Ton war begleitet von einer extremen Ästhetisierung der Produkte – Hochglanzseiten mit Produkten, die, vom Kontext abstrahiert, vor einem weißen oder pastellfarbenen Hintergrund schweben, zugleich verspottet und erhöht durch diese Präsentation, die sonst Objekten in Museumsqualität vorbehalten ist. Über 230 Abbildungen u. a. von Batterien, Zahnbürsten, Cocktailspießen, Babynahrung, Tampons, Tapeten, Einkaufstaschen und Krawatten bilden eine Phantasmagorie von Objekten, die meist ihres Kontextes beraubt und nur gelegentlich wie in einem Schaufenster ausgestellt sind. »Diese Güter«, schreiben die Kuratoren, »haben eine Identität des Banalen, des Unausgegorenen, des Improvisierten, jedoch des Menschlichen, weil Fehlerhaften« (S. 12). Während DDR-Produkte »uns befremden« und den »westlichen Tastsinn« beleidigen, weil ihnen »die Glätte, die erotische Geschmeidigkeit« fehlt, wodurch sie »zu gummiartig und billig« werden (S. 9), besitzen sie auch, wie Matthias Dietz, einer der Ausstellungsorganisatoren, einräumt, »eine Sinnlichkeit – und sie haben in ihrer Einfachheit etwas, das bei uns verlorengegangen ist« (S. 30). Die ironische Aneignung von DDR-Produkten vorhersehend, zitieren die Kuratoren die Bemerkung eines »hartgesottenen Frankfurter Werbefachmanns«: »Mir scheint, die Dinge dieser Ausstellung strahlen eine ganz ursprüngliche Vitalität aus. Eine Kraft der Unverdorbenheit, der Blauäugigkeit. Eine Zigarettenmarke, die ›Sprachlos‹ heißt [...], ist nun mal meilenweit allen Zigaretten-Marketing-Bemühungen bei uns voraus. Der Design-Punk in der DDR ist viel puristischer, irrwitziger und konsequenter als all die postmodernen Memphis-Teile bei uns« (S. 37).

Es sind, fast wie gerufen, genau diese Zigaretten (in Wirklichkeit Zigarillos), die im früheren Ostberlin fünf Jahre später die Aufmerksamkeit einer jungen, alternativen, antikapitalistischen Hausbesetzerin aus dem Westen auf sich ziehen: »Sprachlos-Zigaretten – das ist doch total geil! Zigarren, die einfach SPRACHLOS heißen [...] SPRAAACH-LOOOS«, so ihr Kommentar beim Durchblättern des oben erwähnten Katalogs *SED – Schönes Einheits-Design*.[27] Wie Hilmar Schmundt berichtet, findet diese lediglich als »F.« bekannte Hausbesetzerin im DDR-Design nur Inspiratives, nichts, was zu verurteilen wäre: »Dieses Design ist total avantgardistisch. Ich kenne total viele Westler, die voll anspringen auf das Ost-Design [...] Das ist heute schon fast wieder modern.« Doch was F. und andere wie sie wirklich anzieht, ist die »Ehrlichkeit« des DDR-Designs und der Produkte im Vergleich mit dem, was sie aus ihrer eigenen Welt kennt: »Das DDR-Design überredet mich zu nichts – es macht Dinge praktisch unverkäuflich.« Die schäbige Qualität der Verpackung ist sowohl unpraktisch als auch menschlich (F. mag es, dass die Pappverpackungen, wenn sie einmal feucht werden, zu nutzlosen Klumpen werden), und ihr negatives soziales Standing verleiht ihr eine In-Group-Intimität, die diejenigen verbindet, die ironisch und wissentlich ihre Geheimnisse teilen. Während Groschopp, ein älterer Ex-DDRler, es ziemlich mies findet, wenn Firmen östliche Flaschen mit westlichem Bier füllen, füllt F.s

Mitbewohner O., ein junger Westdeutscher, den es ebenfalls nach Berlin verschlagen hat, ein Paket des alten ostdeutschen Waschmittels Spee mit dem westdeutschen umweltfreundlichen Waschmittel Frosch.[28]

Bei den jüngeren Generationen, insbesondere der alternativen antinationalistischen Jugendszene, verschwamm die Grenze zwischen der westlichen und östlichen Aneignung der DDR-Produkte und des DDR-Designs jedoch immer mehr. Die aus dem Westen stammenden Hausbesetzer in Ostberlin, die ihre Wohnungen mit DDR-Paraphernalien schmückten und westliche Waschmittel in östliche Kartons füllten, präsentierten sich nicht als Westler per se. Wie Schmundt berichtet, waren viele Hausbesetzer selbsternannte Pioniere, die das Jahr 1990 als ihre »persönliche Stunde Null« betrachteten, vielleicht am besten symbolisiert durch einen Werbeaufkleber für die ostdeutsche kommunistische Zeitung »Neues Deutschland«, der zerschnipselt und zu »Deutsch/es Neu/land« umgestaltet wurde.[29] Wie Claudia Sadowski-Smith erzählt, lockte etwa zur selben Zeit eine Ostalgie-Party die gewaltige Zahl von 800 Besuchern in die verschlafene ostdeutsche Luther-Stadt Wittenberg. Der Party lag der Beschluss einiger Freunde zugrunde, »ostdeutsche Produkte wieder zum Leben zu erwecken, so etwa den Nordhäuser Doppelkorn, ihren Lieblingsschnaps, der vom vereinigten deutschen Markt verschwunden war.« Die Party, eine von vielen dieser Art überall im ehemaligen Osten, hatte alle Elemente einer absurden, wenn nicht perversen Re-Inszenierung des Ostens: »Die Menge wurde von fingierten DDR-Grenzpolizisten gefilzt und überdies mit horrenden Eintrittspreisen sowie einem ›Zwangsumtausch‹ von D-Mark in wertlose Ostmark schikaniert, die nur für Speisen und Getränke aus der untergegangenen DDR ausgegeben werden konnte.«[30] Indem sie sarkastisch simulierte, was vor kurzem noch heftig abgelehnt wurde, war die Ostalgie-Party nach Meinung von Sadowski-Smith ein Ort, wo die kollektive Identität bestätigt oder bei den Verlierern eines Prozesses, die über nur spärliche andere Ventile für die Trauer über ihren Identitätsverlust verfügten, neu geschaffen wurde.[31]

Waschmittel der Marke Spee. Karton aus der DDR-Zeit. Spee wurde zu einem der bekanntesten Ostalgie-Objekte.

Bei den Berliner Hipstern und den zahlreichen Westlern, die seit dieser Zeit ihre Wohnungen mit DDR-Kitsch schmücken, ist ein anderer, aber komplementärer Prozess zu beobachten, etwas, das man im Anschluss an Marilyn Ivy als Stil-Nostalgie bezeichnen kann, bei der die Produkte und Bilder »keinen ausdrücklichen Appell zur Umkehr, kein akutes Verlustgefühl und keinen Hinweis auf eine verkörperte Erinnerung« ausstrahlen. Sie sind vielmehr eine »oberflächliche Heraufbeschwörung von untergegangenen Warenformen«, die die Spezifität der Vergangenheit von ihren materiellen

Signifikanten abtrennt.[32] Der Berliner Hipster versucht nicht, sich in die östliche Identität hineinzuversetzen, sondern möchte die Aura ihrer Artefakte zur Schaffung einer »frei flottierenden Vergangenheit« nutzen, die wie die Werbung für *Neues Deutschland* neu zusammengesetzt und wiederverwendet werden kann. An der Ostalgie, die aufkam, als die Ost-Produkte von der Bildfläche verschwanden, sind also zwei anscheinend konträre Formen der Nostalgie beteiligt: eine modernistische Nostalgie, die auf der Sehnsucht nach einer bestimmten Art der Sehnsucht beruht, und eine Stil-Nostalgie, die auf der Trennung des Objekts von jeder vorgeschriebenen Sehnsucht basiert. Auf entgegengesetzte Weise führen beide schließlich zu einem ähnlichen Ergebnis: der verschiedenartig gestalteten Reproduktion von »verschwundenen« Artefakten, die (bewusst oder unbewusst) mit dem Etikett »nostalgisch« versehen werden. In Marktgesellschaften bedarf die Nostalgie einer Kommerzialisierung, da Objekte hauptsächlich auf diese Weise in Gesellschaften zirkulieren, in denen der Konsum als eine »privilegierte Stätte für die Herausbildung des Selbst und der Gesellschaft, von Kultur und Identität« fungiert, insbesondere wenn Angst und Ungewissheit herrschen.[33]

## Kommerzielle Tricks

Ein Kennzeichen der Kultur der Ostalgie sowohl in ihrer modernistischen als auch postmodernen Variante (Stil-Nostalgie) ist ihre weitverbreitete, bewusste Ironie, die schon mit dem Neologismus »Ostalgie« beginnt. Selbst in den seriösesten Ausstellungen oder Schaufenstern dient der Humor dazu, die Slogans, Symbole und Stile des Regimes zu zerschlagen und sie für eine aktuelle Persiflage nutzbar zu machen. In den Wohnungen von Hipstern wurden DDR-Fahnen zu Duschvorhängen, und Touristenläden verkaufen kultige knallbunte Eierbecher aus Plastik, Trabant-Modelle, Magneten mit Aufschriften wie »Wessifreie Zone« sowie die allgegenwärtigen Produkte mit grünen und roten Ampelmännchen. Der Name

Flyer für den Laden »Ostpaket«. »Ostpakete« sind eine Anspielung auf die sog. Westpakete, die während der Teilung von westdeutschen Familien an die Verwandten im Osten geschickt wurden. Heute dienen sie meist als Geschenk und sind in Dutzenden von Variationen erhältlich. 2016.

des Spezialgeschäfts »Ostpaket« ist eine Anspielung auf das Phänomen der »Westpakete«, die zu DDR-Zeiten von Verwandten aus dem Westen in den Osten geschickt wurden. Sein Logo zeigt den kultigen Trabant vor einer Umrisskarte der DDR und das Motto »Gutes aus dem Osten«. Im Angebot sind mehrere ironisch gemeinte Ostpakete mit Konsumartikeln, die als Präsentkörbe verschickt werden können.[34] In ähnlicher Weise bietet der Ostprodukte-Versand ein sechsteiliges Set »Held der Arbeit«, bestehend u. a. aus dem Duschbad »Held der Arbeit«, einem Flaschenöffner und einer Urkunde, die in der Sprache des Sozialismus gehalten ist: »Die vom Ehrentitelträger nahezu übermenschlich und vorbildlich erbrachten Taten verpflichten zur Nachahmung und stetigen Verbesserung. Denn vom Helden lernen heißt siegen lernen.« Der letzte Satz erinnert an den berühmten DDR-Slogan »Von der Sowjetunion lernen, heißt siegen lernen.«

Der Humor begleitet die Ostprodukte auf allen ihren Ebenen, von bewusst ironischen Aneignungen, pfiffigen Namen, ironischer Werbung und neuartigen Produkten bis hin zur Wiederverwendung sozialistischer Schlagworte wie bei den Kondomen mit dem Slogan der Jungen Pioniere »Seid bereit – immer bereit« oder dem in vier verschiedenen Geschmacksrichtungen erhältlichen DDR-Schnaps: Agitator, Proletariat, Subotnik und Schwarzer Kanal, alle unter dem Motto: »Rückwärts nimmer – saufen immer.«[35] Der Humor legt es natürlich darauf an, offiziellen Symbolen ihre einst gefürchtete Autorität zu nehmen.[36] Dies war besonders wichtig in den ersten Jahren nach dem Zusammenbruch der DDR, als der Sarkasmus von Schadenfreude durchtränkt war und die gerade gestürzten Strukturen sowohl diskursiv als auch administrativ zerschlagen werden mussten. In gewisser Weise sind Ostprodukte in ihrer ironischsten Form das genaue *Gegenteil* von Nostalgie, die üblicherweise als schmerzliche Sehnsucht verstanden wird: Sie bringen die Art von Humor und Ironie offen zum Ausdruck, die in der DDR-Gesellschaft in Form zahlloser Witze, für die die DDR zu Recht berühmt ist, allgemein verbreitet war. Die Absurdität, Engstirnigkeit und moralische Verkommenheit

Ostalgie-Schnaps. Das Motto »Rückwärts nimmer – saufen immer!« ist eine Anspielung auf Erich Honeckers Slogan »Vorwärts immer, rückwärts nimmer«. 2009.

des Regimes waren die ständige Zielscheibe von Witzen, die die gewaltgestützte ideologische Trübsinnigkeit in – ihrer Wichtigtuerei beraubte – sarkastische Karikaturen verwandelten.[37] Ostprodukte machen sich die einst heiligen Bilder und Slogans geschickt zunutze, indem sie die Büsten von Führungspersonen und Machtembleme in Briefbeschwerer, Gag-Artikel und reversals verwandeln.

Ein solcher Sarkasmus ist eine Form der nachträglichen Verfehlung, da die Führungspersonen der DDR nicht mehr in Zorn geraten können, wenn ihre menschlichen Fehler verhöhnt und bloßgestellt werden. Doch auch wenn die Macht dieser Symbole schwindet, wirkt sie weiterhin nach, und noch mehr als zwei Jahrzehnte nach dem Untergang der DDR kann der ironische Gebrauch von

DDR-Symbolen ärgerliche Reaktionen hervorrufen. So verlangten im Jahr 2010 Mitglieder der Christlich-Demokratischen Union (CDU), die fast die gesamten ersten beiden Jahrzehnte nach der Wiedervereinigung an der Macht war, ein Verbot aller DDR-Symbole, da sie »verfassungsfeindlich« seien und »hochgradig beleidigend und verletzend für alle Opfer des SED-Regimes«. »Aus gutem Grund wurden auch NS-Symbole verboten«, sagt Kai Wegner, ein Parlamentsmitglied des Westberliner Stadtteils Spandau. »Wir dürfen die Vergangenheit nicht vergessen«, pflichtete der Chef der CDU-Nachwuchsorganisation ihm bei und forderte, die Verwendung der Logos des früheren Staatssicherheitsministeriums, der Nationalen Volksarmee und der regierenden Sozialistischen Einheitspartei (SED) unter Strafe zu stellen.[38]

Diese Forderung der CDU verweist auf eine der wichtigsten gegenwärtigen Grenzen der sozialen Akzeptanz, welche die Ostalgie mit ihren ironischen kommerzialisierten Formen beeinträchtigt: die Erinnerungspolitik hinsichtlich der Identität Deutschlands, insbesondere die Frage nach der Vergleichbarkeit der nationalsozialistischen und kommunistischen Vergangenheit – ein zentrales Thema, auf das ich im nächsten Kapitel genauer eingehe. Der Vorwurf, die Ostalgie rechtfertige letztlich beide Diktaturen, wird von Kritikern stets erhoben, so etwa in einem durchaus typischen Leserbrief, der auf einen Ostalgie-Artikel in der *Frankfurter Allgemeinen Zeitung* reagiert: »Würde sich der Ostalgie-geneigte Leser zum Zwecke weiterer historischer Gefühlserfahrung auch in eine Gestapo-Suite oder in die Reichsparteitagslounge zurückziehen wollen, wo dann Kathreiners Karo-Kaffee (Muckefuck) und volkstümliche Eintopfessen auf dem Programm, und Chlorodont im Badezimmer stünden?«[39] Nach dem Erfolg des Films *Good-bye Lenin!* (2003), der die Ostalgie zum Mainstream machte, lautete ein gängiger Kommentar, dass man sich kaum einen Film *Good-bye Hitler* vorstellen könne. *Good-bye Lenin!* provozierte diejenigen, die das Werk als eine gefährliche Reduktion von DDR-Symbolen auf harmlose Formen des Kitschs *en miniature* ansahen. Auch wenn dies als lässliche Sünde durchgehen mochte, untergrub der Film in den

Augen derer, die sich an der Ostalgie störten, die von der Regierung sanktionierten Erinnerungsrituale: Er ließ die DDR-Vergangenheit als annehmbarer, als lebendiger und weniger kontrollierbar erscheinen und bediente sich erneut des älteren Tropus der deutschen Anfälligkeit für »antidemokratische« Einstellungen. In diesem Zusammenhang weist die Forderung der CDU, Symbole aus der DDR-Zeit zu kriminalisieren, darauf hin, dass die ostalgische Ironie dem impliziten Vergleich zwischen der faschistischen und sozialistischen Vergangenheit entgegenwirkt, schon allein dadurch, dass sie gestattet, sich über die eine, nicht aber die andere Vergangenheit lustig zu machen.

Die Ostalgie bezieht also ihre Kraft teilweise daraus, dass sie die Grenze zwischen gutem und schlechtem Geschmack sowohl auf gesellschaftlicher als auch ästhetischer Ebene überschreitet. Durch die Schaffung von Intimitäten und In-Groups (»Wessifreie Zone!«) zieht sie die Grenze(n) aber auch (wieder) neu, ebenso wie durch deren Beseitigung oder Verschiebung (»Wossi« ist z. B. eine Kombination aus den pejorativ gebrauchten Begriffen Wessi und Ossi). Diese Grenzüberschreitung/-ziehung/-verschiebung ist charakteristisch für den Mythos oder Archetypen des Betrügers (Trickster).[40] Natürlich ist die Ostalgie keine mythische Figur im Sinne eines Hermes oder eines Kojoten. Es kann ein kategorialer Fehler sein, ein Phänomen als »Betrüger« im engen Sinn zu verstehen, da einem Phänomen die Handlungsfähigkeit eines archteypischen Protagonisten abgeht. Und doch ist die Ostalgie vom Humor und Geist eines Underdogs durchdrungen, der puritanische Interpretationen der DDR-Vergangenheit stimuliert und anstachelt. Die *wirkliche* Bedeutung lässt sich schwer definieren, und manche sehen in der Ostalgie die Spuren von *Stiob* (ein russisches Wort), einer sozialistischen mimetischen Praxis und Form der Parodie, deren starke Wirkung darauf beruhte, dass man nicht wusste, ob der Akteur ernsthaft war oder aber die Machthaber lächerlich machte (oder beides) .[41] Das konnte diejenigen, denen der Durchblick fehlte, in den Wahnsinn treiben.

Wie Ivor Stodolsky betont, »beruht die ›verstörende‹ Wirkung von Stiob hauptsächlich auf einem momentanen Verkennen der Aufrichtigkeit«.[42] Wir beobachten dies in den medialen und akademischen Ostalgie-Debatten, wo ständig gefragt wird, ob die Lieferanten oder Konsumenten von Ostalgie-Produkten ihrerseits nostalgisch sind. Lacht man über sie, weil sie fehlgeleitet sind, oder über die Kritiker, weil sie diese zu ernst nehmen? Was soll man davon halten, wenn Leute, die kitschige Ostalgie-Artikel herstellen und verkaufen, behaupten, dass das, was sie tun, mit Ostalgie nichts zu tun habe?

Einen Hinweis gibt vielleicht der Philosoph Konrad Liessmann, der Kitsch als »subversive ästhetische Strategie« definiert. Nach dessen Analyse hat Kitsch eine doppelte Zielrichtung: In seiner naiven Sentimentalität versucht er, das zurückzugewinnen, was die Moderne den Menschen verweigert, und sich an dem zu erfreuen, »was die radikale Moderne und die politische Aufklärung [...] verweigern wollten«, und ist somit von Natur aus anti-elitär. Um Kitsch qua Kitsch zu »genießen«, bedarf es jedoch eines Minimums an reflexiver Selbstdistanzierung in Form der Ironie. Üblicherweise gilt Kitsch als gefährlich, weil er die menschliche Rührseligkeit, die unser Urteilsvermögen abzustumpfen droht, direkt anspricht. Und doch, schreibt Liessmann, bedürfe es nur eines Augenzwinkerns, damit der Kitsch von jedem Vorwurf befreit, d.h. akzeptabel wird.[43] Diese Ironie mindert die dem Kitsch innewohnende Gefahr, schlechten Geschmack in einen so schlechten zu verwandeln, dass er schon wieder gut ist.

Nach Art eines Tricksters, wenn nicht gar als Quasi-Trickster, erfüllt die Ostalgie durch die Verwendung von Ironie und Humor also zwei gesellschaftliche Trickster-Funktionen: Erstens behindert sie die Etablierung glatter Narrative und öffnet den Raum für Reartikulierungen und Umkehrungen, für Wortspiel und Ikonoklasmus. Dies ist der klassische Trickster-Bereich, bekannt als *Disartikulation* – die Entfernung eines Objekts von seinem angestammten Ort, ob es sich dabei um die Vergangenheit handelt, in die, statt auf heutige Ladenregale, Ostprodukte angeblich gehören, oder um normative Räume wie Schulen oder Museen, in denen man, nicht aber etwa auf Schokolade oder Kondomen, den Emblemen und Bildern der kommunistischen Diktatur begegnet. Zweitens dient die Ostalgie, einmal disartikuliert, dazu, Objekte als Waren wieder in den Mainstream einzufügen. Je normaler diese Produkte erscheinen, ob als Teil der Andenkenlandschaft oder als regionale Produkte, desto mehr stellen sie ihre Außergewöhnlichkeit in Abrede und verlieren schließlich das nostalgische Flair als solches. Im Anschluss an Lewis Hydes Analyse des Trickster können wir dies als *Reartikulation* auffassen, bei der die Geschichte, hier die DDR-Vergangenheit, auf neue Weise mit »größeren gesellschaftlichen und spirituellen Artikulationen« verbunden ist.[44]

Der Trickster in Aktion: Einerseits zieht die Ostalgie die Grenzen neu, abhängig davon, wo man steht – Sympathisanten des Kommunismus versus Verfassungsschützer, Ossis versus Wessis, postnationalistische Wossi-Hipster versus jene, die von sich noch immer in nationalen Begriffen denken. Andererseits verschiebt und verwischt sie die Grenzen wie etwa in dem Fall, wo ein anonymer Besucher eines Online-Forums, nachdem er den Film *Good-bye Lenin!* gesehen hatte, postete: »Und was bin ich eigentlich? ein Ossi, ein Wessi? ein Wossiossi, ossiwossi, WOSI, Ostelbiger, Oderwestlicher? Ich weiß schon nicht mehr.« Oder die Ostalgie verschiebt und verwischt die Grenzen, indem sie das Objekt aus seinem ursprünglichen Kontext herauslöst und es, wie bei den ironischen Aneignungen von Symbolen auf T-Shirts und Tourismusartikeln, von seinem früheren politischen Inhalt unabhängig, »frei« flottieren lässt.[45] Im Design der Popkultur zeigt sich das, was Serguei Oushakine als die »Umrüstung« sozialistischer Symbole bezeichnet, die in ihrem neuen Gewand »eine erkennbare Kontur aufweisen, ohne eine klare ideologische Interpretationsstrategie nahezulegen«.[46] Daher können sozialistische Symbole sowohl in neuen Zusammenhängen als auch für neue Generationen wiederverwendet werden. Was noch wichtiger ist: Die Ostalgie als Trickster ermöglicht es der DDR-Identität weiterhin zu zirkulieren, ohne sich vollständig aufzulösen oder bis in die neue Ära fortzudauern. Die Ostalgie wird zu einem Teil der modernen

Konsumrituale, und auf dieser Stufe können Formen der DDR-Identität, statt in offizielle Rituale wie Schule, Fahnen oder politische Reden integriert zu werden, bestehen bleiben und gleichzeitig hinterfragt werden.

## Sozialistisch in der Form, national im Inhalt?[47]

Es entbehrt nicht einer gewissen Ironie, dass der Begriff Ostalgie nur selten von denen benutzt wird, die an dem, was man als Nostalgie-Industrie bezeichnen kann, direkt beteiligt sind. So geriet z. B. der Eigentümer des Geschäfts Ostpaket »in Rage«, als ein Journalist das Wort verwendete, und konterte: »Wenn jemand im Westen wie eh und je seine Niveacreme nutzt, dann nennt man ihn doch auch nicht Westalgiker.«[48] Ein verärgerter Besucher eines Online-Forums über Ostprodukte klagte 2010: »Ostalgie ist ein Wessi-Konzept zur Diffamierung von Menschen, denen ihr Recht auf Heimat aus arroganten, ignoranten, bornierten, konsumkorrupten, sozial verrohten und politischen Gründen missgönnt wird.«[49] Der Laden Ost-Best preist sich selbst als »kultig nicht giftig« an. Die Spezialgeschäfte, die sich, wie man sagen könnte, im kommerziellen Herzen der Industrie befinden, sehen sich nicht als ostalgisch, sondern vielmehr im Dienst einer seriösen historischen Mission. In Gesprächen, gedruckten Interviews und ihren eigenen Materialien weisen diese Ladenbesitzer die Ostalgie immer wieder weit von sich und behaupten, den Leuten nur das zu geben, was sie wünschen, und, wie der Ostprodukte-Versand es formuliert, in liebevoller Erinnerung zu bewahren, »dass es zwar eine Mauer gegeben hat – aber daneben so viel Schönes im eigenen Land«.[50]

Ähnlich wie die Museen, mit denen wir uns im nächsten Kapitel befassen, erfüllen diese kommerziellen Unternehmer nach eigenem Selbstverständnis die sehr wichtige gesellschaftliche Funktion, die Geschichte an die nächste Generation weiterzugeben. Daher finden sich auf den Websites dieser Spezialgeschäfte mit Fotos versehene historische Passagen, Informationen über die DDR-

Währung oder offizielle Abkürzungen, Texte zur Nationalhymne der DDR ebenso wie Quiz-Wettbewerbe, redaktionelle Beiträge und Links zu DDR-Websites. Ostpaket, dessen Eigentümer so barsch auf das Wort »Ostalgie« reagierte, hat ein eigenes Minimuseum gegründet, genannt »Ostzeit«, das »die Erinnerung an 40 Jahre Leben und Arbeiten in der DDR bewahren« möchte.[51] Deshalb bittet der Laden seine Kunden, ihm Gegenstände samt den zugehörigen Geschichten zur Verfügung zu stellen, etwa in der Art: »Auf meinem Plattenspieler lief die Schallplatte von AMIGA, bei der ich meinen ersten Kuss bekommen habe!«

Dass der Laden sich selbst die Rolle eines inoffziellen Historikers zugewiesen hat, kann nicht nur als Reaktion auf eine Generationenverschiebung in der historischen Erfahrung interpretiert werden, sondern auch als Reaktion auf eine Veränderung der Trickster-Qualität von Ostprodukten, insofern als diese zunehmend als regionale Produkte vermarktet werden und eine neue Form der Legitimität erhalten. Dies gilt insbesondere für Lebensmittel (z. B. Schokolade, Bier, Senf) und Haushaltswaren. Sie folgen speziellen Marketing-Strategien, die regionale Identitäten schaffen sollen (davon ausgenommen sind Alkoholmarken, die zu den wenigen landesweit geschätzten Produkten gehören).[52] In den Regalen der nationalen Discount-Kette Penny Markt z. B., die fast 600 ostdeutsche Niederlassungen unterhält, sind 30 % der Artikel Ostprodukte, die mit dem Slogan »Östlich ist köstlich« gekennzeichnet sind.[53]

Viele dieser Artikel kann man auf Verkaufsmessen für Ostprodukte finden, die drei- bis viermal im Jahr überall in der ehemaligen DDR veranstaltet werden. Im Gegensatz zu anderen Fachausstellungen scheinen sie sich weniger an Großhändler und mehr an Einzelhandelskunden zu wenden und dienen der Vermarktung von Gütern aus der früheren DDR. Die Eintrittspreise für das allgemeine Publikum sind niedrig – 2 Euro bei der Messe, die ich an einem grauen nasskalten Aprilmorgen 2013 in Berlin besuchte. Vor dem Velodrom schlängelte sich eine lange Menschenreihe, und von Würstchenständen stieg Rauch in die kalte Luft. Meine Nachbarin in der Schlange, eine ältere Frau aus dem ehemaligen Ostberlin, fand den Eintrittspreis nicht in Ordnung: »Herrje«, rief sie, »es ist so teuer geworden.« Bei den wenigen Ständen, die Neuheiten verkauften, war die Ostalgie unübersehbar: Im Imbissbereich diente eine DDR-Fahne als Tischtuch, und ein Verkäufer von Küchenutensilien aus Plastik war als DDR-Polizist gekleidet (»Manche Leute sind verärgert«, erzählte er mir, »aber meistens lächeln sie.«). Dennoch wirkte es eher so, als würde mithilfe der Ostalgie zu erkennen gegeben, was die verschiedenen regionalen Produkte – Honig und Marmelade, Ledertaschen und Liegestühle, Leinöl, organische Seife, Baumkuchen und vieles andere mehr – verbindet.

Gemäß einem nationalen Trend, lokale Produkte zu kaufen, vermitteln Markennamen aus der DDR-Zeit mit Erfolg den Eindruck, der lahmenden lokalen Wirtschaft zu helfen, weshalb diese Produkte von den Verbrauchern, wie von diesen häufig angegeben, auch gekauft werden.[54] Daher werden manche Artikel so umgestaltet, dass sie sogar noch heimatlicher erscheinen, als sie es in Wahrheit sind. Ein Beispiel dafür ist der Senf aus Bautzen (auch die Stadt berüchtigter Gefängnisse), der in der DDR als Bautzener Senf bekannt war und der nach dem Verkauf an einen bayrischen Konzern in »Bautz'ner Senf« umdeklariert wurde, wobei der Apostroph ein familiäres folkloristisches Image suggeriert.

Durch eine neue Betonung der Vorkriegswurzeln zahlreicher Produkte wird deren Verbindung mit der DDR vorsichtig gelöst, so wie bei den Spreewald-Gurken, die durch den Film *Good-bye Lenin!* Berühmtheit erlangten und fast immer mit der DDR identifiziert werden, aber, wie sich herausstellt, bereits am Ende des 19. Jahrhunderts in den Schriften Theodor Fontanes empfohlen worden waren. Selbst wenn ein Produkt aus der DDR stammte, wie z. B. die Haselnusscreme Nudossi, die ab dem Jahr 1970 in der Nähe von Dresden produziert wurde, behaupteten manche ihrer Fürsprecher, dass man sie bereits in der Weimarer Republik geschätzt habe und sie somit älter sei als die »billige Zuckerpampe« Nutella. Dies veranlasste einen verärgerten Ostler zu der Feststellung, dass Westdeutsche nicht nur »kein Bewusstsein für Qualität« hätten, sondern dass es ebenso absurd sei, Nudossi wegen seiner östlichen Herkunft zu

Verkaufsmesse für Ostprodukte. Ein als »Volkspolizist« gekleideter Verkäufer auf der Ostpro. Berlin 2013.

Werbung für Sternquell-Bier zur Feier seines 150. Geburtstags. Berlin 2013.

verdammen, wie Goethe und Schiller zu kritisieren, »weil sie die meiste Zeit in ›Ostdeutschland‹ verbracht haben«.[55] Eine Werbung für Sternquell-Bier kombinierte beide Aspekte, indem sie zur Feier von dessen 150. Geburtstag auf die Vergangenheit und die Ostalgie zurückgriff: Sie zeigte ein Spielzeugauto und den Slogan »Jugendträume in der DDR. Wo du deine ›erste Liebe‹ wiederfindest«.

Im Zuge ihrer zunehmenden Kommerzialisierung erfahren die DDR-Erzeugnisse eine immer stärkere Zweiteilung, weniger in Ost und West als in regionale Artikel und Kitschprodukte; zwischen denen, die ernsthaft bestrebt sind, die DDR-Vergangenheit wieder in die deutsche Geschichte zu integrieren (indem sie z. B. Spreewald-Gurken mit Fontane oder Nudossi mit Goethe in Verbindung bringen), und denen, die das Recht geltend machen, mithilfe des Humors ehemals heilige Embleme und Slogans im Umlauf zu halten. In einer Umkehr des alten sowjetischen Slogans, dass es den Ländern freistehen solle, »im Inhalt sozialistische, in der Form nationale« Produkte zu entwickeln, sind die meistverkauften Ostprodukte in zunehmendem Maße national im Inhalt und (oberflächlich) sozialistisch in ihrer Vermarktungsform.

In ihrer Analyse der Nostalgie im postsozialistischen Ungarn und Russland führen Olga Shevchenko und Maya Nadkarni deren Macht auf die Fähigkeit von Politikern zurück, aus nostalgischen Inhalten politisches Kapital zu schlagen.[56] Im Fall Deutschlands ist das Ostalgie-Phänomen zweifellos weniger direkt mit parteipolitischen Machenschaften verbunden, schon gar nicht bei den Nachfolgeparteien der früheren Kommunisten. In Deutschland fungiert die Nostalgie vielmehr als eine populärkulturelle Form der Übermittlung kulturellen Wissens. Der Kommerzialisierung fällt dabei, wie in diesem Kapitel dargelegt, eine Schlüsselrolle zu, indem sie repräsentative Artikel aus einer vergangenen Epoche, meist Alltagsgegenstände, als wertvoll (im wörtlichen wie im übertragenen Sinn) markiert und es ihnen ermöglicht, mithilfe des Marktes im Umlauf zu bleiben oder wieder in Umlauf zu kommen. Sie verleiht ihnen sowohl Legitimität als auch Prekarität, was eine zusätzliche symbolische Investition erfordert, um sie am Leben zu erhalten und ihre Profitabilität sicherzustellen. Wenn ich verstehen möchte, wie Alltagsgegenstände durch neue Formen der Bewertung zu Nostalgie-Objekten werden, behaupte ich weder, dass die Kommerzialisierung auf irgendeine Weise ein Gut an sich ist, noch treffe ich eine Aussage über den relativen Wert oder die Substanz des kulturellen Wissens, das durch die Nostalgie-Objekte vermittelt wird (z. B., ob die Repräsentationen historisch korrekt sind). Der exemplarische Fall der Ostalgie zeigt vielmehr, dass in Übergangszeiten Nostalgie-Produkte als ein semiotisch mehrdeutiges Repertoire fungieren können und zugleich das Alte und das Neue zum Ziel haben.

Aufgrund der Kommerzialisierung und neuer Formen des Repräsentationswertes wird die Ostalgie inzwischen, wenn auch zähneknirschend, als fester Bestandteil in der größeren Landschaft der deutschen Erinnerungspolitik anerkannt; sie ist akzeptiert, wenn auch nicht zwangsläufig akzeptabel. Diese Anerkennung manifestiert sich sehr oft darin, dass die Deutschen (jeder ideologischen

Richtung) den Begriff selbst bestenfalls als unzureichend und schlimmstenfalls als schädlich ablehnen, wenn es darum geht, der gelebten Erfahrung in der DDR gerecht zu werden. Doch die weite Verbreitung von DDR-Konsumartikeln in den Geschäften, kombiniert mit einer starken Nostalgie-Industrie in Form von Touristenattraktionen, bindet die Ostalgie in dieser objektivierten Form in die deutsche Verbraucher- und Touristentopographie ein. In diesem Sinne können wir die Ostalgie vielleicht als gesellschaftliches Faktum bezeichnen. Mehr als ein Vierteljahrhundert nach dem Fall der Berliner Mauer macht daher das Berliner Tourismusbüro Werbung für das DDR-Museum, wo »es in der Küche noch genauso riecht wie damals«, sowie für die Trabi-Safari, bei der man sich an das Steuer des Kultautos aus vergangenen Zeiten setzen kann. Die alten ostdeutschen Ampelmännchen der Fußgängersignale sind überall im Westen zu finden und bilden die Basis für die internationale Marke einer Ladenkette von Berlin bis Tokio. Die japanische Ampelmann-Website präsentiert sie als »Symbol für Verkehrssicherheit, deutsche Einheit und Wiederauferstehung« und verkauft ihr Bild auf allen möglichen Produkten von Lampen bis zu Nudeln.[57] »Ostprodukte«-Läden wie Ostpaket erwirtschaften respektable Ergebnisse in mittlerer sechsstelliger Höhe und haben über 700 Artikel im Angebot. Touristen haben die Möglichkeit, im Berliner DDR-Hotel Ostel zu übernachten und sich das erfolgreiche Musical *Hinterm Horizont*, eine Ost-West-Liebesgeschichte, anzuschauen, während zielstrebigere Besucher im DDR-Museum der Gemeinde Tutow die DDR-Geburtstage feiern können, mit Tanz und Soljanka-Suppe, die in waschechten Mitropa-Suppentassen serviert wird.

Doch auch wenn die Ostalgie gesellschaftlich stärker akzeptiert wird, wird sie wahrscheinlich niemals gesellschaftlich ganz akzeptabel sein noch je ihre negativen Konnotationen – sie gilt als trivialisierend, geschmacklos, kitschig – verlieren. In Deutschland, wo die nationale Identität auf dem »Willen, sich zu erinnern« gegründet ist, fungiert die Ostalgie als frecher Einspruch gegen die »Anordnung, sich zu erinnern«.[58] Indem sie nach Art einer Trickbetrügerin sich mal harmlos, mal ironisch präsentiert, untergräbt sie subtil die erlösende Funktion des kollektiven Gedächtnisses als nationalem Projekt unter der Führung professioneller Historiker und staatlicher Kommissionen. Wie Gil Eyal schreibt, ist in Deutschland das kollektive Gedächtnis als Identitätsgarant und Wundenheiler von zentraler Bedeutung für den Staat und seine Institutionen.[59] Die Ostalgie nimmt diesem Projekt die Symbole, sie stichelt gegen etablierte Identitäten und kratzt an den Wunden. Die Nostalgie ermöglicht es eher Firmen und Konsumenten als den Interpreten und Hütern von Kultur und Geschichte, sich den symbolischen Inhalt des kollektiven Gedächtnisses wieder anzueignen. Sie bewahrt die Vergangenheit, um Marilyn Ivys Formulierung zu übernehmen, »vor dem Verschwinden; sie ist stabil, aber gefährdet (und somit offen für kommerzialisierbare Wünsche)«.[60] Indem sie auf diese Weise versucht, ihre eigene Vergangenheit zu überwinden und zugleich festzuhalten, macht uns die Nostalgie ein schlechtes Gewissen, auch wenn wir die Gewissensbisse genießen.

## Kommunismus-Sammlungen

Das Alltagsleben, jene enttäuschend schlichte Ansammlung banaler Vertrautheiten, ist ein schwieriges Gebiet, wenn es um die Vergangenheitsbewältigung geht. Im letzten Kapitel haben wir untersucht, wie das Phänomen der Ostalgie durch die kommerzialisierte Aneignung von anscheinend harmlosen Konsumgütern des Alltagslebens befördert wird, die neben ehemals heilige Symbole des Regimes gestellt werden und mit ihnen verschmelzen. Die scharfe Kritik an der Ostalgie – angefangen mit Aufrufen, Symbole aus der DDR-Zeit zu verbieten, bis hin zu einer weitverbreiteten Verachtung und Herablassung – verweist auf ein tieferes Dilemma, das in jedem Herrschaftssystem mit der unvermeidlichen Komplizenschaft des Alltagslebens verbunden ist. Der Alltag ist, ob im Kolonialismus, Sozialismus oder in der modernen Konsumkultur, mit ideologischen und ökonomischen Netzen untrennbar verwoben, was für die betroffenen Menschen indes kaum erkennbar ist. Wie W. E. B. Du Bois schrieb, kann »eine untadelige, schöne, gebildete junge Frau in einem Londoner Vorort das Fundament für die Armut und die Zerstörung der Welt sein«. Das Alltagsleben dieser Frau beruht, wie er behauptet, auf einer tiefen Komplizenschaft mit Strukturen, derer sie sich nur vage bewusst ist. »Dafür«, schreibt er, »ist jemand extrem schuldig. Wer?«[1]

Du Bois kritisierte die neokolonialistische kapitalistische Welt, weil sie eine verlockende Trennung zwischen dem Privaten und Politischen vornahm, welche die »untadelige« Frau in London zum Grund für die Armut im Ausland werden ließ. Die DDR gründete auf einer antikolonialistischen Rhetorik, die genau die Arten der Komplizenschaft auflösen sollte, die Du Bois verurteilte. Wenn der Kapitalismus seine Ideologie mystifizierte, so war der Sozialismus, indem er den Unterschied zwischen dem Privaten und Politischen beseitigte, bestrebt, die Ideologie nirgends zu kaschieren. Dementsprechend hoffte er voller Optimismus, dass dadurch, dass das Alltagsleben nun wieder als explizit politisch galt, die kapitalistische

Entfremdung sich in der Logik und Ethik des Kollektivs auflösen würde.

Das hatte natürlich große Auswirkungen auf die Alltagsobjekte, die im Sozialismus nicht mehr Objekte individueller Initiative oder Tauschobjekte, sondern vielmehr ideologisch höchst relevant waren. »Konsum bedeutet nicht, dass man etwas braucht und bekommt«, erklärte Günter Mittag, der frühere Wirtschaftsminister der DDR, »sondern es ist der Prozess, durch den sich die sozialistische Persönlichkeit herausbildet.«[2] Der Staatssozialismus setzte sich beharrlich dafür ein, den Alltag von dem seiner Ansicht nach falschen Bewusstsein des Warenfetischismus zu befreien. In diesem Zusammenhang führten chronische Produktionsprobleme bekanntlich zu, wie Vladislav Todorov es pointiert formulierte, »einem Defizit an Gütern, aber einer Überproduktion an symbolischer Bedeutung«. Diese Kombination, so schreibt er, brachte »äußerst effektive ästhetische und äußerst ineffektive ökonomische Strukturen« hervor.[3] Das führte u. a. dazu, dass die Bedeutung des Alltagslebens im Sozialismus anders dekliniert wurde als in westlichen kapitalistischen Gesellschaften.

Im Westen bezeichnet man im allgemeinen Sprachgebrauch mit »Alltag« eine von Routine und Gewohnheit geprägte Privatsphäre; man denkt an Familie, Einkäufe und alltägliche Aufgaben, die durch eine Kombination aus freier Wahl und Zwang gekennzeichnet sind. Genau diese Kombination macht den Alltag zu einer Stätte ideologischer Intervention (Zwang) und Autonomie (freie Wahl). Dementsprechend gilt in der westlichen Kulturanalyse, die sich vor allem auf kontinentaleuropäische Theoretiker stützt, der Alltag sowohl als Ort für die hinterhältigen Machenschaften des Kapitalismus auf der Ebene des gesellschaftlichen Unbewussten (Reproduktion) als auch als Raum des Widerstands oder, um Michel de Certeaus Begriff zu verwenden, der sekundären Produktion, bei der Objekte und Bilder durch die Nutzer, die nicht ihre Hersteller sind, eine neue Bedeutung erlangen.[4] Somit wird der Alltag in der westlichen kritischen Theorie zu einer privilegierten Stätte des Widerstands und Handelns in der kapitalistischen Moderne.

Im Sozialismus jedoch lässt sich der Alltag weniger leicht als potentiell erlösender Raum des Widerstands gegen die Ideologie verstehen. Natürlich hatte der Alltag subversive und oppositionelle Funktionen. Verschiedene Aktionsformen, die als Widerstand aufgefasst werden können, vom Rückzug in apolitische Räume wie die Datscha bis hin zur Verfeinerung mehrdeutiger humoristischer Taktiken wie *Stiob*, sind dafür ein deutlicher Beweis.[5] Auf ähnliche Weise war der Alltag im Westen ein zentraler Ort für die Verstärkung oder Überschreitung der Grenzen zwischen dem Privaten und Öffentlichen. Im Osten aber war gerade die Beseitigung des privaten Raums ein Staatsziel und die Alltagskultur von politischer Bedeutung durchtränkt. Während im Westen das Alltagsleben als Mystifikation erscheint, bei der die diffuse Marktideologie das tägliche Leben auf subtile Weise durchdringt, bestand im sozialistischen Block der Alltag für die Bürger darin, Wege zu finden, um den Herrschaftsanspruch des Staates zu unterminieren, meist ohne auf sich selbst aufmerksam zu machen.

Der offen politisierte und ideologische Kontext des sozialistischen Alltags konfrontiert jede nachträgliche Beurteilung der DDR sofort mit den krassen Widersprüchen einer Gesellschaft, in der das Alltagsleben die Diktatur gleichzeitig konsolidierte, umschiffte und untergrub. 2005/2006 untersuchte die sog. Sabrow-Expertenkommission, die Arbeit eines früheren Parlamentsausschusses vertiefend, den offiziellen Stand der Erinnerung an die DDR und stellte fest, dass bei den Versuchen, die DDR zu verstehen und zu erklären, das Alltagsleben stark vernachlässigt wurde, insbesondere die Entwicklung von Loyalität und Widerstand.[6] Dieser Mangel war bei den Kulturinstitutionen, die sich mit der DDR befassten, besonders eklatant. So erklärte der Historiker Martin Sabrow, der Leiter der nach ihm benannten Kommission: »Der Alltag (ist) kein Gegenbegriff zu Herrschaft, sondern ihre komplementäre Rückseite.« Damit erinnerte er an das Werk des Historikers Alf Lüdtke über das Dritte Reich und kritisierte diejenigen, die diese ergänzende Funktion in schlechter historischer Gesellschaft verleugnen sollten.[7]

Wie die Sabrow-Kommission belegte, wurde der Alltag in den meisten Museumsausstellungen und historischen Dialogen umgangen, und bei der Aufarbeitung der sozialistischen Vergangenheit war er kein Teil des Standardprogramms.[8] Eben wegen der unvermeidlichen Komplizenschaft, die den Gewohnheiten und dem Habitus des Alltagslebens im Sozialismus innewohnte, war seine Darstellung eine heikle Sache, wurde häufig voreilig gleichgesetzt mit einer Rechtfertigung des sozialistischen Regimes und in den beiden ersten Jahrzehnten nach der Vereinigung vom historischen Mainstream im Großen und Ganzen vermieden. Allerdings würde das Ignorieren der gelebten Erfahrung von 16 Millionen ehemaligen DDR-Bürgern dem Verständnis der jüngeren Vergangenheit kaum gerecht werden. »Wenn man den Alltag als Erfahrungsbereich behandelt, der sich der Präsentation oder Reflexion verschließt«, warnt Ben Highmore, »verurteilt man ihn zum Schweigen.«[9] Dieses Kapitel befasst sich damit, wie der sozialistische Alltag für eine Präsentation – um Highmores Begriff zu verwenden – erschlossen wurde. Es wirft einen Blick auf von Amateuren betriebene, privat finanzierte Museen über den Alltag im Sozialismus, die gegründet wurden, um die staatlich geförderten Darstellungen der DDR in professionellen historischen Museen zu ergänzen und herauszufordern. Es richtet den Fokus auch auf die in Kapitel 1 behandelten Alltagsobjekte und zeigt, wie die sozialistische materielle Kultur sich vom unerwünschten Überschuss in Museumsartefakte verwandelte und dabei normale Menschen mit politischen und wissenschaftlichen Debatten darüber in Kontakt brachte, wie an das Leben im sozialistischen Regime »auf die richtige Weise« erinnert werden sollte.

Das Kapitel zeichnet nach, wie sich aus einer buntgemischten Gruppe von Sammlern eine Museumslandschaft entwickelte. Die hier untersuchten privaten Museen werden zwar wegen ihrer Amateurhaftigkeit und Nostalgie allgemein kritisiert, doch sie fungieren auch als eine Art Antipolitik in einer Zeit, in der viele Bürger der Ex-DDR sich der raschen Dominanz westlicher politischer Institutionen und Medien gegenüber machtlos fühlten. Ich zeige, dass die haptischen, interaktiven und informellen Präsentationsweisen in den Museen eine Form der Aneignung darstellen und daher den wichtigen Anspruch auf Authentizität erheben können. Diese Qualität, so meine Behauptung, ermöglicht es diesen privaten Museen, eine aktive Rolle zu übernehmen, wenn es darum geht, anhand der materiellen Kultur den sozialistischen Alltag darzustellen. Auf diese Weise bilden sie eine bemerkenswert frühe Phase in dem größeren kontinuierlichen Prozess, bei dem der Alltag bei der Aufarbeitung der Vergangenheit verspätet, aber immer stärker in den Blickpunkt der Öffentlichkeit gerückt ist.

## Das Aufsammeln der Teile

In den ersten Jahren nach der Vereinigung entsorgten Bürger überall in der ehemaligen DDR ihre Produkte, Haushaltsgeräte, Kleidungsstücke, Autos und Dokumente. Sie »konnten ihre Alltagsdinge nicht schnell genug loswerden«, bemerkte ein verblüffter Westler, als er durch eine Landschaft wanderte, in der die »Alltagskultur achtlos wie Ballast über Bord« geworfen worden war, »vom Brigadebuch über Parteiabzeichen bis zum Jugendweihe-Geschenk und vieles andere mehr«.[10] Diese massive Säuberungsaktion war die Folge eines kollektiven Konsumrauschs, der mit der Währungsunion zwischen West- und Ostdeutschland im Februar 1990 einherging, als östliche Geschäfte buchstäblich über Nacht ihre Bestände gegen westliche Produkte austauschten. Monatelang wurden die Regale in einem halsbrecherischen Tempo immer wieder aufgefüllt, eine Reaktion auf die – für sozialistische Mangelwirtschaften typischen – massiv aufgestauten Verbraucherwünsche. Infolge dieses Konsumrauschs bevorzugten die Verbraucher anfangs nicht nur westliche Produkte, wie im vorigen Kapitel ausführlich dargelegt, sondern voll funktionsfähige DDR-Alltagsobjekte wurden sofort kulturell obsolet und wanderten in den Abfall oder auf den Dachboden. In jenem ersten Jahr nach der Vereinigung produzierten die ehemaligen Einwohner der DDR pro Kopf 1,2 Tonnen Müll, dreimal mehr als im Westen.[11] Alles Östliche schien plötzlich minderwertig. Artikel, die im Osten einst ein hohes Prestige genossen, waren plötzlich so gut wie wertlos. In einem Witz, der damals kursierte, hält ein Mann an einer Autobahn-Tankstelle und verlangt zwei Scheibenwischer für seinen Trabant. Der Tankwart antwortet: »Das finde ich einen fairen Tausch!«

Während das materielle Leben eines toten Nationalstaates in Müllcontainern, Dachkammern und Lagerräumen verschwand, begann eine buntgemischte Gruppe von Männern meist mittleren Alters, tief besorgt über den plötzlichen Wandel, auf Müllhalden, in verlassenen Gebäuden, bei Freunden und Nachbarn nach Überresten des Alltagslebens zu suchen und sie zu sammeln. Dabei handelte es sich oft um einen bewussten verzweifelten Versuch, die Vergangenheit, die vor ihren Augen verschwand, festzuhalten. Sammler durchforsteten Flohmärkte, Geschäfte, Mülltonnen und Industriestandorte nach Verpackungsmaterialien, Urkunden, Paraphernalien der kommunistischen Partei, Postkarten, Soda-Flaschen, Haushaltsgeräten, Tassen und Untertassen, Möbeln, Plattenalben und Bedienungsanleitungen und leisteten ganze Arbeit, um den Alltag vor dem Verschwinden zu bewahren.

Die erste Phase des Nachlebens der sozialistischen Alltagsgegenstände ist untrennbar mit dieser Müllsuche verbunden, die die Sammelkultur ankurbelte. Das »Schlüsselerlebnis«, das Wolfgang Max zu einem privaten Sammler werden ließ – er besitzt jetzt mehr als 2500 Objekte, angefangen mit Dutzenden von Kameras bis hin zu Hunderten von Uniformen –, war der Anruf eines Freundes, der ihm von einer in den Müll geworfenen Uniform erzählte.[12] Ein Zeitungsfoto aus dem Jahr 1991 mit Büchern, die auf einer Mülldeponie in der Nähe von Leipzig vor sich hin rotteten, veranlasste den evangelischen Pfarrer Martin Weskott, letztlich 50 000 Bücher zu retten, da er befürchtete, dass »die Menschen eben in der Versuchung (waren), sozusagen über die Müllkippe auch ihre Biographie zu entsorgen«.[13] Der eingefleischte Sammler Jürgen Hartwig streckte seine Arme aus, ballte die Fäuste und führte mir vor, wie er im Jahr der Vereinigung, auf dem Weg zu und von seiner Nachtschicht in einer

Glühbirnenfabrik, in den Straßen und Läden jede Menge DDR-»Kram« einsammelte, weil er sich ärgerte und wusste, dass das alles bald verschwinden würde.

Hartwig war ein früherer ostdeutscher Schlosser, der Weihnachten 1989 durch eine Erleuchtung seine Berufung fand, als er feststellte, dass die Vergangenheit – seine Vergangenheit, die sich hinter der Mauer erhalten hatte – dabei war zu verschwinden und dass er anfangen musste, ihre Relikte zu sammeln. Damals lebte er in Westberlin, nachdem er wegen eines Fluchtversuchs zwei Jahre in einem DDR-Gefängnis verbracht hatte und zwangsweise ausgewiesen worden war. Plötzlich war er hochmotiviert, die Überreste des Landes, das ihn ausgewiesen hatte, für die Nachwelt zu bewahren. Er wurde zum Mitbegründer und Vorsitzenden des Vereins zur Dokumentation der DDR-Alltagskultur, der seit über 20 Jahren jeden Monat in dem früheren berühmten DDR-Café Sibylle eine Tauschbörse veranstaltet, bei der (meist) Männer an einem der hinteren Tische sitzen, Bier und Kaffee trinken und Postkarten, Münzen, Geschichten und Witze austauschen. Diese Sammelaktionen verliehen den Alltagsobjekten zwei miteinander kombinierte Werte, die den Müll in Nostalgie-Objekte zu verwandeln begannen.

Der erste Wert, der dem Objekt durch das Sammeln zufiel, war der Fortbestand. Mit dem »Tod« der DDR verbreitete sich bei vielen Menschen das Gefühl, zu Fremden im eigenen Land oder permanent von einer Vergangenheit entfremdet zu werden, die ihre Identität definierte. Die Sammler sehen in ihren Rettungsaktionen eine Möglichkeit, Zeit und Raum zu ordnen und die plötzlich völlig chaotische Gegenwart neu zu organisieren. Ein Sammler erklärte den Rettungsrausch mit dem unwiderstehlichen Impuls, »zu horten und zu horten, weil die Zeit läuft […] Ich will erstmal […] alles brutal absammeln und unsystematisch horten«.[14] In einem Umfeld, in dem viele Ostdeutsche glaubten, »Zum Abschied bleibt keine Zeit« (der Name der Ausstellung eines Sammlers im Jahr 1995), wurden Objekte, wie Baudrillard schreibt, »zu dem, womit wir unsere Trauer gestalten« und damit symbolisch den Tod transzendieren.[15] Bei der durch den »Tod« der DDR hervorgerufenen Trauer wurde das Sammeln zu einer Form des Überlebens.[16]

Der zweite Wert war intersubjektiv – die Erkenntnis, dass ein anderer das eigene Objekt haben wollte. Sammler begannen zu verstehen, dass ihre eigene Vergangenheit im wahrsten Sinn des Wortes einen Preis erzielen konnte, und lernten es, ihr Selbstwertgefühl im Tanz um den monetären Wert auszuspielen. Im Vergleich mit Antiquitäten aus früheren Epochen ist der monetäre Wert von DDR-Artikeln weiterhin unspektakulär, wobei es sich bei den teuersten Objekten – ganz konventionell – um Münzen, Devisen und Briefmarken handelt. Doch die Vorstellung, dass sich für die eigene materielle Vergangenheit ein Preis erzielen lässt, führte zu einer allmählichen Veränderung des Selbstbilds und ermöglichte bewusst ironische Kehrtwenden und eine neue Leichtigkeit im Umgang mit der Warenkultur. So erinnerte sich z. B. ein Ostberliner, wie er kurz nach der Vereinigung einen Westler sah, der auf einem Flohmarkt DDR-Abzeichen kaufte, und ihm plötzlich blitzartig klar wurde, dass seine alten Schulabzeichen und -medaillen, die er in irgendwelchen Schachteln verwahrt und an die er nie mehr einen Gedanken verschwendet hatte, bares Geld einbringen konnten. Mehr oder weniger aus Jux lud er den Westler zu sich nach Hause ein, um ihm seine Sammlung zu zeigen.[17] Die Antwort auf die Frage des Westlers, »Wie viel für alles?«, ist eine Mischung aus Melodrama, Ironie und Geschäftstüchtigkeit:

> Ich stand auf, atmete durch, setzte mich hin und flüsterte:
> *»Das ist meine Vergangenheit. Wie kann man das in GELD umrechnen.«*
> *»Wie viel?«*
> *»Sag Du.«*
> *»Hundert.« [...]*
> [Schon hatte ich ein Wischtuch über die Exponate gelegt. Die Wirkung war verblüffend. Kaum sah er nicht mehr, was er begehrte, nannte er den zweieinhalbfachen Preis.]
> Ich: *»Unter dreihundert geht das nicht weg!«*

Geschwind wie ein Taschendieb klammerte er drei Scheine aus der Gesäßtasche, zog das Wischtuch lüstern langsam vom frischen Besitz.

Hier kommt es natürlich nicht darauf an, dass einige Alltagsartikel der DDR, so wie die Abzeichen, möglicherweise ein wenig Bargeld einbringen, sondern dass die Wünsche von anderen die eigene Vergangenheit als wertvoller erscheinen lassen und dass die clevere Umsetzung dieser Erkenntnis zu einem Rollentausch und neuen Wertvorstellungen führen kann. Beide Werte zusammen – persönliches/kulturelles Überleben und intersubjektiver Wert – ermöglichten einen Prozess des Sich-Einschreibens in Objekte, der dem ähnelt, was der Anthropologe David Parkin bei Menschen beobachtet, deren gesellschaftliches Selbstbewusstsein durch Vertreibung gestört ist.[18]

Wenn Flüchtlinge ins Exil gehen müssen, nehmen sie, nach Aussage von Parkin, Erinnerungsstücke mit, die weit mehr sind als bloße Objekte. Da die Exilanten sich in einer liminalen bzw. einer Übergangssituation befinden, in der das Vertrauen in andere aufgrund des Verlusts des Selbst geschwächt ist, »schreiben sie ihre persönliche Zukunft und Identität in alle ihnen verbliebenen unpersönlichen physischen, mentalen und körperlichen quasi selbstgebastelten Überreste ein: Sie investieren, anders gesagt, emotional stärker in ihnen zugängliche Objekte, Ideen und Träume als in die lebenden Personen ihrer Umgebung«.[19] Erinnerungsstücke werden zu Depots einer »zeitweilig eingekapselten Personalität«, die später, wenn die Verhältnisse es gestatten, dazu genutzt werden, die zuvor verleugnete Identität in einer zukünftigen Form wiederherzustellen.[20] Die merkwürdige Situation der früheren Ostdeutschen, ihre »Dis- und Re-Lokation von Deutschland nach Deutschland«, führte zu einer analogen Identitätskrise, nicht weil sie ihr Land verlassen hatten, sondern weil ihr Land sie verlassen hatte.[21] Diese Situation ist unabhängig von der politischen Überzeugung – ob man nun ein Dissident oder ein Apparatschik war, das tägliche Leben war unwiderruflich verändert. Wie der Titel von Alexei Yurchaks Buch über die letzte Sowjetgeneration es treffend formuliert: »Alles war für immer, bis es verschwunden war.« »Man hielt das System«, so Yurchak, »stets zugleich für stagnierend und unveränderlich, für fragil und stark, für trostlos und vielversprechend«, und dann war es mit ihm aus und vorbei.[22]

Für die Ostdeutschen hatte das alte System nicht nur abrupt geendet, sondern das gesamte Land wurde von den juristischen, politischen und kulturellen Strukturen der westlichen Bundesrepublik im wahrsten Sinne des Wortes absorbiert. Anders als in anderen Sowjetblockländern wurden das vor sich hin dümpelnde DDR-Regime und seine täglichen Planvorgaben sofort durch ein umfassendes alternatives System ersetzt. Alltagsobjekte wurden umgehend kulturell obsolet und waren nur noch spurenhafte Erinnerungen an das rasche Verschwinden eines Staates und seines zugehörigen Lebensstils. Für jene Sammler wie Hartwig wurden Alltagsgegenstände, wie er es formulierte, zu einem verankerten »Gut der Erinnerung an das Positive der DDR und der eigenen erlebten Vergangenheit«.[23] In diesem Zusammenhang ist Parkins Bemerkung über die Rolle von Objekten als Trägern einer »zeitweilig eingekapselten Persönlichkeit« durchaus zutreffend. Dies hilft eine offensichtliche Zärtlichkeit für die Objekte zu erklären, so wie in Rolf Winklers Selbstbeschreibung seiner Sammlung: »Viele Dinge wurden nach der Wende entsorgt, vernichtet, weggeworfen oder einfach stehen gelassen. Dinge mit denen man jahrelang gelebt, geliebt, gearbeitet, gespielt hat. Dinge die notwendig waren, im Alltag, im Haushalt, der Schule, im Beruf, im Hobby, aber auch Dinge die die Welt nicht brauchte. Mit meiner kleinen Sammlung möchte ich Erinnerungen daran wecken und erhalten […] Es war nicht alles schlecht!«[24]

Die Sammlung, die Winkler auf seiner persönlichen Website der Welt vorstellt, ist Teil des – in der Mitte der 1990er Jahre eingetretenen – Wandels vom Sammeln zum Ausstellen der Objekte. 1994 gab Hartwig, der seine Sammlererfahrungen mit früheren Ostdeutschen teilen wollte, der Hoffnung Ausdruck, »daß ein solches Museum, das die Geschichte und Alltagskultur dokumentiert, später einmal großes Interesse erlangen könnte«.[25] Um diese Zeit begannen Sammler nach permanenten Ausstellungsorten für ihre Materialien zu suchen. Vielerorts entstanden private Museen – in Kellern, Garagen, Wohnungen, Baracken und ehemaligen Fabriken. Ohne Zugang zu öffentlichen Geldern waren sie zumeist als gemeinnützige Vereine organisiert, was ihnen ermöglichte, durch Mitgliederbeiträge, Zuwendungen und Eintrittsgebühren die nötigen Finanzmittel aufzubringen. Um ihre eigenen Sammlungen zu erweitern, riefen sie öffentlich zu Spenden weiterer Exponate auf. Um das Jahr 2000 gab es ungefähr zwei Dutzend Privatmuseen über das Alltagsleben in der DDR.[26]

Zu den Museen der ersten Stunde gehörte das »Offene Depot«, das zum Dokumentationszentrum Alltagskultur der DDR in Eisenhüttenstadt wurde und seinen Ursprung einer kurzzeitigen Zusammenarbeit zwischen dem nicht sehr systematisch vorgehenden Hartwig und dem aus Westberlin stammenden wissenschaftlichen Kurator Andreas Ludwig verdankte.[27] Hartwig und Ludwig waren beide von der Idee eines Museums über den sozialistischen Alltag fasziniert. Ludwig schlug die Gründung eines Vereins vor, um Gelder für ein künftiges Museum in der ersten sozialistischen Musterstadt Eisenhüttenstadt zu sammeln. Bald darauf trafen sich im Frühjahr 1994 zwei Dutzend Enthusiasten in dem Alt-Berliner Gasthaus Mutter Hoppe, um den Verein zur Dokumentation der DDR-Alltagskultur ins Leben zu rufen. Die Organisation war chaotisch, was zu Klagen und Aufrufen zu mehr Professionalität bei den Sammlern Anlass gab: »Bitte mit Angabe und Datum, sonst wertlos!«, lautete ein Appell an die Vereinsmitglieder. Ein früher Ver-

Standorte von DDR-Alltagsmuseen.

such, eine Ausstellung zu organisieren, war ebenfalls chaotisch und veranlasste Hartwig, die Mitglieder zu rügen: »Unsere Sammler sollten demnächst zugesandte Einladungen zu konkreten Vorgesprächen nicht unbeachtet lassen und die Termine unbedingt wahrzunehmen versuchen.«[28] 1998 konnte Ludwig den Dilettantismus des Vereins nicht länger ertragen, er schied aus und gründete sein eigenes Museum, das Dokumentationszentrum für die Alltagskultur der DDR, das viel beachtete, professionell kuratierte Ausstellungen veranstaltete, bis ihm 2012 die finanziellen Mittel entzogen wurden.

Rundbrief des Vereins zur Dokumentation der DDR-Alltagskultur.
Frühe Ausgaben des Rundbriefs aus dem Jahr 1996.

Ludwigs Museum war jedoch eine hart erkämpfte, professionell kuratierte Insel in einem plötzlich größer werdenden Meer von Amateurmuseen. Ein typischeres Beispiel für ein Amateurmuseum ist das DDR-Museum Pirna, dessen Gründer Conny Kaden 1993 mit dem Sammeln von Münzen begann und ein paar Jahre später feststellte, dass seine 50 Quadratmeter kleine Wohnung einem Museum ähnelte – »Überall standen Rundfunkgeräte, Spielzeug, Orden und Auszeichnungen in und auf den Schränken. Die Bücherregale waren mit DDR-Bildbänden, Kinderliteratur sowie Büchern über die Volkspolizei, der NVA u. a. Literatur der DDR gestapelt. An den Wänden in Flur und Küche hingen DDR- und Pionierfahnen und unsere ehemaligen Politiker lächelten mich jeden Morgen an.«[29] 2004 eröffnete er das Museum, das heute 2000 Quadratmeter in einer früheren Militärbaracke einnimmt. Die meisten Museen sind, wie die von Kaden oder Winkler, eine Art persönliches Heiligtum, deren meist charismatische Leiter nach der Schließung des Museums nicht recht wissen, was aus den Exponaten werden soll.[30] Diese Museen im Stil eines Heiligtums sind im wahrsten Sinne des Wortes vorübergehend, und ihre Existenz ist an die Biographie und das Lebensalter ihrer Gründer geknüpft, die fast alle während des Kalten Krieges aufwuchsen und eine intuitive und intime Beziehung zu den Ausstellungsobjekten haben. Insgesamt gesehen repräsentieren diese Museen generationen- und epochenspezifische Erinnerungen, welche die Art von »Wir-Identität« ausmachen, die oftmals mit dem nationalen politischen Gedächtnis verbunden ist.[31]

Häufig führen selbst angefertigte Schilder die Besucher zu den meist etwas abseits gelegenen Museen. Fast alle heißen die Besucher bei ihrer »Rückkehr« in die DDR willkommen und kombinieren den alten Tropus des Museums als Reiseersatz mit Bildern der DDR-Grenze. In dem Museum am Stadtrand von Perleberg z. B. wird man von der Halbtagskraft hinter dem Schalter mit der Immigranten gestellten Frage begrüßt: »Möchten Sie einreisen?«, und für drei Euro erhält man ein fingiertes Visum als Eintrittskarte. Im Mittelpunkt all dieser Museen stehen überwiegend Haushalts- und Konsumartikel, welche die Ästhetik des Alltags in den Vordergrund stellen. Sammlungen von Kleidungsstücken, Reinigungsmitteln, Flaschen, Bandagen, Mixern, Radio- und Fernsehgeräten konkurrieren mit Puddingpulverpäckchen und Toastern. Neben Nähmaschinen finden sich Schulbücher, Spielzeugsoldaten und Plüschtiere. Seife, Telefone und Wecker sind neben explizit politischen Erinnerungen wie Fahnen, Abzeichen und alten Ausweisen von Massenorganisationen wie der Freien Deutschen Jugend ausgestellt. Der berühmte ostdeutsche Eierbecher aus Plastik ist allge-

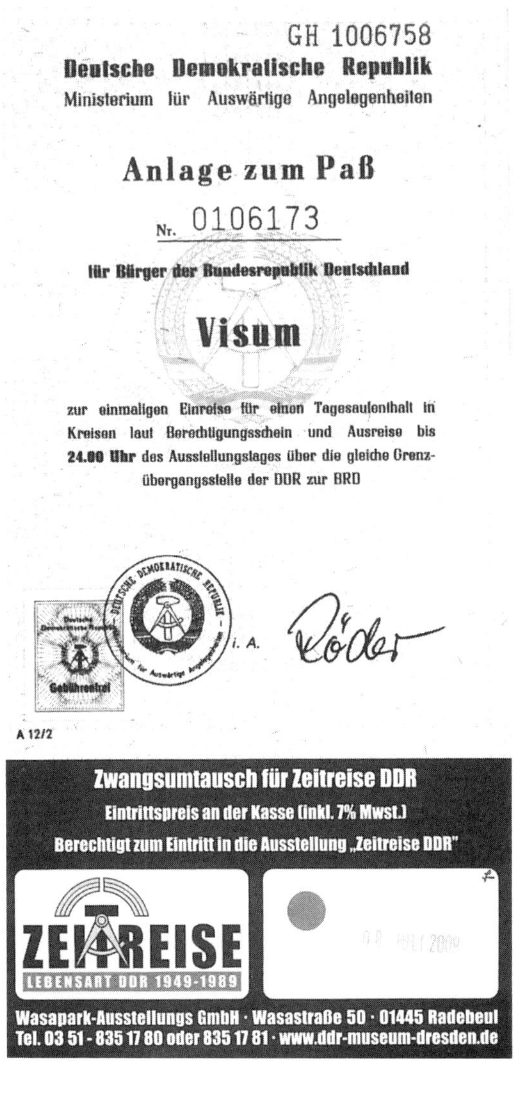


Eintrittskarte für das Museum Zeitreise. Das Ticket ist in Form eines DDR-Einreisevisums gestaltet. 2009.

Flyer des DDR-Museums Kampehl. 2009.

genwärtig, und beinahe alle Museen zeigen den Nachbau eines Konsums, eines Lebensmittelgeschäfts, das oft sehr viel reichhaltiger bestückt ist, als es in der Realität je der Fall war.[32]

Die Sammlungen stehen unter bestimmten Themen und werden durch einige Dioramen ergänzt. Die Räume oder Wände sind Objektgattungen (Uhren, Spielsachen, Schreibmaschinen usw.) oder Lebenssituationen (Schule, Wohnen, Ferien) gewidmet. Die Exponate sind mehr oder weniger geordnet, manchmal beschriftet, meist aber nicht; mal sind sie durch Glasscheiben geschützt, mal sollen sie aber auch ausdrücklich berührt und in die Hand genommen werden. Die Dioramen reichen von Kitsch bis zu seriösen Nachbauten, wie z. B. in Apolda, wo Schaufensterpuppen das eingefrorene Bild eines akribisch kopierten Klassenzimmers oder einer Zahnarztpraxis komplettieren. Das graue Bild der DDR konterkarierend, sind die Ausstellungen bunt und anheimelnd, wie etwa das detailgenaue Diorama der 1960er Jahre in Wittenberg: Auf dem Tisch liegen eine Tafel Schokolade und Kekse, es gibt einen Stempke-Staubsauger, eine selbstgebastelte Antenne für den Empfang von Westfernsehen und Igelit-Lampen, die die Bücher in den in Modulbauweise gefertigten Regalen beleuchten.

Fast alle Museen legen den Schwerpunkt auf Quantität, wobei die mit Radios, Uhren und Kinderwagen vollgestopften Räume oder die überaus reichlich ausgestatteten Konsum-Läden dem Bild der DDR als einem kleinen, durch Mangelwirtschaft gekennzeichneten Staat widersprechen und den Eindruck von Üppigkeit und Fülle vermitteln. Während einige Ausstellungen Kultobjekte aus den 50er und 60er Jahren, so wie Nierentische oder klobige Radios, in den Mittelpunkt stellen, stammen die meisten Objekte aus den 70er und 80er Jahren. Sie spiegeln die Steigerung der Massenproduktion, die mit den – letztlich erfolglosen – politischen Reformen einherging und auf die Konsumbedürfnisse der Bürger besser eingehen sollte.[33] Und so wie das kommerziell erfolgreiche DDR Museum in Berlin mit seinem Motto »Geschichte zum Anfassen« betonen die meisten Privatmuseen ebenfalls das interaktive Erlebnis. Die Bandbreite reicht hier vom In-die-Hand-Nehmen und Berüh-

Fernsehapparate im DDR-Geschichtsmuseum in Perleberg. Manche zeigen Videoloops des DDR-Fernsehens. Dieser Ausstellungsstil – man zeigt zahlreiche Artikel desselben Typs, wie etwa Radios, Kameras und Uhren – ist in den meisten Amateurmuseen über die DDR anzutreffen. 2010.

ren der Exponate über Vorträge und Diskussionen bis hin zu organisierten Partys und Events, wie etwa die – vom Museum in Tutow angebotene – sechseinhalbstündige Tour, darin eingeschlossen ein vollständiges DDR-Menü, ein Kabarett, ein Quiz über das Alltagsleben und eine Preisverleihung, durchgeführt durch »den Genossen Krause«.[34]

Die Museen sind nur mäßig gelungen. Bei manchen handelt es sich um planlose Sammlungen auf engstem Raum, bei anderen um mehrstöckige Zentren der lokalen Tourismusindustrie. Bislang haben sich über 120 000 Besucher die Nachbauten der Zahnarztpraxis, des Klassenzimmers und der Küche in Apolda angesehen, und über 50 000 Besucher pro Jahr pilgern zum Museum Zeitreise in Radebeul unweit von Dresden. Mit seinen 500 000 Besuchern pro Jahr lässt jedoch das DDR Museum Berlin alle anderen weit hinter

Lebensmittelgeschäft mit prall gefüllten Regalen. Ein gut bestückter Konsum im DDR-Geschichtsmuseum in Perleberg. Fast alle Museen verfügen über einen Lebensmittelladen, der gewöhnlich ein größeres Artikelsortiment aufweist, als es in einem typischen DDR-Laden je der Fall war. 2010.

sich.[35] Alle diese Museen bezeichnen es als ihre Hauptaufgabe, das Leben so zu zeigen, »wie es wirklich war«. Sie wollen Menschen, die sich, weil sie zu jung sind, nicht an die DDR erinnern können, mit Informationen versorgen und der älteren Generation die Erfahrung einer Identitätsbestätigung bieten. Wie aus zwanglosen Gesprächen und den zahlreichen Gästebucheinträgen zu erschließen – »das Museum weckt Erinnerungen an unsere Kindheit« ist dafür ein typisches Beispiel –, weiß das anvisierte Publikum die Reise in die Vergangenheit überaus zu schätzen.

## Die Politik und Antipolitik der Erinnerung

Im Jahr 2005 hatte, wie zu Beginn des Kapitels erwähnt, die Sabrow-Expertenkommission stärker konzertierte Anstrengungen der Deutschen angemahnt und dazu aufgefordert, den sozialistischen Alltag ernster zu nehmen. Die Amateurmuseen entsprachen jedoch kaum dem, was den Experten vorschwebte. Ganz im Gegenteil: Der Empfehlung der Kommission lagen teilweise gerade solch »unkritische Sammlungen« des DDR-Alltagslebens zugrunde, welche die Diktatur auf gefährliche Weise zu verharmlosen schienen.[36] Sabrow ist weiterhin der in der Öffentlichkeit sichtbarste Vertreter der Forderung, den Alltag in das historische Bewusstsein zu integrieren, ist aber amateurhaften Versuchen gegenüber argwöhnisch. Bei einem Kolloquium anlässlich des zweiten Jahrestages des DDR Museums in Berlin nahm er vor seinen Gästen kein Blatt vor den Mund und äußerte seine Kritik, die von vielen professionellen Historikern und Kuratoren weithin geteilt wurde.

Während das DDR Museum in Berlin aufgrund seiner kommerziellen Ausrichtung, seines westlichen Gründers und seines Fachpersonals in gewisser Weise ein Sonderfall ist, betrifft der Kern von Sabrows Kritik beinahe alle etwas rustikaleren Amateurmuseen.[37] Der springende Punkt sei, wie er betonte, dass man in den Museen mit den Objekten nicht richtig umgehe, angefangen mit ihrer Aufnahme, Katalogisierung und Lagerung bis hin zu ihrer Präsentation. Ihn störte vor allem, dass die Exponate von den Besuchern angefasst werden durften. Darüber hinaus mangele es den Ausstellungen an kritischer Distanz; sie stellten das Leben in der DDR zu positiv dar. Diese problematische positive Darstellung werde, wie er erklärt, noch dadurch verstärkt, dass das Museum ganz explizit den Fokus auf das emotionale Erleben lege, was das Nachdenken verhindere und dazu führe, dass der Alltag von der Diktatur abgetrennt werde. Daher überschreite das Museum, indem es dafür sorge, dass die Besucher sich wohlfühlten, de facto die Grenze zum Entertainment. All dies berge, so Sabrow, das hohe Risiko, die DDR-Vergangenheit zu verharmlosen und damit die Legitimität der

Demokratie im vereinten Deutschland subtil zu untergraben. Das Museum, stellt Sabrow abschließend fest, habe eine falsche »Aura« und müsse sich verändern, um kein dekontextualisierter »Jahrmarkt der Alltäglichkeiten« zu sein.[38]

Sabrows Kritik erinnert an die allgemeinere Kritik an den Museen der Alltagskultur, wie sie von Gottfried Korff vertreten wird: Während in der Vergangenheit der Alltag, das Erbe und die Pop-Kultur sinnvolle Museumsthemen gewesen seien, handele es sich bei ihnen heute »möglicherweise (um) eine falsche Strategie, weil sie die Aufforderung zur tendenziellen Entwertung nicht nur der Alltagskultur, sondern auch der Museumsarbeit darstellt [...] Nicht nur die Hinwendung zu den Kleinwelten scheint [heute] erforderlich, sondern – vermehrt – die Erinnerung an die großen Strukturen, Fragen und Linien«.[39] Die banalen subjektiven Erfahrungen des Alltagslebens mit seinen kleinen Freuden schienen dem übergreifenden Narrativ der DDR als eines ungerechten, totalitären Systems zu widersprechen. Was vielleicht noch wichtiger ist: Alltagsobjekte operieren wie Kitsch, mit dem sie sich oft überschneiden. Wie der Kitsch steht der Alltag – besonders in den Händen von Nichtspezialisten – letztlich in Verdacht, emotionale Manipulationen vorzunehmen und dadurch das Urteilsvermögen zu trüben. Wenn die unzuverlässige subjektive Erinnerung die historischen Tatsachen ersetzt, führt dies, so befürchtet man, günstigstenfalls zu einer Verharmlosung der Diktatur und ungünstigstenfalls zu deren Rechtfertigung. Ein – manchmal im Scherz, manchmal im Ernst geäußerter – Satz, den ich während meiner Recherchen von Historikern häufig gehört habe, war das Bonmot: »Der Augenzeuge ist der Feind des Historikers.«[40]

Wie nach Kritiken à la Korff und Sabrow zu urteilen, scheinen die Amateurmuseen im Allgemeinen ein gestörtes Verhältnis zur Geschichte zu haben (was Korff als »banale[r] Reliktbegier« auf Kosten der »großen Strukturen« bezeichnen würde); sie genügen kaum den Ansprüchen eines »Museums« und grenzen an eine Rechtfertigung der Diktatur. Ein solches Museum droht, wie Sabrows Bemerkung zu verstehen gibt, einen Besucher um das »Recht auf eine kritische historische Selbstbestimmung« zu bringen, indem es den Betrachter überfordert oder persönliche Erinnerungen widerspiegelt, anstatt ihm die vielfältigen Perspektiven einer freidenkenden Gesellschaft vor Augen zu stellen. Bei den anscheinend harmlosen Massen von Plastikeierbechern, Mitropa-Menüs, Anbaumöbeln, Kameras und Kinderspielzeug geht es also darum, dass der Begriff »Museum«, wie Susan Crane es einmal formulierte, seine »Glaubwürdigkeit [...] als Erinnerungsinstitution« bewahren und eine demokratische Gesellschaft damit ihre professionellen und kritischen Standards aufrechterhalten kann.[41]

Angesichts einer solchen Kritik schütteln die Direktoren und Mitarbeiter der privaten Museen, mit denen ich gesprochen habe, meist nur müde mit dem Kopf. Sowohl öffentlich als auch privat bestreiten fast alle diese Museen jegliche Absicht, die Vergangenheit zu verherrlichen. Vielmehr wollen sie laut eigener Aussage die gelebte Erfahrung der Menschen würdigen. Im Allgemeinen wird der Begriff Ostalgie bei der Beschreibung der Museen vermieden oder aber bewusst, sparsam und mit einem gewissen Vorbehalt verwendet. »Liebe Gäste«, lautet die Frage in einem offenen Brief des DDR-Museums in Tutow, »ist es Ostalgie, wenn sich viele ehemalige DDR-Bürger, aus welchem Grund auch immer, nach den Aromen ihrer Kindheit sehnen?«[42] Es sei, so die defensive Behauptung, *nicht* nostalgisch, wenn man das Leben, »wie es wirklich war«, objektiv zeige. Und »wirklich« bedeutet in den meisten Fällen, dass man das tut, was Sabrow als Trennung des Alltags von der Diktatur verurteilen würde: So heißt es im Ausstellungskonzept des Radebeuler Museums Zeitreise ganz offen, dass es hier um das »wirkliche Leben« gehe und »nicht um die schon vielfach vorhandene Darstellung der DDR und ihrer Unterdrückungsmechanismen«. In einem Interview mit mir betonte der Museumsdirektor nachdrücklich: »MfS [d. h. die Stasi] und Verfolgung sind nicht wichtig im Alltagsbereich.«[43] Dieses Museum sieht also, so wie andere auch, seine Bedeutung darin, dass es Ergänzungen liefert oder das korrigiert, was manche Direktoren voller Bitterkeit als eine westliche, eigennützige, staatlich unterstützte »Dämonisierung« Ostdeutschlands bezeichneten.

Auf diese Weise versuchen die Museen, sich aktiv z. B. vom Zeitgeschichtlichen Forum Leipzig, einem Museum der Bundesrepublik (das anfangs von einem früheren ostdeutschen Dissidenten geleitet wurde), zu unterscheiden. Nach eigenen Angaben sieht dieses seine Aufgabe darin, »an die Geschichte von politischer Repression, von Opposition sowie von Widerstand« zu erinnern und »die friedliche Revolution vor dem Hintergrund der deutschen Teilung und des Alltagslebens in der kommunistischen Diktatur« zu zeigen.[44] Sie unterscheiden sich auch von anderen Museen, die an die Teilung und Unterdrückung erinnern, auf etwa parallele Weise entstanden sind und häufig ebenfalls auf die Initiative von Privatpersonen oder bestimmter Gruppen zurückgehen. Ein Beispiel dafür ist der von ursprünglichen Bürgerrechtlern gegründete Verein Antistalinistische Aktion Berlin-Normannenstraße (ASTAK), der 1990 ins Leben gerufen wurde, um die Zentrale und die Akten des Staatssicherheitsministeriums für die Nachwelt zu erhalten (Stasi-Museum). Ähnlich wie die Amateurmuseen des Alltagslebens geraten Gruppen wie diese oft in Konflikt mit der Bundesregierung hinsichtlich der Frage, wie die Erinnerung an die Unterdrückung in der DDR bewahrt und dargestellt werden solle.[45] Die privaten Direktoren von Alltagsmuseen (die nicht alle aus dem Osten stammen) bestreiten nicht, dass es legitim sei, an Repression und Widerstand zu erinnern, und berücksichtigen diese Thematik in gewisser Weise auch in ihren Ausstellungen, behaupten aber hartnäckig, dass eine in ihren Augen übermäßige Konzentration auf diese Bereiche die gelebte Erfahrung von Millionen von DDR-Bürgern de facto verschweigt und dass ihre Museen ein notwendiges alternatives Narrativ zur Verfügung stellen. Ihre Museen, so bringen sie vor, korrigieren ein vermeintlich hegemoniales westliches Narrativ, welches das Leben der Ostdeutschen entwertet, indem diese einer Vergangenheit zugeordnet werden, in der das Leben entweder eine Lüge oder ein Verbrechen war.

Das ist ein hochpolitisches Terrain, doch anstatt sich mit der Politik zu befassen, bieten die Museen eine Art Antipolitik an und präsentieren sich selbst als Korrektiv zu einer allzu politisierten

Umwelt. So werden die Objekte, sogar noch vor der Ankunft der Besucher, als unpolitisch und implizit vertrauenswürdiger eingestuft als Exponate in staatlich geförderten Museen. Wir wollen »erinnern – nicht provozieren«, lautet das präventive Motto des Museums in Langenweddingen. Ebenso wie andere zahlreiche Ausstellungen oder Erwähnungen der Kindheit in den Museen weist die (oben zitierte) Feststellung des Museums in Tutow, dass es völlig in Ordnung sei, sich nach den Aromen der Kindheit zu sehnen, einer gewissen Sehnsucht nach der Kindheit, wie Olga Shevchenko und Maya Nadkarni darlegen, die Rolle eines primären Tropus zu, durch den die Erinnerung apolitisch und daher »objektiver« wird.[46]

Solche apolitischen Räume waren früheren DDR-Bürgern durchaus vertraut. Seit der sozialistischen Ära neigten sie zur Skepsis gegenüber allzu politischen oder staatlichen Stätten, so wie staatlichen Museen oder der politischen Erziehung dienenden Ausstellungen, die von der Regierung finanziert wurden. Das Ergebnis ist eine Mischung aus Abwehr und dilettantischem Stolz, so wie in dieser Besucherinformation des Museums Thale: »Soweit es möglich war, haben wir uns bemüht eine neutrale Betrachtungsmöglichkeit zu schaffen. Aber ALLES liegt im Auge des Betrachters! [...] Doch wir sind kein wissenschaftlich geführtes Museum und geben deshalb keine Garantie auf Vollständigkeit und Richtigkeit der Texte und Grafiken [, die der Ausstellung beigegeben sind].« Mit unserer Ausstellung, erklärt das Museum in Apolda, »soll die Geschichte des DDR-Alltags illustriert werden, nicht mehr und nicht weniger.«[47]

## Erinnerungswert und die Authentizitätsstrategien

Natürlich ist es genau dieser rhetorische und museale Ansatz, der die professionellen Historiker und Kuratoren in den Wahnsinn treibt. Mir sind zahlreiche gegenseitige Schuldzuweisungen begegnet: Historiker und Kuratoren kritisieren den unverblümt unkritischen Umgang mit der Vergangenheit, der, wie sie befürchten, die

Gefahr der Verharmlosung in sich birgt, ungeachtet der jeweiligen Absichten. Direktoren und Förderer von Amateurmuseen sehen ein ebenso falsches Bewusstsein am Werk, wobei ihnen in ihrer Kritik entgeht, dass sie selbst in konservativen politischen Narrativen verfangen sind und dass dies eine angemessene Würdigung der »gelebten Erfahrung« verhindert. Manchmal geben beide Seiten widerwillig zu, dass die Perspektive der jeweils anderen durchaus berechtigt ist. Bisweilen aber nähert sich der Diskurs dem, was Jan-Werner Müller in einem Aufsatz über ähnliche Debatten in der Zunft der Historiker einmal beschrieben hat als »eine zutiefst hilflose, provinzielle und theoretisch armselige Polarisierung von Positionen«.[48]

Aufschlussreicher ist ein genauerer Blick darauf, wie die Amateurmuseen die materielle Alltagskultur nutzen, um die Legitimität ihrer Darstellung der Vergangenheit implizit unter Beweis zu stellen. Die wachsende Zahl von Amateurmuseen zum Alltagsleben im Sozialismus und das anhaltende Publikumsinteresse verweisen auf einen gewissen Erfolg in der Ökologie der deutschen Erinnerungs- und Museumslandschaft, unabhängig davon, was man von diesem Phänomen hält. Man kann jedoch nicht einfach davon ausgehen, dass diese Orte einen irgendwie natürlichen Ursprung hatten oder ohne Mühen entstanden sind. Die Museen mussten vielmehr ihr Zielpublikum (ehemalige DDR-Bürger und deren Kinder sowie neugierige Besucher aus dem Westen und dem Ausland) davon überzeugen, dass die Exponate gewissermaßen objektive Informationen transportieren und deshalb legitime Ausdrucksmittel für die Begegnung mit der Vergangenheit darstellen. Mit anderen Worten: Sie mussten Objekte rehabilitieren, die zunächst allgemein verunglimpft wurden und es angeblich nicht wert waren, dass man sich an sie erinnerte, oder die in anderer Hinsicht als banal galten. Diese Objekte mussten mit dem versehen werden, was wir im Anschluss an Nikolai Vukov – im Unterschied zum historischen oder kommerziellen Wert – als »Erinnerungswert« bezeichnen können.[49] Wie haben die Museen dies geschafft?

Die Antipathie zwischen den Amateuren und Profis ist tendenziell Teil des üblichen Kampfes zwischen Erinnern und Vergessen, wobei das Erinnern ein normatives Schlachtfeld darstellt. Für Vukov jedoch unterscheidet sich der »Kampf zwischen Erinnerung und Präsentation« (ein von ihm eingeführter Begriff) von dem zwischen Erinnern und Vergessen. Statt um die Interpretation einer bereits anerkannten Historie zu ringen, geht es jetzt um das Konzept des »Nicht-Erinnerungswürdigen«, das das »Schlachtfeld« zwischen Erinnerung und Präsentation ausmacht. Das Nicht-Erinnerungswürdige bezieht sich auf einer Stufe auf die alltäglichen – also banalen – Aspekte des Lebens, doch der Begriff verweist auch auf Konflikte hinsichtlich der »Erinnerungswürdigkeit«. Anders als die Verdrängung von Erinnerungen infolge eines Traumas ist das Nicht-Erinnerungswürdige eine Wertekategorie.[50] Wenn sie versuchen, die DDR so darzustellen, wie sie »wirklich« war, sind die Amateurmuseen daher mit einer allgemeinen – die Präsentation betreffenden – Herausforderung konfrontiert: Wie wird das Nicht-Erinnerungswürdige erinnerungswürdig, d. h., wie wird die Erinnerung zu einem Wert oder wie ihres Wertes beraubt? Wie wird der Wert durch die Darstellung des Alltags geschaffen, besonders wenn jene Vergangenheit den Alltag betrifft?

Dafür sind die Authentizitätsstrategien der Museen ein wichtiges Mittel. Bei der Präsentation der Exponate weisen professionelle Museen der Authentizität eine zentrale Rolle zu, indem sie auf Praktiken der Authentifizierung zurückgreifen (d. h. Zertifizierungen, Katalogisierungen, Erläuterungen usw.). Im Gegensatz dazu erheben die privaten Museen Anspruch auf Authentizität nicht dadurch, dass sie sich auf Provenienz oder Experteninterpretation berufen, sondern indem sie die Objekte in einen informellen und zugegebenermaßen apolitischen Kontext zurückbetten. In den Amateurmuseen wird die Authentizität zum Instrument, um das Leben zu zeigen, »wie es wirklich war«, zur Hauptstrategie für die Präsentation des Nicht-Erinnerungswürdigen. Mehr als jedes andere Element verleiht die Aura der Authentizität den Museen ihren Reiz und zieht die Besucher an. Die Authentizität fungiert als eine Form des Vertrauens, das dazu führt, dass die Menschen den Objekten unbefangen begegnen, von den beruhigend amateurhaften, eher hausbackenen Ausstellungen bis hin zum raffiniert konzipierten DDR Museum in Berlin, dessen wissenschaftlicher Leiter es mir gegenüber einmal so auf den Punkt brachte: »Wir inszenieren Authentizität.«[51] Laut der Aussage des Direktors eines Provinzmuseums lassen die Leute seiner Ausstellung Schenkungen zukommen, weil sie ihm persönlich vertrauen, und sie gehen ins Museum, weil sie auf die Authentizität der Objekte und auf den nicht wertenden Kontext ihrer Präsentation vertrauen können.[52]

Da die Objekte neben ihrer Aura der Vertrautheit auch das ideologische Vermächtnis zum Ausdruck bringen, gewinnen sie das Vertrauen des Betrachters zunächst dadurch, dass sie in ein Narrativ eingebettet sind, das die Objekte angeblich aus dem Bereich der Politik entfernt. Da die *Alltäglichkeit* der Objekte zum Signifikanten der Authentizität wird, haben die Museen ein zwingendes Interesse daran, die Objekte von der Ideologie abzukoppeln – das genaue Gegenteil von dem, was Sabrow und die meisten Kritiker für verantwortbar halten. Politische Neutralität mag zwar, wie Sabrow erklärt, unmöglich sein, doch geht es, wie wir gesehen haben, zahlreichen Museen genau darum. Die Botschaft der Museen lautet, dass *andere* (d. h. staatlich geförderte) Museen aufgrund ihrer Verbindung mit dem Staat »politisch« und deshalb nicht »authentisch« seien. Authentizität drückt sich nicht (wie in einem konventionellen Museum) in der Treue zu den Objekten aus, sondern darin, dass der Raum als apolitisch oder, genauer, als antipolitisch präsentiert wird. Zwar fehlen politische Objekte als solche in den Ausstellungen nicht gänzlich, doch dienen sie häufig nur als Hintergrund: Manchmal schaffen sie, etwa mit Transparenten, Liedern und Zeitungsschlagzeilen, eine bestimmte Atmosphäre, manchmal bilden sie, z. B. anhand von Bildern von Massenkundgebungen, den Kontrapunkt zu der antipolitischen Nischengesellschaft des Alltags, oder aber sie illustrieren – wenn beispielsweise Anstecknadeln oder Preise der Jungen Pioniere oder der Freien Deutschen Jugend ausgestellt werden – eine Ausdehnung der Politik auf das Alltagsleben.

Aufgrund dieses antipolitischen Kontextes können die Objekte selbst eine besondere Rolle beim Nachweis der Authentizität spielen. Oder vielleicht genauer gesagt, die Objekte werden so präsentiert, als sprächen sie für sich selbst – sie sind gleichsam Träger der Objektivität. Ironischerweise sprechen sie für sich selbst, indem sie für andere sprechen: für andere Personen einer vergangenen Epoche, aber auch für andere Objekte. Ihre Authentizität wird nicht dadurch bestätigt, dass sie von Experten beglaubigt wird, sondern durch ihre Vertrautheit für die Betrachter und durch einen gewissen gesunden Menschenverstand, der weiß, dass es ein Übermaß an Objekten gibt, weshalb offensichtlich jedes gezeigte Objekt repräsentativ ist für eine ganze Klasse von Objekten »draußen«. Das ist beruhigend – die Zahlen verleihen Sicherheit. Rasch sind die Besucher von der Masse der Museumsexponate beeindruckt, die, wie die Direktoren eifrig versichern, doch nur einen Bruchteil von dem darstellen, was sie in Garagen, Scheunen, Kellern und Lagerhallen deponiert haben. Die Zahlen sind ein wichtiger Teil der Authentizitätsstrategie: So preist das Museum in Apolda voller Stolz über 12 000 Objekte an, als ob es damit sowohl über das Ausmaß der verlorenen Vergangenheit als auch über die Vollständigkeit der Sammlung, mithin ihre Authentizität, Auskunft geben könnte.[53]

Die schiere Masse an überschüssigen und ephemeren Produkten aus der DDR kann somit den Objekten den Status eines Originals verleihen, selbst wenn – oder eben weil – sich ihre Provenienz nicht systematisch überprüfen lässt. Das mag für die materielle Kultur einer Gesellschaft angehen, in der die Kollektivierung eine effiziente Massenproduktion gewährleistete, der individuelle Geschmack den gesellschaftlichen Normen untergeordnet war und die materielle Welt das Individuum an die Masse angleichen sollte. So wird ein Objekt nicht wegen seiner Einzigartigkeit ausgestellt, sondern weil es auf alle anderen Objekte desselben Typs verweist. Hier ist der häufig »unprofessionelle« Ausstellungsstil – Wände mit Fernsehapparaten oder Reihen von Nähmaschinen, was man als Stapel-Ästhetik bezeichnen könnte – von Bedeutung, weil er die Origina-

Stereoanlagen und Tonbandgeräte im Museum Zeitreise, Radebeul. In einem anderen Raum können die Besucher ausgewählte Tondokumente anhören. 2009.

lität des Objekts herunterspielt und es in eine geballte Version des DDR-Alltags einfügt, in dem die Menschen diesen Objekten auch in allen anderen Wohnungen oder Büros zu begegnen pflegten.

Auf diese Weise wirken die Objekte typisch und scheinen, ohne an Authentizität zu verlieren, mit ihren tatsächlichen Besitzern oder mit persönlichen Geschichten nichts zu tun zu haben. Die präsentierten Objekte sind fast niemals mit einem besonderen Narrativ verbunden, und bei ihrer Ausstellung geht es weniger darum, den Bezug zu der persönlichen Geschichte eines *anderen* herzustellen, als darum, im *Betrachter* Erinnerungen an die eigene Geschichte zu wecken oder ihn zu veranlassen, Fragen an andere zu stellen (so wie Kinder ihre Eltern fragen). Daher sind die Museen eher autor- als »zeugenzentriert«, stützen sich nicht auf gefilmte Interviews oder Dokumentationen und nur gelegentlich – falls vorhanden – auf Kommentare von Mitarbeitern, die in der DDR lebten. Beim Umherschlendern durch die Massen an authentischen Objekten müssen die Besucher ihre eigenen Narrative entwickeln, eine Form der – die Selbstheilung begleitenden – Selbst-Erzählung.

Auf unterschiedliche Weise gilt dies sowohl für Westler als auch für Ostler. Da die Objekte im Allgemeinen nicht näher erläutert werden, bekommen sie eine auratische Aura und lassen sich daher von östlichen und westlichen Betrachtern unterschiedlich deuten. Vor dem Hintergrund ungleicher Erfahrungen können Besucher aus dem Osten und Westen gleichermaßen verkünden »Meine Mutter hat das gehabt!« oder »Das habe ich beim Besuch meiner Verwandten gesehen.« Diese parallelen Narrative werden durch die zahlreichen filmähnlichen Dioramen unbeabsichtigt erzeugt, welche die Objekte fast so herausstellen, als seien sie archaische Werbungen für eine gemeinsame Nachkriegsmoderne. Und manchmal wirkt diese Nachkriegsmoderne eher wie ein gemeinsames Erbe denn wie eine weit zurückliegende Teilung, so wie in diesem Eintrag im Gästebuch des Museums in Langenweddingen (in originaler Schreibweise):

> am wochenende zum tag der deutschen einheit [3. Oktober] haben wir uns voller neugier auf den weg nach langenweddingen gemacht. dank der info aus der tagespresse sind wir auf ihr museum aufmerksam geworden. trotz des schönen wetters haben wir uns nach drinnen begeben + es nicht bereut! unsere neugierde wurde vollends gestillt. es gab so manches staunende sicherinnern + gekichere, ungläubiges kopfschütteln + wiedererkennen, gemurmel wie »das hatten wir auch« + immer wieder ausrufe wie z. b. »was für eine farblose verpackung!« oder »so viel aus plaste!«.
>
> wir fanden es gut + irgendwie auch lustig, all die dinge erneut zu entdecken. umso mehr erfreut man sich vielleicht heute an den uns umgebenden farbintensiveren dingen + kann rückblickend schmunzeln oder auch staunen.
>
> wir – das sind eine magdeburgerin [Osten] + ein hannoveraner [Westen], die sich erst dank der wende kennenlernen konnten! + die dinge, die der hannoveraner ebenfalls kannte (z. b.

spielzeug), waren wohl dem damaligen zeitgeist geschuldet – trotz mauer!

so war dieser tag der deutschen einheit im doppelten sinne unser einheitstag, + wir konnten zusammen geschichte (wieder) erleben.[54]

## Intimität und Authentizität

Das wichtigste Verfahren des Museums zur Herstellung von Authentizität besteht maßgeblich darin, den Besucher eine gewisse Intimität erleben zu lassen. Diese entsteht gerade durch das, was professionelle Historiker und Kuratoren kritisieren – die Objekte sind offen ausgestellt, so als befänden sie sich bei jemandem zu Hause und nicht in einem Museum. Man darf die Objekte anfassen oder wird sogar ausdrücklich dazu aufgefordert, und es gibt Führungen von »echten« früheren Ostdeutschen, die keine Museumsprofis sind. Ironischerweise steigert gerade die Anonymität der Objekte das Intimitätserlebnis, das durch den anscheinend sorglosen Umgang mit den Objekten entsteht, kombiniert mit einem Fokus, der stärker auf die eher weiblich kodierten Räume wie Wohnung, Interieur, Schule, Kinder, Lebensmittel und Geselligkeit gerichtet ist als auf die männlich kodierten Räume Werkstatt, Fabrik und Straße.[55] Dies verleiht den Museen eine stark geschlechtsspezifische Dimension: Die Besucher sehen Unterwäsche, die auf einer Wäscheleine zum Trocknen hängt, unordentlich aufgestapelte Teller in einer Küche und Spielsachen, mit denen scheinbar gerade noch gespielt wurde.[56]

Intime Artikel wie Körperpflegeprodukte und Kondome stellen eine indirekte Verbindung zwischen dem Objekt und dem Körper des Betrachters her. Die Ausstellungen werden durch Dioramen und Alltagsszenen ergänzt. Diese erscheinen manchmal als eingefrorene Tableaus hinter einem dünnen Seil, das die Besucher auf Abstand halten soll. Andere Tableaus, wie die im Haus der Geschichte in der Lutherstadt Wittenberg liebevoll nachgebauten,

Unterwäsche auf einem Wäscheständer in einem Waschküchen-Diorama, DDR-Geschichtsmuseum Perleberg. 2010.

vollständig eingerichteten Wohnräume aus vier Jahrzehnten laden den Besucher ein, auf dem Sofa Platz zu nehmen und fernzusehen, sich ein Buch aus dem Bücherschrank zu angeln und zu tun, was man mag, außer sich ein Bier aus dem Kühlschrank zu nehmen. Im DDR Museum Berlin kann man u. a. Schränke öffnen, Küchengeräte und Toilettenartikel benutzen, Zeitschriften durchblättern, auf Sofas sitzen und telefonieren. Die Besucher dürfen Kleidungsstücke anprobieren und buchstäblich in die Haut eines anderen schlüpfen, der, vielleicht absichtlich, so aussieht wie die leicht abgemilderte Retro-Variante der eigenen Person.

Intimität und Authentizität werden durch die Taktilität und ihre haptischen Wahrnehmungen gesteigert. Das DDR Museum in Berlin mit seinem Motto »Geschichte zum Anfassen: Sehen, Fühlen, Erleben« ist dafür vielleicht das beste Beispiel. Es beschreibt sich selbst als ein Museum zum »Be-greifen«. Wie es die Pressesprecherin des Museums bei der Eröffnung der erweiterten Ausstellung im

Die Besucher probieren Kleidungsstücke aus der DDR an. Die Kleideranprobe im DDR Museum Berlin ist Teil des interaktiven Museumskonzepts »Geschichte zum Anfassen«. 2009.

Jahr 2010 formulierte: »Als Besucher sollte man aktiv und neugierig einfach alles anfassen, was einem an Exponaten zwischen die Finger kommt. Ich würde es als Berlinerin zusammenfassen mit ›nur keine falsche Schüchternheit, immer ran an die Buletten [...] oder in diesem Falle halt, ran an die Exponate!‹«[57] Oder wie es im offiziellen englischen Werbematerial heißt: »Everything waits to be touched and experienced: Open the drawers and closets, rummage through them and discover!«[58] Die Berührung verwischt die Grenze zwischen dem Selbst und dem Anderen. Wenn man sich im Museum auf Taktilität beruft, ist dies, bewusst oder nicht, eine weitere Möglichkeit, Vertrauen zu gewinnen und dadurch die Erfahrung von Intimität und Authentizität zu stärken, was wiederum die Darstellung des Nicht-Erinnerungswürdigen ermöglicht.

Taktilität wird nicht immer als positive Eigenschaft betrachtet: In seiner Analyse der Taktilität und Technologie in den Medien schrieb ihr Marshall McLuhan eine betäubende Wirkung zu.[59] Im Anschluss an Walter Benjamins Verwendung des Begriffs im Zusammenhang mit dem Optisch-Unbewussten gilt die Taktilität als die Möglichkeit, in den frühen Stadien der Begegnung mit einem Medium das Neue zu erfahren.[60] Für McLuhan war dies, besonders mit dem Aufstieg des Fernsehens, gleichbedeutend mit der Dominanz einer neuen desensibilisierenden, narkotisierenden Wirkung, ausgelöst dadurch, dass man den Medien mit ihren »täglichen Synästhesie-Veranstaltungen [...], welche die große visuelle Struktur des abstrakten Individuums überschwemmen«, ausgesetzt ist.[61] Was wir jedoch im Berliner DDR Museum zu Gesicht bekommen, ist eine andere Verwendung des Synästhetischen, wobei eine Form des Erlebens, z. B. das Berühren, eine andere, z. B. das Hören oder

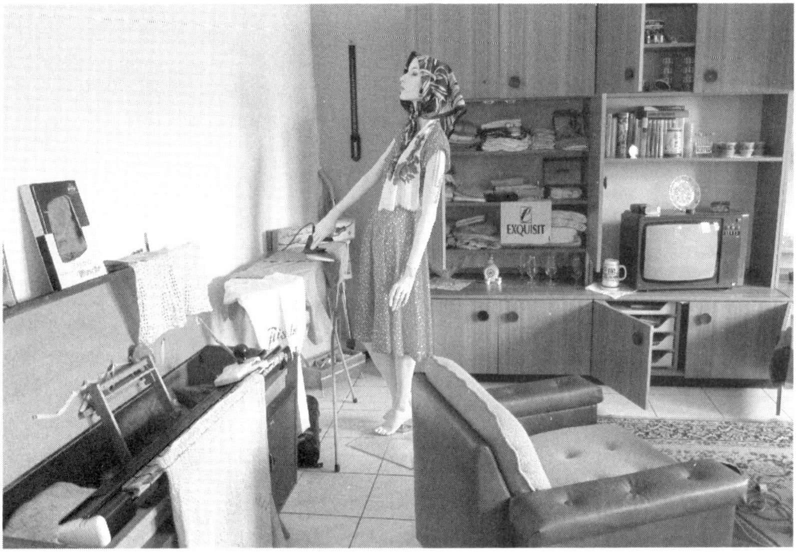


Wohnzimmer-Diorama mit einer bügelnden Schaufensterpuppe. Die Häuslichkeit ist ein häufiges Thema in DDR-Museen, wo der Alltag von seiner anscheinend apolitischen Seite gezeigt wird. DDR Museum Burg (Spreewald). 2013.

Riechen, hervorruft. Anders als in den Analysen von Benjamin oder McLuhan dargelegt, sehen wir aber, dass nicht so sehr das Optisch-Unbewusste für ein neues Medium vorbereitet wird, als dass vielmehr multisensorische Erfahrungen im Dienst der Schaffung von Erinnerungswert bereitgestellt werden.

Vor allem im DDR Museum Berlin, zunehmend aber auch in den kleineren, weniger kommerziellen Alltagsmuseen sind solche multisensorische Erfahrungen ein zentrales Merkmal des Erlebens der »echten« DDR. Das DDR Museum in Berlin erhebt den Anspruch, »eines der interaktivsten Museen der Welt« zu sein, eine Eigenschaft, die ihm zur zweifachen Nominierung für den Preis für das Europäische Museum des Jahres verhalf.[62] Dies ist z. T., wie der wissenschaftliche Leiter mir gegenüber erklärte, »eine Reaktion auf die Virtualisierung der Welt«, aber auch, so seine Feststellung, auf den Versuch des Museums, »im Meer der unterschiedlichen Sichtweisen einen festen Punkt zu schaffen, Erinnerungen zu wecken, die Farbe und Geschmack haben, die die Phantasie ansprechen und persönliche Erfahrungen wieder lebendig machen«.[63]

## Postsozialistische Synästhesie

So nimmt die Authentizität, wenn sie dem originalen Objekt phantasmagorische Sinneserfahrungen hinzuzufügen beginnt, eine neue Wendung. Sound, Film und interaktive Medien werden zu integralen Bestandteilen dieser Synästhesie. Anders als bei eher konventionellen Augenzeugeninterviews oder Dokumentarfilmen über die DDR wird das jeweilige Filmmaterial nun häufig dazu verwendet, einen Eindruck von Authentizität zu erwecken, indem es den Besucher in die Position eines Voyeurs, Zuschauers oder Adressaten versetzt. Als Voyeur können Besucher des Berliner Museums Loops mit Demonstrationen oder Straßenszenen anschauen, die durch die Kameralinse der Staatssicherheit beobachtet wurden. Als Zuschauer können sich die Besucher in zahlreichen Museen Ausschnitte des DDR-Fernsehens ansehen, z. B. einen Loop

Überwachungsfilm aus der Zeit der DDR. Heimliche Videoüberwachung öffentlicher Straßen durch das Staatssicherheitsministerium. DDR Museum Berlin. 2009.

mit Nachrichten der *Aktuellen Kamera*, oder, wie im Berliner Museum, Kurzfilme. Dort wurde ein kleines Kino nachgebaut, um sowohl die DDR-Technologie als auch historische Filme vorzuführen, und hinter den Sitzen erhebt sich als Kunstobjekt, groß wie ein Heizungskessel, ein voll funktionsfähiger riesiger Projektor aus dem Staatsratsgebäude.

In den meisten Museen begleitet die Besucher bei ihrem Rundgang ein Soundtrack mit DDR-Liedern. Unter den Klängen des *Lieds der Partei* (auch bekannt als *Die Partei hat immer recht*), aber auch der früheren DDR-Nationalhymne (jetzt erhältlich im Techno-Remix) oder des peppigen Lieds des Oktoberklubs der Freien Deutschen Jugend (FDJ) *Sag mir, wo du stehst*, durchforsten sie die Reihen der Radios oder Stapel von Reinigungsmitteln. Auffälligerweise sind in den Museen die immer gleichen Lieder zu hören. Diese dienen gleichzeitig als Markenzeichen und als atmosphärische

Kulisse, wobei die Märsche und Rhythmen die typischen Farben des DDR-Plastiks und der FDJ-Fahnen schwungvoll untermalen, während die Nationalhymne, durchaus passend, wie ein Klagelied klingt. Doch das Tonmaterial wird nicht nur als Soundtrack verwendet, sondern bildet, mittels Kopfhörer, auch eine eigene Ausstellung: So kann sich der Besucher in Berlin vorselektierte Clips mit DDR-Rockmusik anhören oder für sich allein Fernsehshows verfolgen, die auf kleinen Bildschirmen – diese sind in eine Wand eingelassen, die wie die Fassade eines typischen ostdeutschen *Plattenbaus* aussieht – gezeigt werden. In Radebeul dient die Musik, die in einem Raum voller Stereoanlagen zu hören ist, einem etwas anderen Zweck: Es geht nicht um die Musik, sondern, wie der Direktor mir gegenüber betonte, darum, die hohe Qualität der DDR-Tontechnik unter Beweis zu stellen.

Im Berliner Museum steht der Sound jedoch ganz im Dienst der Synästhesie – mit dem erklärten Ziel, es dem Besucher zu ermöglichen, den Anderen in einem doppelten Sinn zu »erleben«, den Anderen in Gestalt des jetzt verschwundenen ostdeutschen Durchschnittsbürgers und, innerhalb jenes imaginären Raumes, in Gestalt des Stasi- oder Parteifunktionärs. Der Rollentausch zwischen »Durchschnittsbürger« und »Funktionär der Partei oder der Staatssicherheit« wirkt beinahe wie eine Adaptation der Themenparks aus den Filmen *Good-bye Lenin!* und *Das Leben der anderen.* Dieser Eindruck wird von dem wissenschaftlichen Leiter des Museums bestätigt, nach dessen Worten das Museum als »intellektueller Spielplatz« dient und die Geschichte als »Information, Spaß und Farbe« übermittelt.[64] Dementsprechend soll der Besucher in der »authentischen Plattenbauwohnung« zuerst zum Telefon greifen, um die Erfahrung eines Durchschnittsbürgers zu machen, und dann am Schreibtisch eines hohen Parteifunktionärs den Hörer abnehmen und sich anhören, wie die Stimme eines Untergebenen lahme Ausreden vorbringt.

Die nachgestellte Plattenbauwohnung, in der Subjekt und Objekt die Rollen tauschen und in der die Besucher auf dem Sofa sitzen und fernsehen können, ist verwanzt. In einem anderen Flügel des Museums kann man sich in die enge »Stasi-Ecke« hineinzwängen, an einem Tisch mit Abhörgeräten, Ordnern und einem Porträt Erich Honeckers Kopfhörer aufsetzen und andere Besucher in der Ausstellung »Wohnung« aus der Ferne »bespitzeln«. Die Interaktivität verbindet Berühren, Hören und Sehen, um den Besuchern eine gewisse Authentizität in Form einer erlebten Autorität zu vermitteln. Die Besucher können in einem echten Trabi (für Durchschnittsbürger) oder Volvo (für hohe Funktionäre) sitzen, den Anlasser starten und eine virtuelle Fahrt durch die Stadt unternehmen, die auf einem Bildschirm vor dem Auto zu sehen ist. Videospiele laden den Besucher dazu ein, Definitionen zuzuordnen, mithilfe des Touchscreens virtuellen Personen DDR-Kleidungsstücke anzuziehen und Entscheidungen zu simulieren, um einen Staatsbetrieb über Wasser zu halten. Ein digitales Brettspiel verlockt Kinder dazu, bürokratische Stempel aufzudrücken, die auf dem Spielbrett Informationen erscheinen lassen.

Am interaktivsten ist jedoch ein schalldichter verglaster Verhörraum, in dem der Besucher im wahrsten Sinne des Wortes die Position eines Häftlings einnimmt und einem Vernehmungsbeamten gegenübersitzt, der hier als lebensgroße Umrissgestalt aus schwarzem Holz dargestellt ist. Die Fragen des Vernehmungsbeamten sind im Raum deutlich zu vernehmen, doch wenn der Besucher oder die Besucherin die Ellbogen auf dem Tisch aufstützt und die Handflächen auf die Ohren drückt, werden die Antworten des Häftlings durch eine spezielle »Knochenschalltechnologie« übertragen, und, wie es in der Ausstellungsbeschreibung des Museums heißt: »Das Verhör wird lebendig!« Dieser mimetische Akt verwandelt den Besucher in ein namenloses, aber mit einer Stimme versehenes Opfer. Hier wird die Intimität auf einer neuen Ebene etabliert: Die Authentizität ist nicht länger eine sichere Vertrauenszone, sondern lässt das Selbst eine Zone unbestimmter Autorität betreten. Wie Sara Jones in ihrer Analyse eines interaktiven Verhörs in einem Stasi-Gefängnis betont, ergibt sich die Wirkung der Intimität dadurch, dass der Besucher in die Position sowohl eines Experten als auch eines Zeugen versetzt wird.[65] Diese interaktiven

»Verhörraum« im DDR Museum Berlin. Die Besucher können sich einem simulierten Verhör unterziehen lassen, während andere durch das Fenster zuschauen. Der »Vernehmungsbeamte« erscheint als eine schattenhafte Umrissgestalt. Dank eines – für die Simulierung von Fragen und Antworten – speziell konzipierten Beschallungssystems »wird«, wie das Museum erklärt, »das Verhör lebendig«. Berlin 2010.

Stasi-Ausstellungen verkomplizieren die früher gemachte Behauptung eines Museumsdirektors, dass die Stasi im Alltag keinen Platz habe. Die Stasi kommt in den Museen ja immer mal wieder vor, wo sie ihre Ambiguität als ständiger, wenn auch gespenstischer Teil des Alltagslebens in der DDR widerspiegelt.[66]

Die Authentizitätsstrategien wenden sich an unterschiedliche Besucher, sowohl hinsichtlich ihrer Herkunft (Ost und West) als auch ihres Alters (generationenübergreifend). Dennoch haben sie das gemeinsame Ziel, die Amateurmuseen in die Lage zu versetzen, die nicht-erinnerungswürdigen Objekte der Vergangenheit zu zeigen, indem sie einen »semiotischen Loop« von Bildern, Texten und Objekten erzeugen, der, in den Worten von Beverly James, »den Betrachter in eine imaginäre Vergangenheit hineinzieht«.[67] Dadurch werden die Museen, wie sie betont, zu Formen der »semantischen Kollaboration« zwischen Objekten und Betrachtern.[68] In den Amateurmuseen erhebt dieser semiotische Loop den Ton, die Berührung und sogar den Geruch und Geschmack zu einer gewissermaßen »vormodernen« Form des Museums, in dem das Sehen weniger im Vordergrund steht und das an eine Zeit vor der modernen Privilegierung und nachfolgenden Reduktion des Visuellen anknüpft. In diesem Zusammenhang ist es vielleicht kein Zufall, dass die Sprecherin des Berliner Museums das Verzehren von Buletten mit dem Berühren der Exponate verglichen hat, da es sich bei beidem um eine Form der Einverleibung handelt. Passenderweise gelangt man nach dem Verlassen des Museums direkt zu einem DDR-Restaurant, in dem »authentische« – allerdings an heutige Qualitätsansprüche angepasste – Speisen serviert werden. Das Museum lässt einen Geschmack zurück.

## Die Aufarbeitung der Vergangenheit

»Museen müssen nicht langweilig sein!«, schrieb ein Besucher in das Gästebuch des Berliner DDR Museums. »Hier wird Geschichte erlebt.« Indem sie dies vielleicht auf die Spitze treibt, schreibt eine junge Besucherin namens Zoe in das Gästebuch des ländlichen Museums in Burg: »Ich finde das [das Museum] sehr schön und würde selbst gern in der DDR leben!« Solche Kommentare, kombiniert mit dem Themenpark-Ansatz des Berliner Museums und den schwach beleuchteten Räumen der meisten anderen Museen mit Mitropa-Speisekarten, synthetischer Kleidung, übergroßen Radios und Fertigmöbeln, scheinen den unkritischen Umgang mit der Vergangenheit zu illustrieren, der von den zahlreichen Kritikern der Privatmuseen gefürchtet wird. Doch als gesellschaftliches Phänomen können die Museen als hilfreich gelten im Hinblick auf die Überwindung (und nicht die Verstärkung) der abgedroschenen, aber anhaltenden Dualität von Totalitarismus und Alltag als antagonistischen Bezugssystemen für das Verständnis der sozialistischen Vergangenheit.

In den ersten Jahrzehnten nach der Wiedervereinigung waren diese Museen, als Gruppe betrachtet, die ersten Räume, in denen man dem Alltag begegnen konnte. In diesem Sinne sind sie möglicherweise Teil der Aufarbeitung der Vergangenheit. Da sie sich weder auf eine lediglich leichtsinnige Verharmlosung noch auf eine unsensible Aneignung der Vergangenheit reduzieren lassen, sind sie, indem sie die materielle Kultur des Alltags in den Fokus nehmen, ein nützlicher Ort, um sich vor allem mit den Sphären des Konsums und der Zivilgesellschaft zu befassen. Dies mag widersprüchlich erscheinen, da die DDR den Markt ablehnte und die Zivilgesellschaft routinemäßig unterdrückt wurde. Doch, wie Andreas Ludwig erklärt, können wir mithilfe der materiellen Alltagskultur erkennen, dass der Aufstieg des »real existierenden Sozialismus« unter Honecker dazu beitrug, die Praktiken zu verändern: Aus einem Nachkriegsopfer für den sozialistischen Sieg in den 50er und 60er Jahren wurde die Idee einer sozialistischen Lebensweise in den 70er und 80er Jahren.[69] Dadurch wiederum wurden Praktiken eingeführt, die die DDR-Gesellschaft darauf vorbereitet haben dürften, für die Marktgesellschaft nach 1989 stärker, nicht aber weniger empfänglich zu sein.

Während der »Widerstand« auf den ersten Blick in den Privatmuseen zu fehlen scheint, stoßen die Besucher doch auch regelmäßig auf Spuren dessen, was in Ostdeutschland als *Eigensinn* bezeichnet wurde: in Beschwerdebriefen oder kreativen Reaktionen auf den Mangel oder sogar in subtilen Wiederaneignungen der Popkultur, die sich der Politisierung von oben entziehen.[70] Was wir heute als alternativen Lebensstil bezeichnen würden, zeigt sich im Stadtpark und beim Camping, in Reproduktionen von Teenager-Zimmern, ausgestattet mit Rockmusik-Postern und Cola-Flaschen, in Ausstellungen von selbstgebastelten Antennen, Jeans, Abzeichen von Umweltbewegungen und sogar – im Museum in Perleberg – in einer ganzen Abteilung, die dem Alltag in der evangelischen Kirche und der Friedensbewegung gewidmet ist.[71] Die offizielle Erinnerungskultur der DDR mit ihren düsteren Mahnmalen und offiziellen Gedenkfeiern erscheint oft in einer anachronistischen oder ironischen Form am Rand der volkstümlichen Erinnerung an Alltagsobjekte.

Wichtig ist hier nicht, dass Privatmuseen die professionellere Behandlung des Widerstands, wie z. B. im Zeitgeschichtlichen Forum Leipzig, in irgendeiner Form ersetzen, sondern dass sie – selbst unbeabsichtigt – dazu beitragen können, den Alltag genauer zu verstehen: als Raum, der sich verändern und adaptieren lässt, nicht aber als statische Darstellung des Lebens, »wie es wirklich war«. Trotz der Behauptung des Museums Zeitreise, dass sich »das reale Leben« unabhängig von der Unterdrückung behandeln lasse, schaffen die privaten Museen einen Ort für die präzise Darstellung des »Alltags in der Diktatur« und der mit ihm einhergehenden Spannungen. Dieses unterschwellige Element ist in sämtlichen Museen mehr oder weniger vorhanden und kommt auf eine häufig unvermittelte oder unerwartete Weise an die Oberfläche.

Um die Besucher zu amüsieren, zeigt z. B. das Museum in Perleberg, wie andere Museen auch, Bilder von populären Fernsehshows, z. B. alte Talkshows, politische Kongresse, *Sandmännchen*-Filme oder altbekannte Moderatoren in alten Nachrichtensendungen. Doch fast unmerklich findet sich der Besucher plötzlich weniger in der Rolle des ironischen Betrachters als vielmehr in der Rolle des Adressaten wieder, wenn ein Filmausschnitt aus der Propagandasendung *Der schwarze Kanal* den Betrachter dazu auffordert, den Feind im Westen zu hassen (der jetzt natürlich den Osten geschluckt hat und somit den östlichen Betrachter zum Selbsthass aufruft). In diesem kurzen Film stellt der berühmt-berüchtigte DDR-Propagandist Karl-Eduard von Schnitzler den Hass auf den Westen als eine Form der Liebe zu Deutschland dar. Zu verstörend, um nur ironisch zu sein, dient die unangenehme filmische Konfrontation mit dieser krassen Aufforderung, im Namen der Liebe zu hassen, fast als Ouvertüre zu einer späteren Ausstellung im selben Museum.

Im Obergeschoss, hinter der »Bibliothek« mit DDR-Büchern, dort, wo es links zum Küchen-Diorama und rechts zu Nähmaschinen und einem Kinderzimmer geht, sehen sich die BesucherInnen in einem hohen Spiegel, auf dem zu lesen steht: »WAS warst und tatest DU in dieser DIKTATUR?«. Dieser Spiegel holt, wie der Ausschnitt aus dem *Schwarzen Kanal*, die Betrachter aus dem Reich der Erinnerung und konfrontiert sie mit stummen Fragen nach ihrer eigenen Beziehung zur Diktatur. Rund um den Spiegel befinden sich echte DDR-Spionagegeräte (z. B. eine Maschine zum Öffnen von Briefen) sowie postergroße Vergrößerungen von Dokumenten des örtlichen Büros des Staatssicherheitsministeriums in Perleberg und Umgebung. Auf einer langen Liste sind den Straßennamen die Decknamen der Agenten zugeordnet, die diese Straßen überwachen sollten. Für die Bürgerstraße war »Hering« zuständig, für die Bahnstraße vier Agenten: »Bäcker«, »Brief«, »Rose« und »Wulff«. Ein Schild an einem laufenden TV-Monitor versichert: »Dieses Gerät ist nicht mehr mit der Stasi-Zentrale verbunden.«

Während westdeutsche Besucher und die jüngere Generation der Ostdeutschen solche visuellen Dissonanzen mit ironischer Distanz betrachten können oder aber sich nicht betroffen fühlen, gehören zum eigentlichen Zielpublikum in Perleberg in erster Linie die Menschen, die Geschichte als persönliches Trauma erfahren haben. Der politische Inhalt mancher Perleberger Exponate, insbesondere der ausdrückliche Aufruf des Spiegels zur Selbstreflexion und die Vorstellung von Geschichte als persönlichem Trauma, widerspricht somit der im Anschluss an Vukov oben erwähnten Unterscheidung zwischen dem Nicht-Erinnerungswürdigen als apolitischer Wertekategorie und der Erinnerung als Verdrängung politisch erzeugter Traumata. Das Perleberger Museum versucht gezielt, beide Aspekte zu verbinden, während es zugleich entschieden apolitisch bleibt. Doch in einem gewissen Sinn ist seine Antipolitik zutiefst politisch, da es sich vor allem mit der Frage des persönlichen moralischen Verhaltens in der Zivilgesellschaft befasst, in der Vergangenheit ebenso wie in der Gegenwart.

So wird die im Perleberger Museum ansonsten banale Ausstel-

Die Betrachter werden mit ihrer eigenen Vergangenheit konfrontiert. Spiegel im Perleberger DDR-Museum. Um ihn herum hängen Listen mit Decknamen der Informanten der örtlichen Staatssicherheit (nicht gezeigt). 2010.

lung von Alltagsobjekten (wie beispielsweise in seinen von Radios, Schreibmaschinen, Telefonen usw. überquellenden Räumen) zu einem Ort für die direkte Konfrontation mit den auf unterschiedliche Weise verdrängten Traumata, die die gelebte Erfahrung der DDR begleiten. Der Direktor, ein früherer Pfarrer, sagte mir, dass er seine Rolle als Museumsdirektor »als Christ, nicht als Historiker« verstehe.[72] Er hält es also für seine Aufgabe, den Besuchern einen sicheren therapeutischen Raum zur Verfügung zu stellen, in dem sie sich ihrer eigenen Verwicklung in die Vergangenheit gefahrlos stellen können. Die »Visa«, welche die Besucher als Eintrittstickets erhalten, sind eine Einladung in einen liminalen Raum. Wie mir der Direktor erzählte, bekunden die älteren Besucher zuerst ihre Freude und Anerkennung und erinnern sich dann daran, wie das Leben war. Wenn sie tiefer in das Museum eintauchen, haben sie, so sagte er, den Eindruck, Gefühle haben zu dürfen, und er berichtete von einer Frau, die vor kurzem allein in einem der zahlreichen Räume weinend zurückblieb, weil sie ihre Tränen vor ihrem Ehemann verbergen wollte. Ostdeutsche, die mit ihrer westdeutschen Frau oder ihrem westdeutschen Ehemann ins Museum kommen – »gemischte Paare«, wie er sie nannte –, geben an, dass ihr Partner/ihre Partnerin nicht glaube, was sie durchgemacht hätten, und ganz gespannt sei zu sehen, wie es »wirklich« war.

## »Aufarbeitung« von unten nach oben

Die Amateurmuseen bieten sicherlich viel Anlass zur Kritik, angefangen bei ihrem fehlenden Professionalismus bis hin zu ihrer politischen Einstellung, und doch zeichnet jedes Museum auf seine je eigene Weise ein kompliziertes Bild der »Aufarbeitung« der Vergangenheit. Einige Museen, insbesondere die eher ländlichen oder kleinstädtischen mit einem überwiegend lokalen Publikum, legen den Schwerpunkt auf die Aktivierung der eigenen Geschichte, eine Form der Selbstheilung, die auch eine Heilung des Selbst ist. Für jüngere Besucher und Touristen aus Westdeutschland oder dem

Ausland betonen die Museen eher die empathischen Erlebnisse, um den Besucher in die Position des Anderen zu versetzen, manchmal, wie im Verhörraum des Berliner Museums, im wahrsten Sinne des Wortes. Obwohl sie Themenparks ähneln oder etwas heruntergekommen wirken, verleiht der Fokus auf den Alltag diesen Museen eine gewisse auratische Ausstrahlung, die man nur allzu leicht übersieht. Da die Museen durch die Linse des Alltags eine umstrittene Vergangenheit betrachten, integrieren sie sich in Form von Heimatmuseen in die lokale Landschaft, während sie zugleich Reaktionen aus der nationalen Erinnerungslandschaft hervorrufen.

Im vereinten Deutschland sind die Amateurmuseen im Wesentlichen regionale Museen, die sowohl zum historischen Phänomen der *Heimatmuseen* passen, die im späten 19. und frühen 20. Jahrhundert überall in Deutschland aus dem Boden schossen, als auch zum jüngeren »Museumsboom« des späten 20. und frühen 21. Jahrhunderts.[73] Das klassische deutsche Heimatmuseum ist charakterisiert durch Heimatliebe, eine tiefe emotionale Dingzuwendung und Sammelleidenschaft. Im Französischen liebevoll als *musée de la petite patrie* (Museum des kleinen Vaterlandes) bezeichnet, war sein ursprünglicher gesellschaftlicher Impuls der Widerstand gegen die durch die Industrialisierung eingetretenen Veränderungen, was dazu führte, dass sie sich durch eine besonders stark ausgeprägte anti-urbane und pro-landwirtschaftliche Note auszeichneten. In diesem Sinne waren die Museen, wie manche Historiker betonen, paradoxerweise sowohl bürgerlich als auch antibürgerlich. Sie untergruben die Vorstellung, dass das Museum als heilige elitäre Stätte der Modernisierung des Staates diene, versuchten aber auch, durch die Verherrlichung der Tradition dem Volk »echte« Werte zu vermitteln.[74] Die Amateurmuseen teilen die klassische Funktion der Heimatmuseen in allen – von Korff ausgemachten – wichtigen Punkten: eine symbolische Zuneigung zum Raum, in dem die Region zum »emotional aufgeladenen Schutzraum« wird sowie zu einer subnationalen Kompensationsebene für die negativen Einflüsse der mächtigen und entfernten Eliten; die Schaffung von Intimität, welche die zeitweiligen Schwindelgefühle angesichts der modernen Veränderungen besänftigt; und sie leisten all dies durch eine sinnliche, taktile Form der Präsentation, bei der die materiellen Objekte dazu dienen, dem Verschwinden der Vergangenheit entgegenzuwirken, und zur Basis für eine generationenübergreifende Kommunikation werden.[75]

Gleichzeitig haben die Amateurmuseen mit dazu beigetragen, den deutschen Alltagsdiskurs auf der nationalen Ebene zu verändern, wo die »Manager der öffentlichen Geschichte« auf den verspäteten Aufruf, auch den Alltag zu berücksichtigen, reagieren.[76] Dies lässt sich an den Veränderungen innerhalb der prominentesten staatlichen Institutionen ablesen: im Deutschen Historischen Museum (DHM) in Berlin und in der Stiftung Haus der Geschichte der Bundesrepublik Deutschland (HdG), die Museen in Bonn, Leipzig und Berlin unterhält. Aufgrund ihrer hohen Besucherzahlen (jährlich über eine Million im Deutschen Historischen Museum und seinen Zweigstellen) und der Tatsache, dass sie mit Schule, Universität und Militär ein breites Publikum erreichen, sind sie, durch Steuergelder großzügig unterstützt, ein wesentlicher Teil der Erinnerungslandschaft.

Während den staatlichen Museen von einigen Amateurmuseen vorgeworfen wird, eine allzu vereinfachte westliche Sichtweise – Ostdeutschlands hausgemachte Revolution wird vor dem Hintergrund eines unaufhaltsamen Niedergangs gezeigt – beizubehalten, verstehen sie sich selbst als Hilfe bei der Schaffung eines notwendigen Nachkriegsnarrativs der deutschen Teilung und Vereinigung.[77] Tatsächlich befassen sie sich, Korffs oben erwähnte Aufforderung befolgend, mit den großen Strukturen anstatt mit den kleinen Welten. Sie sind hoch professionell, bei den historischen Fakten und der Authentizität ihrer Objekte um Genauigkeit bemüht, und die von ihnen erzählten Geschichten sind zwangsläufig in ein größeres Narrativ der deutschen Geschichte eingebettet. Da es sich um nationale Museen handelt, die hauptsächlich von der Bundesregierung finanziert werden, spiegelt dieses Narrativ sowohl die Zwänge eines breit angelegten Erziehungsauftrags als auch, worauf Amateurmuseen schnell hinweisen, das Vermächtnis ihrer Gründung unter Helmut Kohls konservativer Regierung in den 1980er Jahren.[78]

Von Beginn an gehörten diese staatlich unterstützten großen Geschichtsmuseen zu den größten Sammlern des Alltagslebens. Doch obwohl sie etliche hochwertige Artefakte der DDR-Alltagskultur erwarben, hatten diese Museen anfangs weder den Auftrag noch die Neigung, den Alltag in ihren permanenten Ausstellungen mehr als nur flüchtig zu berücksichtigen. Das Thema DDR spielt im Deutschen Historischen Museum (DHM) nur eine Nebenrolle. Einige seiner Kuratoriumsmitglieder verwiesen in privaten Gesprächen auf die – hinsichtlich der Präsentation des DDR-Alltagslebens – »konservativen« und »unflexiblen« Auflagen seines bundesrepublikanischen Mandats und Vorstands. Dem Alltag gewidmete Spezialausstellungen des DHM fanden beim Publikum eine recht positive Resonanz, auch wenn ein Kurator mir sagte, dass – trotz größter Anstrengungen des Teams, anhand von Objekten Lebensgeschichten zu erzählen – »ältere« Ostdeutsche sich beklagten, dass sie sich in manchen der größeren Ausstellungen nicht wiederfänden.[79]

Das andere bedeutende Geschichtsmuseum, das Haus der Geschichte in Bonn, wurde anfangs wegen seiner minimalistischen, ja abfälligen Darstellung der DDR kritisiert, woraufhin es seine permanente Ausstellung überarbeitete. Zunächst überließ es den Alltag vor allem seiner östlichen Zweigstelle in Leipzig, die 1999 eröffnet wurde und bis 2007 brauchte, um den Alltag in ihrer Dauerausstellung stärker und konsequenter zu berücksichtigen. Das Leipziger Museum, das sog. Zeitgeschichtliche Forum, stellt die »Zivilcourage« der Regimegegner und den Widerstand in der DDR in den Mittelpunkt und bettet die Objekte in ein klares Narrativ. Diese moralische Klarheit dient als Quelle des Empowerments, kann aber auch – aufgrund des selbsterklärten Ziels der Dauerausstellung, »allen Tendenzen der Verharmlosung und Rechtfertigung der SED-Diktatur«[80] entgegenzuwirken – wie eine Kritik etwa an den kleineren DDR-Museen wirken. Erst im Jahr 2011 begann das Haus der Geschichte den Alltag direkter ins Visier zu nehmen, als es in Berlin in der ehemaligen Abfertigungshalle für die Ausreise aus der DDR, dem sog. Tränenpalast, eine Ausstellung über die deutsche Teilung zeigte; und 2013 eröffnete es in der Berliner »Kulturbrauerei« im Szeneviertel Prenzlauer Berg eine ausdrücklich dem Alltag gewidmete Dauerausstellung.

Als das erste Alltagsmuseum, das von der Bundesrepublik direkt finanziert wurde, entstand in der Kulturbrauerei Prenzlauer Berg eine Filiale des Hauses der Geschichte, deren Ausstellung, wie ihr Chefkurator Jürgen Reiche erklärte, tiefer als das Deutsche Historische Museum in die Geschichte des Alltags eindringen sollte, indem sie individuelle Geschichten in einen eher thematischen als chronologischen Rahmen stellte.[81] Das private DDR Museum Berlin nimmt eine klare Trennung vor und zeigt den »Alltag« und den »Staat« in zwei separaten Abteilungen, die durch eine wirkliche Nebelwand getrennt sind. Im Gegensatz dazu stellt das Alltagsmuseum des Hauses der Geschichte den Staat im wahrsten Sinne des Wortes in die Mitte, entlang einer »Propagandaachse«, die das Herz der – in »Leben« und »Arbeiten« unterteilten – Ausstellung bildet. Wenn man das Erdgeschoss des Museums betritt, ist der Hauptblickfang eine lange Reihe von Marx- und Lenin-Büsten, die in absteigender Reihenfolge immer kleiner werden. Im Obergeschoss, im Hauptteil des Museums, geht es um eine Gegenüberstellung von Staat und gelebter Erfahrung. Diese erfolgt teilweise durch einen ähnlichen interaktiven Ansatz: In einer nachgebauten Datscha (Landhaus) kann der Besucher auf der Terrasse Platz nehmen und Zeitschriften durchblättern, und in einem Wohnzimmer kann man auf dem Sofa sitzen und wird ständig daran erinnert, dass, wie Reiche es formulierte, über allem der Schatten der Diktatur liegt.[82]

Die ausgesprochen professionell nachgebauten DDR-Räume sind eher suggestiv als tatsächliche Kopien und zeigen verschiedene originale Objekte in einem zweckmäßig durchorganisierten Raum, der, so wie die Version des Lebensmittelgeschäfts, eine authentische Aura verbreiten will. Die übervollen Läden, die in den meisten Museen des DDR-Alltags zu sehen sind, vermitteln, wie mir einer der Kuratoren des Hauses der Geschichte sagte, nicht den ursprünglichen Eindruck, nicht weil die Geschäfte in der DDR leer, sondern weil die Regale gewöhnlich nur mit ein oder zwei Produkten derselben Art gefüllt waren. Die Herausforderung des Museums besteht darin, die visuelle Monotonie, die man als »Überfluss an Mangel« bezeichnen könnte, wieder aufleben zu lassen. Man musste lange suchen, bis man in Dessau einen Mann fand, der einen Lebensmittelladen geführt und in seinem Keller noch frühere Artikel gelagert hatte, die jetzt in der Ausstellung präsentiert werden.[83]

Wie nicht anders zu erwarten, wird das Prenzlauer Berg Museum, das zum Haus der Geschichte gehört, zwangsläufig mit dem DDR Museum Berlin verglichen – »Wer kann DDR besser?«, lautete bei seiner Eröffnung die Frage in der Schlagzeile eines Zeitschriftenartikels.[84] Ein sogar noch umstrittenerer Subtext liegt der Ausstellung zugrunde, die durch die Übernahme der Sammlung Industrielle Gestaltung der DDR durch das Haus der Geschichte im Jahr 2005 möglich wurde. Obwohl diese Sammlung einzigartig ist, lehnte Reiche ein Design-Museum ausdrücklich ab, weil er die Verbindung von Politik und Alltag betonen wollte, indem er z. B. ein Surfbrett neben einem Schild ausstellte, welches das Surfen in Grenznähe verbot. Industrielle Überreste sind zwar vorhanden – so gibt es etwa eine Medaillenpresse, die im wahrsten Sinn des Wortes materielle Kulturarbeit leistete, indem sie zu DDR-Zeiten Tausende von Propagandaplaketten und Buttons prägte –, dennoch ist der Design-Sammlung eine klar untergeordnete Rolle zugewiesen.[85]

Die staatlichen Museen legten erst dann einen neuen Schwerpunkt auf das Alltagsleben im Sozialismus, *nachdem* die kleineren, privat finanzierten Museen, mit denen wir uns in diesem Kapitel näher befasst haben, sich in der Erinnerungslandschaft etabliert hatten. Dieses Kapitel hat gezeigt, dass diese kleinen Museen – die bei staatlichen Förderorganisationen als nicht *museumsgerecht* gelten, wie ein Direktor sich bei mir beklagte – für die heutige Präsentation des DDR-Alltags eine wichtige Rolle spielen. Wir haben eine Ent-

Dürftig bestücktes Lebensmittelgeschäft. Nachbildung eines »HO«-Ladens im DDR-Alltagsmuseum, betrieben vom Haus der Geschichte, Berlin. Dem Kurator ging es darum, einen authentischen Eindruck von der Monotonie und dem Mangel zu vermitteln. 2014.

wicklung nachgezeichnet, die von einer kurzen, aber intensiven Phase des Müll-Einsammelns in den frühen 1990er Jahren über die Gründung immer zahlreicherer Amateurmuseen überall im früheren Osten um die Jahrhundertwende bis zur Eingliederung von Alltagsthemen in staatlichen Geschichtsmuseen im dritten Jahrzehnt nach der Vereinigung reichte, und wir haben aufgezeigt, wie Objekte des sozialistischen Alltagslebens die Aufgabe der Aufarbeitung der Vergangenheit fortsetzen, indem sie Bestrebungen, die Geschichte zu objektivieren, sowohl anregen als auch vereiteln. Gerade die Kontroverse über den Wert der Museen und ihrer Objekte verweist uns auf die Funktion des Alltags als einer endlosen Kette von Codes, die in einem fortwährenden Spiel der Differenzen entschlüsselt werden müssen.[86]

So fordert der Alltag in diesen Museen beständig zur Aneignung auf und umgeht sie zugleich: Diejenigen, die eine zusammenhängende Geschichte erzählen wollen, möchten ihn sich aneignen, während andere den Alltag verwenden, um sich dieser Aneignung zu entziehen. Dies galt auch für die DDR, wo der Alltag als eine Art Streben nach Normalität fungierte, ob definiert durch Akzeptanz der herrschenden Ordnung oder durch Widerstand gegen sie.[87] Und dies spielte auch in den privaten Museen eine Rolle, die im Zuge der nach der Wiedervereinigung aufgekommenen Forderungen nach Veränderung und Anpassung auf ihre eigene Weise nach Normalität streben. Sie behaupten, ein Portal für eine Zeitreise zu bieten, um zu zeigen, »wie es wirklich war«, doch liegt die Wirkung vielleicht viel stärker in der Gegenwart. Die Museen sind nicht nur Räume für persönliche Begegnungen mit der eigenen Vergangenheit oder taktile Erfahrungen mit einer verschwundenen Welt, sondern auch Orte, die helfen, den Wandel der DDR-Gesellschaft von einem Nachkriegsopfer über den »Lifestyle« zur heutigen Marktgesellschaft, zu der die DDR nach der Wende geworden ist, zu verstehen. Der Alltag ist nämlich, wie der Historiker Harootunian es formulierte, »der gesellschaftliche Raum von verschwundenen Träumen von der Vergangenheit – eine gespenstische Geschichte – und zugleich eine Möglichkeit für die Zukunft«.[88] Diese Museen, die überlebt haben und selbst noch Jahrzehnte nach der Wiedervereinigung großen Zulauf finden, bilden einen solchen gesellschaftlichen Raum in der heutigen Erinnerungslandschaft des vereinten Deutschland.

## Rückbau

Im Winter 2009 machte sich im Zentrum von Berlin eine neue Leere breit: Nachdem er 18 Jahre vor sich hin gedämmert hatte, wurde der Palast der Republik, jener Bau, der das ehemalige ostdeutsche Parlament und das Kulturzentrum beherbergt hatte, schließlich »zurückgebaut«. An seiner Stelle erstreckte sich eine schlammige Fläche, auf der später eine parkähnliche Grünanlage entstand. Diese Anlage blieb erhalten, bis 2012 mit der Errichtung eines Faksimiles des königlich-preußischen »Stadtschlosses« begonnen wurde, das im Krieg beschädigt und im Jahr 1950 von dem ostdeutschen kommunistischen Regime gesprengt worden war. In der Zwischenzeit tat sich im Zentrum Berlins eine neue Lücke auf, einer Stadt, die sich, wie allgemein bekannt, architektonisch durch ihre Abwesenheiten, ihre Trümmer, ihre Wunden, ihre Brachflächen und Grenzen auszeichnete sowie durch wiederholte architektonische Versuche, jene unkorrigierbaren Räume zu füllen, zu kompensieren, zu heilen, zurückzuerobern und zu rationalisieren.

Beim Blick in diese Leere stoßen wir auf eine eigenartige Palast-Dialektik, die durch zwei Zerstörungen und zwei konkurrierende Paläste gekennzeichnet ist und sich über alle sechs Inkarnationen Deutschlands im 20. Jahrhundert erstreckt.[1] Sich von den Alltagsobjekten abkehrend wendet sich dieses Kapitel nun der nationalen Bühne in Berlin zu und wirft einen Blick auf den politischen Streit um den öffentlichen Raum im Gefolge modernistischer Visionen.[2] Das Schicksal des früheren Palastes wird zu einem besonders komplexen Erbfall, einem Beispiel für die »schartigen« Ränder der Erinnerung, auf die Michael Rothberg sich in seiner Untersuchung über die Multidirektionalität beruft. »Erinnerungen sind nicht das Eigentum von Gruppen«, schreibt er, »noch sind Gruppen das Eigentum von Erinnerungen […] Was zunächst wie mein Eigentum aussieht, erweist sich oft als Entlehnung oder Adaptation einer Geschichte, die anfangs fremd oder weit entfernt erscheinen mag.«[3] Dies ist sowohl zeitlich als auch räumlich zutreffend, und in Kapitel 3 zeige ich, wie Debatten über die Architektur, den urbanen Raum und die Vergangenheitsbewältigung das materielle Terrain des Ortes mit dem symbolischen Terrain der Nation auf eine Weise verbinden, die neue Formen der Aneignung von anscheinend konkurrierenden Vergangenheiten heraufbeschwört und provoziert.

Sowohl im historischen Zentrum Berlins als auch im Zentrum des früheren Ostberlins gelegen, wurde der Palast bzw. das Schloss zum dauerhaftesten Streitpunkt in den zahlreichen städtebaulichen Kontroversen des wiedervereinten Berlins. Sie zogen sich über 20 Jahre hin und betrafen fast jede Form des bürgerlichen und politischen Lebens, angefangen mit Skateboard-Punks bis zu Parlamentsdebatten. Das räumliche Universum des wiedervereinten Berlins ist bekanntlich von einer stark gefühlsbesetzten Architektur geprägt, vom postmodernen Potsdamer Platz bis zu Libeskinds Zick-Zack-Bau des Jüdischen Museums, vom früheren SS-Hauptquartier, der sog. Topographie des Terrors, bis zum restaurierten Reichstag und dem stillgelegten Flughafen Tempelhof.

All diese Stätten könnten als physische Orte gesehen werden, als *lieux de mémoire* (Erinnerungsorte), um die herum das kollektive Gedächtnis verschmilzt.[4] Doch das kollektive Gedächtnis reicht nicht aus, um diese Stätten im Allgemeinen und den Palast / das Schloss im Besonderen zu erklären. Für den Historiker Pierre Nora, der den Begriff prägte, erscheinen *lieux de mémoire*, wenn die Geschichte die Erinnerung ersetzt – dabei ist die Geschichte der Prozess einer problematischen und unvollständigen Rekonstruktion und bildet einen unerbittlichen Gegensatz zur Erinnerung als einer authentischen, unreflektierten Form der kollektiven Identität.[5] Dies setzt voraus, dass Geschichte und Erinnerung eigenständig sind und in Opposition zueinander stehen. In Berlin jedoch sind Geschichte und Erinnerung keine Gegner, sondern Komplizen. Die Erinnerung steht weder im Gegensatz zur Geschichte, noch darf sie mit einem Trauma gleichgesetzt werden, wie Andreas Huyssen in seiner Kritik der Erinnerungsdiskurse dargelegt hat.[6] Die Erinnerung ist, so behaupte ich, nicht einmal die passendste analytische Kategorie für materielle Vermächtnisse und ihre Aneignungen. In diesem Kapitel verwende ich im Anschluss an Yukiko Koga den Begriff »Erbe«, um das Spiel von Geschichte und Erinnerung in dem Augenblick einzufangen, wo die noch nicht eingetroffene Vergangenheit der noch nicht eingetroffenen Gegenwart begegnet.[7]

Im Folgenden werden drei Formen des Erbes vorgestellt, die bei dem Palast / dem Schloss beteiligt sind und Aneignungsakten entsprechen. Das Kapitel beginnt mit der Rolle des früheren Palastes der Republik bei der Suche der DDR nach Legitimität und sozialistischer Identität und zeigt, wie aufgrund dieser Geschichte der Palast nach der Vereinigung zum Marker der verlorenen sozialistischen Identität werden konnte. Dabei handelt es sich um eine *elegische* Form des Erbes, bei der der sozialistischen Vergangenheit mit Trauer und Melancholie begegnet und sie durch ihre Wieder-Erschaffung als verlorenes Objekt der Begierde angeeignet wird.[8] Anschließend sehen wir, wie zunehmende Forderungen nach einem Wiederaufbau des kaiserlichen Schlosses eine Frage nach der sozialistischen Vergangenheit in einen konservativen Diskurs verwandelten, in dem die sozialistische Epoche als eine Form des *mythischen* Erbes zunehmend unsichtbar wurde und der Mythos dazu dient, die Geschichte einzufrieren und einer ästhetisierten Vergangenheit die Illusion von Zeitlosigkeit zu verleihen.[9] Durch einen bemerkenswerten Akt der Raumaneignung, der zur physischen Rekonstruktion des Schlosses führt, wird hier das verlorene Objekt, das preußische Schloss, real. Die dritte Form des Erbes zeigt sich während der letzten Monate des Palastes der Republik, als man das bereits leer stehende Gebäude als experimentelle künstlerische Stätte in Beschlag nahm und zum sog. Volkspalast machte. Wir stoßen hier auf eine *performative* Form des Erbes, welche die Dynamik der anderen beiden Formen durch spektakuläre Events unterbrechen will. Dieser Akt der Aneignung rückt den gegenwärtigen Umgang mit der Vergangenheit stärker in den Vordergrund als Debatten über die Bedeutung der Vergangenheit. Diese drei Formen zusammengenommen machen deutlich, dass das Erbe die Treue zur Vergangenheit erzwingt und zugleich unterminiert.[10]

## Die Ursprünge eines säkularen Tempels

Die unvermittelte Schließung des Palastes der Republik am 19. September 1990, nicht einmal zwei Wochen vor der Wiedervereinigung, machte ein Gebäude an den Rändern urbaner Entscheidungen im neuen Berlin zu einer Stätte der Katharsis, insbesondere für die ehemaligen Ostdeutschen. Hätte der Palast der Republik nach der Vereinigung auch nur ein Jahr länger existiert, wäre seine Ausstrahlung möglicherweise verblasst, seine zahlreichen Restaurants und Veranstaltungsorte wären dem Wettbewerb und der Streichung staatlicher Subventionen zum Opfer gefallen, er hätte seine politische Funktion verloren und vielleicht für eine Übergangszeit Büros westdeutscher Regierungsbeamter aus Bonn beherbergt. Doch das ostdeutsche Prestigeobjekt bekam niemals eine Chance. Stattdessen wurde das Gebäude zu einer *cause célèbre* für frühere Kommunisten und andere, um das anzuprangern, was sie als westliche koloniale Arroganz ansahen.

Für außenstehende Beobachter bleibt es schwierig, die Emotionen zu verstehen, die im früheren Ostdeutschland durch die sich über einen langen Zeitraum hinziehende Zerstörung des Palastes der Republik ausgelöst wurden, und es ist nur allzu verlockend, hierin die Auswirkungen einer undifferenzierten Nostalgie zu vermuten.[11] Die Popularität des Palastes beruhte mit Sicherheit nicht auf seiner scheinpolitischen Rolle als Sitz des ineffizienten Parlaments des sozialistischen Staates (der Volkskammer), sondern auf seiner Funktion als nationalem Kulturzentrum. Der Palast verfügte über 13 Cafés, über Bars und Restaurants, eine Bowlingbahn und Diskothek, eine Kunstgalerie und ein Theater sowie einen großen Saal, in dem Hunderte von Tagungen, Banketten, Aufführungen, TV-Shows und Rock-Konzerten sowie regelmäßige Kongresse der kommunistischen Partei veranstaltet wurden. Nach eigenen Angaben war der Palast mit über 60 Millionen Besuchern während seiner 14-jährigen Existenz (1976–1990) ein riesiger Erfolg – in einem Land mit einer Gesamtbevölkerung von nicht mehr als 17 Millionen war sein öffentlicher Bekanntheitsgrad ohne Beispiel.[12]

Milchbar im Palast der Republik. Im Palast gab es mehrere Restaurants und Cafés, außerdem ein Theater und eine Bowlingbahn.

Auch wenn sich die Reihen der Unterstützer und Gegner des Palastes nicht gleichmäßig über den Osten und Westen verteilten, so war die Unterstützung für den Palast im Osten dennoch immer sehr viel stärker, wobei sich bei Meinungsumfragen einmal 98 % der Ostberliner für seinen Erhalt aussprachen.[13] Er wurde zum Schauplatz von Demonstrationen, an denen bis zu 10 000 Menschen teilnahmen und die von Bürgergruppen mit Namen wie »Palastretter«, »Bürgerinitiative ›Pro Palast‹« oder »Verein zur Erhaltung des Palastes der Republik« unterstützt wurden. Diese Gruppen reichten auch Petitionen ein, sammelten über 100 000 Unterschriften, veranstalteten Protestaktionen, hielten Mahnwachen ab und versuchten, Einfluss auf Politiker zu nehmen. Während der frühere deutsche Kanzler Gerhard Schröder den Palast schlichtweg als »hässlich« abtat, verbündeten sich glühende Befürworter seiner Erhaltung gegen die »Vertilgung und Verunglimpfung« der gelebten ostdeutschen Erfahrung.[14]

Die emotionale Bindung an den leeren Palast nach der Vereinigung geht auf seine Ursprünge in den 1970er Jahren zurück, als die Versprechungen des Sozialismus über dem Schmerz über das Nachkriegselend in den 50er und 60er Jahren und der unverbesserlichen Misere des Zynismus schwebten, der den Staat in den 80er Jahren von innen heraus aushöhlen sollte. Für die Generation, die in den

70er Jahren aufwuchs, war der Palast mit der Zeit einer relativen Stabilität in der DDR verbunden, die auf die als *détente* bekannte Epoche und die westdeutsche Politik »Wandel durch Annäherung« unter der Kanzlerschaft Willy Brandts folgte.[15] Obwohl die DDR um 1973 die lang ersehnte internationale Anerkennung erreicht und einen Sitz in der UNO erhalten hatte, reagierte sie gereizt auf die westdeutsche Annäherungsrhetorik, die, wie sie befürchtete, ihren Anspruch, das authentische Nachkriegsdeutschland zu verkörpern, untergraben könnte. Um einem solchen Eindruck entgegenzuwirken, unternahm die DDR beträchtliche Anstrengungen, ihre Legitimität durch eine Politik der »Abgrenzung« vom Westen zu zementieren.

Das Ziel der Abgrenzung bestand darin, die deutsche »Kulturnation« (die eine Hoffnung auf eine Vereinigung implizieren konnte) durch einen Alleinvertretungsanspruch auf das deutsche sozialistische Erbe zu ersetzen und sich damit eine passende, vom Westen getrennte deutsche Vergangenheit zuzulegen.[16] Der Palast war ein Produkt der spannungsreichen Suche nach einer sozialistischen Identität, die sowohl durch und durch deutsch war und sich doch vom Westen unterschied. Von unmittelbarer Bedeutung war dabei eine semantische und architektonische Debatte darüber, ob die – im 19. Jahrhundert in Deutschland entstandene – sozialdemokratische Tradition des »Volkshauses« als Teil des DDR-Erbes hervorgehoben werden sollte oder nicht.

Das Volkshaus war ursprünglich eine Art säkularer Tempel, gefördert durch eine Reformbewegung des 19. Jahrhunderts, die gegen die Entfremdung und die Ungerechtigkeiten anging, denen die Arbeiter in sich früh industrialisierenden Gesellschaften ausgesetzt waren. Die Volkshaus-Bewegung, die der britischen Gartenstadt- und Settlement-Bewegung nachempfunden war, wollte jenseits des unmoralischen Marktes und der hohlen Moral der bürgerlichen Gesellschaft einen Raum schaffen, der dem falschen Bewusstsein der Kirche ebenso wie dem trügerischen Trost des Wirtshauses aus dem Weg ging. Üblicherweise gab es in diesen Häusern Säle für politische Versammlungen, Theater- und Turngruppen, es gab Fortbildungskurse für Arbeiter, häufig auch Unterkünfte für Handwerksburschen sowie Suppenküchen für die Hungrigen. Sie blieben populär, bis sie in den 1930er Jahren von den Nazis geschlossen oder vereinnahmt wurden. Nach dem Krieg brachten die Sowjets das Volkshaus nach Ostdeutschland zurück, aber in einer rigideren ideologischen Form als »Kulturpalast«, der hauptsächlich der Indoktrinierung und weniger der Sozialisierung diente. Das strenge sowjetische Modell der Kulturpaläste stand von Beginn an in Spannung zu den früheren Volkspalästen als Orten der Geselligkeit und Freizeitgestaltung, eine Spannung, die an Stärke zunahm, als die Menschen nach dem Nachkriegselend über mehr Freizeit und ein höheres Einkommen verfügten.[17]

Dieser Wettbewerb zwischen den beiden Modellen hatte direkte Auswirkungen auf die Ursprünge des Palastes der Republik. In den 1960er Jahren verfolgte Walter Ulbricht, der Vorsitzende der kommunistischen Partei der DDR, eine harte sowjetische Linie gegenüber der wachsenden Nachfrage nach mehr Freizeitangeboten. Ideologische Erziehung, nicht das Tanzen, war die Aufgabe der Kulturpaläste, und wenn die Partei dem Volk den kleinen Finger reichte, würde das Volk die ganze Hand nehmen: »Keine Freiheit für Verrückte«, warnte Ulbricht, »sonst haben wir absolute Freiheiten überall!«[18] Ulbrichts Nachfolger, Erich Honecker, der 1971 die Parteiführung übernahm, war jedoch viel stärker darauf bedacht, den Eindruck zu erwecken, dass er auf die Bedürfnisse des »Volkes« einging.

## Vom zentralen Gebäude zum weißen Kubus

Honecker hatte sich dem sog. »real existierenden Sozialismus« verschrieben, um dem revolutionären Dogma die Schärfe zu nehmen. Seine Politik führte zu tatsächlichen Steigerungen im Wohnungsbau, zu Lohnerhöhungen, kürzeren Wochenarbeitszeiten und mehr Freizeitangeboten, wenn auch auf Kosten einer gefährlich hohen Staatsverschuldung.[19] Insbesondere in seinen Anfangsjahren wollte

Honecker das durchsetzen, was sein Vorgänger versäumt hatte, und dazu gehörte die Errichtung eines »zentralen Gebäudes«, das sowohl als nationales Symbol als auch als geeignetes Ventil für eine Bevölkerung dienen konnte, die sich zerstreuen und erholen wollte. Für die DDR war ein »zentrales Gebäude« in Berlin lange Zeit ein ersehntes Phantomobjekt gewesen, und Walter Ulbricht hatte Pläne für einen Wolkenkratzer nach sowjetischem Modell favorisiert, der zugleich das höchste Gebäude in Deutschland werden sollte.

Bekanntlich hatte Ulbricht niemals die Absicht, den Bau direkt auf dem Grab des Schlosses zu errichten. Er integrierte das Grundstück des zerstörten Schlosses in den Teil eines riesigen Aufmarschgeländes, das größer war als der Rote Platz in Moskau. Das Gebäude, das ehemals in Gestalt des Königs und Kaisers die Nation repräsentierte, wurde buchstäblich durch Tausende von Volksgenossen ersetzt, die in geordneten Massenkolonnen das Schloss mit ihren Stiefeln niedertrampelten. Jenseits der Spree war das neue »Nervenzentrum« des sozialistischen Deutschland geplant. Dafür sollte das Aufmarschgelände der Dreh- und Angelpunkt seiner neuen urbanen Machtachse sein, die vom Brandenburger Tor bis zu den neoklassischen monolithischen Wohnblöcken an der Stalinallee verlief. Als Symbol für eine sozialistische Zukunft von ganz Deutschland wäre der geplante Wolkenkratzer das Zentrum dessen, was Peter Müller ein »allumfassendes Kunstwerk« nannte und das sich über einen Radius von 100 Kilometern erstrecken sollte.[20]

Ständig in Planung, aber niemals verwirklicht, ließ Ulbrichts donquichottehaftes Wolkenkratzerprojekt den Schlossplatz windumtost und öde zurück, eine riesige Fläche, die sogar die dort abgehaltenen Aufmärsche klein wirken ließ.[21] 22 Jahre lang blieb das Gelände, bekannt als Marx-Engels-Platz, unbebaut, während in seiner Umgebung neue Regierungsgebäude entstanden. Honecker, entschlossen zu bauen, was Ulbricht versagt geblieben war, und ihm seinen eigenen Stempel aufzudrücken, entschied sich dafür, seinen »Palast« direkt auf dem Grundstück des früheren Schlosses zu errichten, und nicht, wie Ulbricht es geplant hatte, am anderen Flussufer.[22]

Honecker ließ seine Architekten ein Gebäude entwerfen, das sehr viel stärker dem deutschen sozialdemokratischen Modell des »Volkshauses« ähnelte als Ulbrichts nüchternem sowjetischen Setting für proletarische Akkulturation.[23] Der Chefarchitekt, Heinz Graffunder, schrieb in aller Offenheit, dass der Palast der Republik die fortschrittliche Vision von »lichtdurchfluteten Volkshäusern« umsetze, ein Hinweis auf den expressionistischen Architekten Bruno Taut, dessen Texte einst verbannt worden waren, und der ursprünglich vorgesehene vollständige Gebäudename war ein semantischer Kompromiss zwischen dem sowjetischen und deutschen Ansatz: »Der Palast der Republik – das Volkshaus der DDR.«[24]

Als der Palast im Bau war, zeigte sich im Begriff »Volkshaus« die »Erwartung der 60er Jahre [...]: Nach einem für alle offenen, ganz alltäglichen, Gemeinschaft bildenden und idealerweise staatsfernen, selbstregulierten Ort«.[25] Der Palast hatte niemals die Chance, diesem utopischen und wahrlich konterrevolutionären Ideal gerecht zu werden, und bei seiner Eröffnung wurde selbst der Begriff »Volkshaus« aus der offiziellen Bezeichnung ersatzlos gestrichen. Doch die offizielle Rhetorik und die historische Positionierung verliehen dem Palast eine zwiespältige Aura zwischen der Unterstützung der Staatsmacht und den kodierten Möglichkeiten ihrer Transformation, wenn nicht ihrer Transgression.[26]

Honecker sorgte außerdem dafür, dass der Palast keine architektonischen Ähnlichkeiten mit den vermeintlichen Exzessen früherer sozialistischer Staatsprojekte aufwies, die – wie insbesondere der Bau der Stalinallee (heute Frankfurter Allee) – die Ressourcen so strapaziert hatten, dass es zu einer Massenrevolte gekommen war. Jener Versuch einer neoklassischen »Architektur des nationalen Erbes«, mit der die DDR anfangs ihr neues Berlin städtebaulich prägen wollte, führte fast zum Sturz der Regierung: Am 17. Juni 1953 wurde Berlin zum Zentrum eines Arbeiteraufstands, der nur durch das gewaltsame Eingreifen sowjetischer Truppen niedergeschlagen werden konnte. Demgegenüber versuchte der Palast, die Nachfrage nach neuen Freizeitangeboten zu befriedigen, während er zugleich modernistische Architekturprinzipien betonte, die wie-

Der Palast der Republik im Jahr 1986 mit dem Fernsehturm im Hintergrund.

der in Mode gekommen waren, nachdem Chruschtschow Stalins neoklassische Architekturpolitik als verheerend verurteilt hatte.[27]

Vor dem Hintergrund dieser besonderen politischen Konstellation entstand der Palast als ein relativ bescheidener weißer Kasten. Die Fassade aus weißem Stein ließ in ihrer Schmucklosigkeit an das Bauhaus denken und war von einer modernen »Vorhangwand« aus getöntem Glas umgeben. Tagsüber erinnerten das whiskyfarbene Glas und der weiße Granit und Marmor der Fassade an ein russisches Farbkonzept, das für »Freude, Feierlichkeit und Helligkeit« stand, während sich der Palast bei Nacht in eine gläserne Laterne verwandelte.[28] Der Palast war ein Paradebeispiel für die moderne DDR-Architektur, beeinflusst von der internationalen architektonischen Mode, von Oscar Niemeyers Brasilia bis zu den Kongresszentren in Hamburg und Helsinki, sowie von den Plänen des niemals verwirklichten Palastes der Sowjets in Moskau. Die Kastenform, das Flachdach, das Stahlskelett und das zurückgesetzte erste Stockwerk orientierten sich an einem internationalen Architekturstil, der in Chicago berühmt und in den 50er und 60er Jahren populär wurde.[29]

Während das Äußere anspruchslos war, bildete das Innere einen psychedelischen Wirbelwind aus Kitsch und einer architektonisch interessanteren hochmodernen Technologie, die aus dem Westen importiert worden war, um einzigartig variable Räume zu schaffen. Sie wurden zum »Synonym für Offenheit und Interaktion sowie für Effizienz und Flexibilität« und verwiesen auf die Rolle des Bauwerks als eines in der deutschen Tradition stehenden Volkspalastes.[30] Der Große Saal konnte bekanntlich in 19 Varianten umgestaltet werden und einem Publikum von 700 bis 5000 Personen Platz bieten. Der polierte Marmor spiegelte das Licht von Hunderten von Kugeln, die dem Palast den Spitznamen »Erichs Lampenladen« (gemeint ist Erich Honecker) eintrugen, und eine riesige Glasblume schmückte sein prunkvolles, aber hochmodernes Foyer. Die Restaurants und Diskos im Chic der 1970er Jahre schufen ein DDR-Traumland, »ein Stück absurdes Theater, bei dem die Grenzen zwischen Realität und Wirklichkeit verschwammen«.[31] Was im Westen als unerträglich kitschig erscheinen mochte, konnte als Imitation des Westens in der DDR unfassbar cool wirken, und selbst in der bronzefarbenen Fassade, in der westlichen kommerziellen Architektur gang und gäbe, sah die junge Sowjetrussin Svetlana Boym bei einem Berlinbesuch »Fenster aus schattigem Glas, die von exotischen Orten erzählten und zahllose Chancen in Aussicht stellten«.[32]

Das Kulturprogramm des Palastes war sowohl seine populärste Attraktion als auch sein umstrittenstes Vermächtnis nach der Vereinigung. Seine kulturellen Veranstaltungen standen gänzlich im Einklang mit der Parteilinie – und das mussten sie auch, da sie vom Staatssicherheitsapparat einer speziellen Überprüfung unterzogen wurden. Auch wenn die meisten Produktionen politisch korrekt waren, waren sie dennoch – so wie die Gesellschaftstänze und die Übertragung populärer Fernsehprogramme, etwa der Unterhal-

Die berühmte Glasblume im Palast. Hauptfoyer, Palast der Republik, 1976.

tungsshow *Ein Kessel Buntes* – oftmals außerordentlich beliebt und sogar, wie das »Theater im Palast«, künstlerisch ambitioniert.[33] Leute, die sich nach 1990 für den Erhalt des Palastes einsetzten, wurden niemals müde, darauf hinzuweisen, dass 92 oder 93 % der dortigen Veranstaltungen »unpolitisch« waren (im Gegensatz zu den offen »politischen« Parteikongressen und Parlamentssitzungen).[34] Diese Ansicht wurde heftig kritisiert, da sich, ähnlich wie bei den im vorausgegangenen Kapitel behandelten Alltagsmuseen, viele fragten, ob sich hinter der Politik in der DDR irgendetwas verbarg, besonders etwas, das vom Staat sanktioniert wurde. »Wenn das [...] Kultur ist«, kommentierte der Sozialdemokrat Bruno Kneisler das Programm des Palastes, »dann können wir das vergessen.«[35]

Tanzen im Palast. Diese Ansichtskarte wurde 2008 von einer Bürgergruppe reproduziert, um die Erinnerungen an den Palast der Republik am Leben zu erhalten. Der Text »Gesellschaftstanz im Palast der Republik« verwendet die originale offizielle Schrifttype des Palastes.

## Abstieg ins Archiv

Das rasche Ende des Palastes kam kurz vor der Vereinigung, als Anfang September 1990 ein schockierter Stadtinspektor auf das große Geheimnis des Palastes – die fortgeschrittene Asbestverseuchung – stieß und den ganzen Betrieb endgültig stilllegte.[36] Wenige Wochen, nachdem das erste frei gewählte ostdeutsche Parlament am 26. August 1990 im »Großen Saal« des Parlaments sich selbst und die DDR abgeschafft hatte, gingen im Palast die Lichter aus, und seine 1700 Angestellten standen vor verschlossenen Türen. In den nachfolgenden Monaten und Jahren ähnelte der Palast gewissermaßen dem Bildnis von Dorian Gray: Während sich das geeinte Berlin mit seinen neuen Bauten täglich verjüngte, trübte Schmutz die glänzende Bronzefassade des Palastes und brachte den langen visuellen Nachhall eines Regimes zum Ausdruck, dem ein abruptes Ende gesetzt worden war.

Dieser lange Abschied machte das Gebäude weniger zu einem erinnerungswürdigen *lieu de mémoire* im Sinne Noras als vielmehr zu einer Stätte des elegischen Erbes, der Klage über einen Verlust, der sich nicht richtig betrauern oder, was vielleicht noch wichtiger ist, nicht richtig benennen lässt. Wie bei der Sehnsucht nach einer Form der Sehnsucht im Zusammenhang mit der in Kapitel 1 behandelten modernistischen Nostalgie ist es schwierig, die Trauer um die »guten alten Zeiten« von der Trauer um die Aura von Stabilität und Verheißung zu unterscheiden, welche die Präsenz des Palastes, vor allem in den Anfangsjahren, ausstrahlte, oder aber von einem Gefühl des Nervenkitzels, das mit der Macht des Palastes als politischem Talisman verbunden war. Solche Erinnerungen – nicht nur an Aufführungen, sondern auch an Diners, Hochzeiten, Feiern, Cafébesuche und andere im Palast verbrachte Augenblicke – bekommen eine besonders belastete Wertigkeit, weil ihr Kontext die kulturelle Legitimierung einer autoritären Regierung war, wodurch sie einen unbequemen Platz zwischen privater Erholung und öffentlicher Manipulation einnahmen.

Bei 60 Millionen Besuchern im Laufe der Jahre war die eigentliche Frage nicht, ob die dortigen Veranstaltungen die Bezeichnung »Kultur« verdienten, sondern was es bedeutete, sich unter Umständen vergnügt zu haben, die heute bestenfalls als fragwürdig gelten können. Dies ist eine Version des Problems, mit dem jede Gesellschaft, die aus einem autoritären Regime hervorgeht, konfrontiert ist: Wann führt die Nähe zur Macht zur Komplizenschaft, insbesondere im Hinblick auf die anscheinend banalen Aspekte des Lebens? In diesem Sinn wurde der Palast zu einem Stellvertreter für die zahlreichen Probleme, die nicht mit dem Umgang mit den Verbrechen des Regimes per se, sondern mit der Bewältigung des Alltags im Sozialismus verbunden waren. Eine Ironie des Schicksals: Wenn der Palast im konventionellen Sinn *politischer* gewesen wäre, hätte er vielleicht als Gedenkstätte in das vereinte Deutschland integriert werden können. Als Vergnügungsort jedoch war er – egal, wie fragwürdig und absurd auch immer – in jeglicher Hinsicht als DDR-Gedenkstätte eindeutig ungeeignet, und darüber waren viele Ostdeutsche endlos verärgert.

Von der Schließung des Palastes tief betroffen, organisierte der Freundeskreis Palast der Republik, ein ostdeutscher Bürgerverein von Palast-Befürwortern, dem auch ehemalige Palast-Angestellte angehörten, eine Ausstellung als Teil ihrer Bemühungen, »schlüssig« nachzuweisen, dass die »Vernichtung des Palastes der Republik [...] ein kulturpolitisches Verbrechen der deutschen Nachkriegsgeschichte« ist.[37] Unter direkter Bezugnahme auf die alte ostdeutsche Gleichsetzung von Westdeutschland mit dem Faschismus fragt man provokant nach dem Unterschied zwischen der politischen »Vernichtung« des Palastes und den Bücherverbrennungen der Nazis im Jahr 1933. Der Zorn und die Verbitterung der Palast-Befürworter sind mit dem Gefühl eines unwiederbringlichen Verlustes verbunden, eines Verlustes, der nicht angemessen betrauert werden kann, da die vermeintliche westliche Agenda die Legitimität ihrer Behauptung bestreitet, dass der Palast der Erinnerung wert sei. Diese Dynamik wird vom Freundeskreis als »Vertilgung« und »Verunglimpfung« der »Erinnerungswelt« der früheren Ostdeutschen interpretiert.

Die fast paradigmatische narzisstische Identifikation mit dem verlorenen Objekt, die der Sehnsucht nach dem Palast entspringt – Beispiel dafür ist die wiederholte Beschwörung der für die Bürger »unpolitischen« guten alten Zeiten –, führt dazu, dass die Melancholie die Trauer verdrängt, und kann als eine elegische Form des Erbes bezeichnet werden.[38] Hätte der Palast weiterhin existiert, hätte er – als Stätte für einen offenen Streit über seine Bedeutung – dazu dienen können, dass (in Noras Begrifflichkeit) »die Erinnerung sich kristallisiert und absondert«.[39] Doch durch seine Zerstörung wurde die Trauer durch die Melancholie verdrängt, und der Fokus verlagerte sich von der Symbolik des Gebäudes auf die Symbolik seiner Zerstörung. Unter dem Fluch der Asbestverseuchung wurde der Palast im allgemeinen Sprachgebrauch als Leichnam, als Sarg, als verunreinigter Körper und mit anderen Metaphern des Todes und Verfalls bezeichnet.[40]

Dies stand in deutlichem Kontrast zu den anderen Regierungsgebäuden, die den Palast umgaben – insbesondere das Außenministerium (1967 vollendet und 1996 ohne großes öffentliches Aufsehen abgerissen) und das Staatsratsgebäude aus dem Jahr 1964 (das, bereits 1993 unter Denkmalschutz gestellt, zu einer privaten Universität wurde). Während jene Bauwerke widerstandslos preisgegeben wurden und nur noch Geschichte sind, durchlief der Palast einen seltsam doppelten Zerstörungsprozess. Zuerst wurde er im Zuge der Asbestbeseitigung einem staatlichen »rückwärtsgewandten Entwurfsprozess« unterzogen, bei dem, wie in einer Geschichte von Jorge Luis Borges, Rettungsteams sich vor der Entkernung in den noch intakten Palast begaben, um die Objekte zu bestimmen, die für die Zukunft bewahrt werden sollten. Diese Teams stützten sich auf 13 000 originale Planungsskizzen, die in den Archiven gefunden wurden, und sammelten riesige Mengen von Details über eine Welt, die wiedererschaffen werden sollte und daher zerstört werden durfte. Die Teile, in die man den Palast zerlegt hatte, wurden katalogisiert und im Stadtteil Spandau (in dessen berühmtem Gefängnis der Nazi-Architekt Albert Speer einst einsaß) in einem Depot gelagert, wo sie sich noch heute befinden. Der frühere Ju-

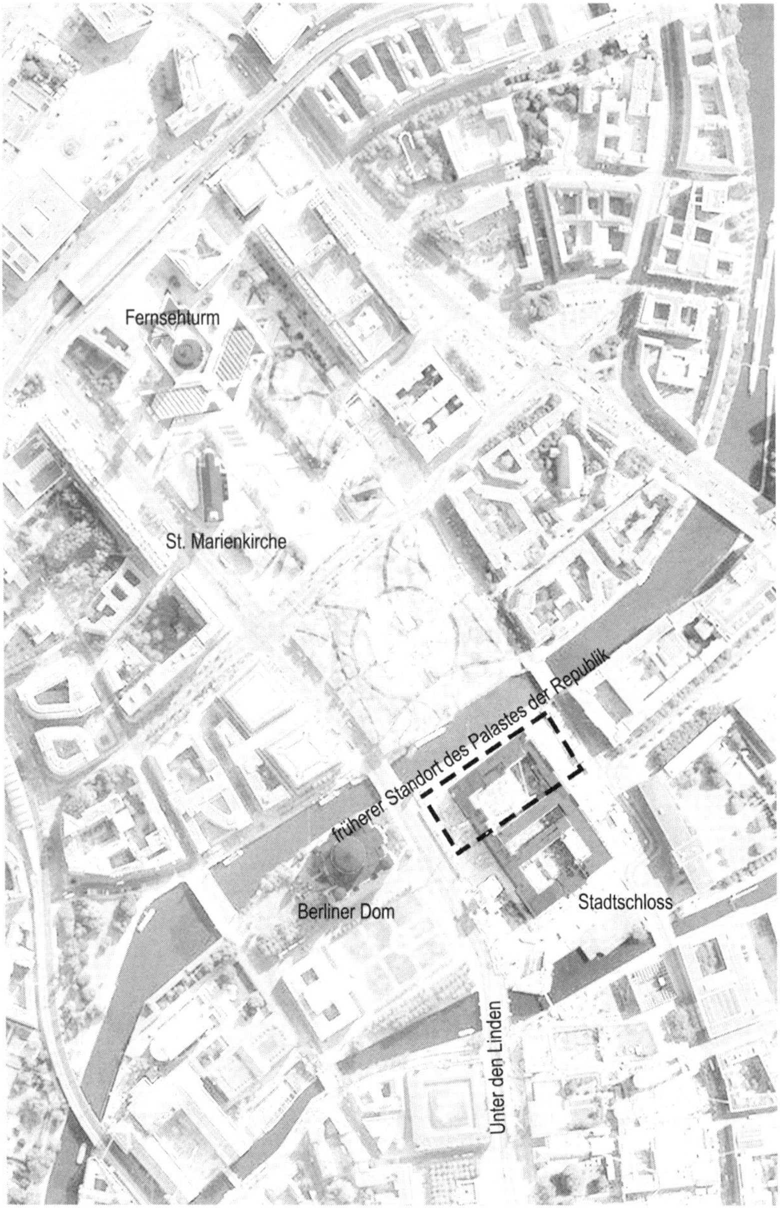


Lage des Palastes der Republik und des Berliner Stadtschlosses.

gendklub des Palastes etwa wurde in 22 Einzelteile zerlegt, die katalogisiert und mit Etiketten wie No. IK 430 Pos. 7 (für die Konsole des Discjockeys) versehen wurden.[41] Die erste Grabstätte des Palastes war also kein Denkmal, sondern das Archiv. Das elegische Erbe ist vielleicht dadurch gekennzeichnet, dass die Erinnerung durch Archivierung ersetzt wird, das Symbol für den Endpunkt eines Prozesses des Verschwindens, der vom Niedergang über die Zerstörung ins Archiv führt. Die Westberliner, beklagte der Grünen-Politiker Hans-Christian Ströbele, wollen die materiellen Beweise der DDR »im Buch oder im Film irgendwie haben, aber nicht mehr auf der Straße und nicht mehr um uns rum«.[42] »Wo keine Ruinen vor Augen stehen«, schreibt Hartmut Böhme, »[…] dort hat Erinnerung keinen Halt mehr oder muß vollständig in Schrift übergegangen sein.«[43]

So erscheint die Archivierung hier wie eine Form der Siegerjustiz, ebenso wie die Änderung von Straßennamen, die Entfernung von Denkmälern und die umstrittene Privatisierung von staatseigenen Unternehmen.[44] Wenn im Zuge dieser allgemeinen Rhetorik der Historiker Joachim Fest ein Jahr nach der Vereinigung schrieb, der Wiederaufbau des königlich-preußischen Schlosses werde das Scheitern des Kommunismus symbolisieren und einen historischen Fehler korrigieren, erschien dieser Gedanke damals eher als Provokation denn als Rezept, und nur wenige Leute können ihn für mehr als reine Rhetorik gehalten haben.[45] Doch er stellte in kluger Vorausschau die Weichen für den Abriss des Palastes, der für das Schloss und für eine entschieden andere Form des Erbes den Weg ebnen sollte.

## Von der Abwesenheit der Gegenwart …

Kurz nachdem sich herausgestellt hatte, dass der Palast tödlich verwundet war, wurden die ersten ernsthaften Forderungen laut, den Palast der Republik durch ein wiederaufgebautes Schloss zu ersetzen. Konservative Persönlichkeiten des öffentlichen Lebens, allen voran Joachim Fest, der Verleger Wolf Jobst Siedler und der Unternehmer Wilhelm von Boddien, verbanden historisches Wissen, eine genau definierte Ästhetik und eine klare Politik, um ein Phantasiegespinst in ein überzeugendes Narrativ von Verlust und Erlösung zu verwandeln, in dem das wiederaufgebaute Schloss zum Herzstück der Normalität des vereinten Deutschlands wurde. Warum konnte die Idee so rasch Anklang finden und sich so hartnäckig halten? Die Stärke des Arguments ist nicht die Antwort, vielmehr ist es die Frage, die der Erklärung bedarf. Wäre das Schloss nicht zerstört worden, wäre es seinetwegen wahrscheinlich nicht zum Streit gekommen. Doch wie Gerd Peschken, der Logik der Schändung folgend, feststellt, wurde das Schloss durch Ulbrichts Sprengung der Ruinen zu *dem* Symbol des legitimen, gesamten, richtigen Deutschland, und durch die Fürsprache der westlichen Konservativen übte seine Abwesenheit eine starke Präsenz aus.[46]

Von den Nachkriegsgenerationen lange ignoriert oder vergessen, galt das verschwundene Schloss nicht mehr als Teil der Vergangenheit, sondern als etwas, das in der Gegenwart schmerzlich vermisst wurde und aufgrund seiner Abwesenheit eine starke Sehnsucht hervorrief. »Kam man (früher) vom Tiergarten her durch das Brandenburger Tor, so ragte seine dunkle Masse in der Ferne auf und gab den ›Linden‹ Halt«, schrieb Siedler in einem einflussreichen Aufsatz, der für die Schloss-Befürworter zur Kampfparole wurde. Aber heute fragt man sich: »Warum laufen die ›Linden‹ jetzt so merkwürdig diagonal in Richtung Osten und enden im Nichts? Selbst aus der Leere, auf der nun sinnlos verloren, einem provinziellen Warenhaus gleich, der nach hinten versetzte ›Palast der Republik‹ als Monument für das Honecker-Regime steht, kann man schließen, dass hier einmal etwas gewesen sein muss.«[47]

*Irgendetwas* muss es hier gegeben haben, etwas, das in seiner Gespensterhaftigkeit aus dem merkwürdigen Nichts am Ende des Boulevards erschlossen werden kann. Der Palast der Republik bietet keinen Anhaltspunkt, sondern betont durch seine monströse Banalität nur, dass hier etwas fehlt. Dieses Etwas ist, in von Boddiens Worten, »der Phantomschmerz des verlorenen Schlosses«. Das Schloss war, erklärt von Boddien, »der Kristallisationspunkt eines Kraftfeldes geworden, den man aus dem Gefüge der Stadt nicht entfernen konnte, ohne die Ordnung des Ganzen ins Wanken zu bringen.«[48] Genau genommen bezieht sich das »ins Wanken bringen« auf das geplante Stadtzentrum rund um das Schloss, doch der Phantomschmerz erstreckt sich auf ein Berlin, das durch fehlgeleitete Experimente, fremde Besatzungen und deformierte Identitäten zerrissen war.

Schlossbefürworter räumen bereitwillig ein, dass die Nazizeit gewiss eines dieser fehlgeleiteten Experimente ist, doch das Scheitern der Nationalsozialisten, Wort zu halten und Berlin umzugestalten (anders als durch seine Zerstörung durch Bomben), macht die Nachkriegsjahre zum Hauptziel konservativer ästhetischer Missbilligung. Ob im Osten oder Westen, die Nachkriegsplanung hinterlässt, wie es ein christdemokratischer Politiker, Marc Schüffner, formulierte, »manchmal sogar den Eindruck, dass sich in gesichtsloser Gegenwartsarchitektur ein regelrechter Hass auf die Vergangenheit manifestiert«, der zu zahlreichen »Bausünden« geführt habe, zu denen (seiner Meinung nach) auch der Bahnhof Zoo im Westen und der Palast der Republik im Osten gehören.[49] Während der Modernismus selbst in den Augen seiner konservativen Kritiker bisweilen intellektuell überzeugende Bauten hervorgebracht hat, betrachten konservative Schloss-Befürworter die moderne Stadtplanung im Allgemeinen als absolute Katastrophe: »Wo immer in dem zurückliegenden halben Jahrhundert der Versuch gemacht wurde, eine Stadt und deren Mitte aus dem Nichts zu entwerfen, hat die Realisierung zu einem Debakel geführt, vor dem schon die nächste Generation mit Verlegenheit steht, in Brasilia wie in Dacca und in Chandigarh«, schreibt Siedler. »Man ist skeptisch, sogar pessimistisch, was den Glauben an die Fähigkeit unserer Zeit anlangt, eine historisch gewachsene Stadt zusammenzufügen, kurz, einer Stadt ihre Mitte wiederzugeben.«[50]

Die modernistische Antipathie für die Stadt des 19. Jahrhunderts hat seit langem den Zorn der Traditionalisten erregt. Gleich nach dem Krieg bezeichneten modernistische Architekten wie Hans Scharoun, 1946 vorübergehend Leiter der Abteilung Bau- und Wohnungswesen in Berlin, die Bombardierung bekanntlich als »mechanische Auflockerung«, die den Stadtplanern unerwartete Möglichkeiten eröffnete, dem »verwesten Leichnam« Berlins (wie Walter Gropius die Stadt 1945 nannte) eine neue Form zu geben.[51] Voller Enthusiasmus angesichts dieser historischen Chance schien der Modernismus in den 50er und 60er Jahren eine neue Gesellschaft anzukündigen, basierend auf Klarheit, Transparenz und Funktionalität. Aber er war auch ideologisch befrachtet, zuerst durch die Amerikaner, die im Westen einen internationalen Architekturstil unterstützten, um der pompösen stalinistischen Architektur im Osten entgegenzuwirken, und dann durch seine östliche Aneignung in Form der massenhaften Errichtung von Fertigbauten, beruhend auf Visionen, die »einem Alptraum aus expressionistischen Filmen ähneln«.[52] Die konservative Kritik an dem Palast als gescheitertem Modernismus muss deshalb als Fortsetzung dessen gesehen werden, was Gavriel Rosenfeld als den westdeutschen »Architekturstreit« der 1980er Jahre bezeichnet, bei dem es um die Frage ging, welche architektonische Tradition am stärksten ein »faschistisches« Vermächtnis verkörperte.[53]

In dieser Debatte gerieten die Modernisten in die Defensive, als die postmoderne Linke und die »rationalistische« Rechte versuchten, den moralischen Anspruch des Modernismus auf demokratische Werte zu entkräften, und stattdessen die Kontinuität des Modernismus mit der Nazizeit behaupteten, um auf diese Weise die neoklassische Architektur für die Demokratie geltend zu machen.[54] Mit Worten, die Jahrzehnte später die Argumente zugunsten eines Wiederaufbaus des Schlosses fast genau widerspiegelten, erklärte in den 1980er Jahren der umstrittene westdeutsche Architekt Leon Krier, dass der Modernismus die neoklassische Architektur fälschlicherweise mit dem Nationalsozialismus in Verbindung bringe und dass er darüber hinaus das Nachkriegsdeutschland absichtlich verschandelt habe. Krier »verlangte die Rückkehr zu den ewig gültigen Prinzipien der neoklassischen Architektur«, befreit von der Assoziation mit dem Faschismus, als, wie Rosenfeld es formuliert, »das beste Mittel, um die beschädigte Stadt zu reparieren.«[55]

Bei dieser Debatte ging es um die Frage, was es bedeute, Verantwortung für die Vergangenheit zu übernehmen; sie antizipierte bereits die Konturen des späteren und berühmteren Historikerstreits hinsichtlich der Einzigartigkeit des Nationalsozialismus.[56] In der politischen Mitte und bei den Linken wurde dieser spätere Streit allgemein als apologetischer Versuch gewertet, die Nazi-Verbrechen zu relativieren, doch seine hohe Bekanntheit und die starke öffentliche Resonanz entsprachen dem weitverbreitetem Wunsch, sich, ob als Täter oder Opfer, vom Trauma des Krieges zu befreien und in der »Normalität« Zuflucht zu finden.[57] Der Wiederaufbau des Schlosses ist eine direkte Folge dieser Debatten über die Frage, ob Nachkriegsdeutschland als Bruch oder Kontinuität mit dem Faschismus zu werten sei, ob die Nazizeit ein Unfall der Geschichte war oder aber die logische Konsequenz des preußischen Militarismus und ob die Architektur die historische Bedeutung transzendieren könne.[58]

Die westdeutsche konservative Auffassung vom grundsätzlich fehlgeleiteten Modernismus bestimmte die häufig grobe ideologische Auseinandersetzung über den Wiederaufbau des Schlosses. Hans Stimmann, Berlins Baudirektor (1991–1996) und Anhänger der rationalistischen Tradition, setzte unter dem Leitbild »kritische Rekonstruktion« das durch, was seine zahlreichen Kritiker als Dogma des 19. Jahrhunderts bezeichneten. Stimmann, der ein Jahr nach der Vereinigung sein Amt antrat, sah in Berlin ein unleserliches »Museum für jeden gescheiterten Stadtplanungsversuch seit 1945«.[59] Als Baudirektor favorisierte er bekanntlich die dichte Bebauung und die Häuserblocks der Vorkriegszeit. Bei seinem Amtsantritt erinnerte er sich: »Ich hatte eine Schublade, öffnete sie und nahm den alten Stadtplan heraus. Er hat 250 Jahre lang funktioniert. Wozu brauchen wir einen neuen Wettstreit?«[60] Er beschränkte drastisch die Höhe der Gebäude und die Auswahl der Fassaden-Materialien und war ganz offen bestrebt, eine Vergangenheit wiederherzustellen, die er mit der »europäischen Stadt« gleichsetzte. So wie Scharoun in der unmittelbaren Nachkriegszeit kurzzeitig die Gelegenheit für ein neues, rationalisiertes Berlin erkannte, einer Stadt, die durch die Bomben der Alliierten zerstört worden war, so sah Stimmann gleich nach der Wende die Chance für einen Nachkriegswiederaufbau, der aufgrund der Besatzung, der Teilung und des Einflusses des Modernismus niemals möglich gewesen war.

Der von Stimmann favorisierte alte Stadtplan war der sog. Schwarzplan, auf dem – im Gegensatz zu den weißen leeren Räumen, eine Folge der Bomben und der Teilung – die dichte Vorkriegsbebauung schwarz gekennzeichnet war. Wie Karen Till erklärt, sah Paul Kleihues, einer seiner frühesten Befürworter, im Schwarzplan die »permanente Genstruktur der Stadt«, die Berlin seinen Geist, seine Kultur und seinen Charakter verlieh. Nach Stimmanns Auffassung waren Stadtplaner Lektoren, die ein mangelhaftes Manuskript überarbeiten, Rechtschreibfehler korrigieren (d. h. die Nachkriegszeit rückgängig machen) und die leeren Stellen füllen (indem sie weiße in schwarze überführen), insbesondere im toten Raum des leeren Zentrums. Unter Stimmann sollte sich das geeinte Berlin aus dem »zerlumpten Aschenputtel«, wie der Bundesbauminister es formulierte, in eine Prinzessin verwandeln, gekleidet in aktualisierte wilhelminische Urbanität – sauber, cool und korporativ.[61]

### … zur Präsenz der Abwesenheit

In diesem Kontext also präsentierten von Boddien und Siedler das Schloss als den Schlüssel zur genetischen Struktur der Stadt, zu ihrem Geist und ihrer Kultur, wobei sie an Aldo Rossis antimodernistische These aus den 1960er Jahren erinnerten, dass traditionelle urbane Formen als »Archetypen« tief im menschlichen kollektiven Unterbewusstsein verankert seien.[62] Anders als die architektonische Majestät des Schlosses lieferte der kommunistische Palast der Republik lediglich einen Beitrag zum »ästhetischen Chaos und Lärm« nichttraditioneller Architektur und bewirkte die weitere

Zerstörung einer »zerstörten« Stadt.[63] Das Schloss wurde von einem bemerkenswerten Beispiel barocker Architektur zu dem einzigen Bauwerk, das die Stadt von den verschiedenen Verwüstungen, von denen sie heimgesucht worden war, erlösen konnte. Dementsprechend wurde der Palast nach von Boddiens Worten zu einem »Fremdkörper«, dessen »Gestalt« das Stadtbild zerstörte.[64] Sein Abriss schien vorherbestimmt, da er dem Schloss im Wege stand, wobei das Schloss das Zentrum, das Zentrum das Stadtbild, das Stadtbild die Identität definiert und die Identität notwendig ist, um das Ziel, eine wirkliche Weltstadt zu werden, zu verwirklichen.

Daher muss der Palast de facto weichen, erklärt Siedler, »nicht etwa weil er ein Symbol des zerbrochenen Staates gewesen wäre und nicht einmal, weil seine architektonische Mediokrität alles beschädigt, was in seiner Nähe steht. Zumindest ebenso wichtig ist, dass diese sozialistische Mehrzweckhalle *am falschen Ort mit falschem Winkel steht und ihr Volumen nicht ausreicht*, Knobelsdorffs Oper, Nerings Zeughaus, Boumanns Universität und Schinkels Museum aneinander zu binden.«[65] Umgekehrt müsse das Schloss wiederaufgebaut werden, nicht so sehr um seinetwillen, sondern weil ohne es die anderen Gebäude der Umgebung jede Ordnung und Zusammengehörigkeit verlieren.[66]

Auf diese Weise wurde die Abwesenheit erneut spürbar. Die Öffentlichkeit wird über ein fehlendes Schloss informiert – »Warum laufen die ›Linden‹ jetzt so merkwürdig diagonal in Richtung Osten und enden im Nichts?« Jetzt, wo Berlin weiß, was nach dieser Logik fehlt, findet die Stadt, dass sie wirklich nicht ohne das Schloss leben kann. Unter anderen Umständen führt eine solche Erkenntnis zur Trauer oder ihrem Gegenstück, der Melancholie, so wie bei dem im vorausgehenden Abschnitt beschriebenen elegischen Erbe. Doch in einer überraschenden Wendung bieten die Befürworter des Schlosses statt Trauer Sehnsucht und verbinden diese auf verführerische Weise mit Aktivität. In einem Land, in dem so vieles unwiderruflich zerstört ist, wo die Vergangenheit ein Minenfeld aus Schuld und Bedauern ist, ist es tatsächlich möglich, das Schloss wiederaufzubauen.

Lediglich die Abwesenheit zu beschwören, reichte jedoch nicht aus, um die für die Verwirklichung von Träumen erforderliche öffentliche Unterstützung zu gewinnen: Dafür brauchte es eine gewisse Form der Präsenz, sogar in Form einer Erscheinung. Diese Erscheinung nahm Gestalt an, als von Boddien 10 000 Quadratmeter Stoff über ein Gerüst spannen ließ, das auf der Grundfläche des früheren Schlosses errichtet wurde und ab dem 30. Juni 1993 für 15 Monate zu sehen war. Unter Leitung der Pariser Malerin Catherine Feff wurde der Stoff von 30 Künstlern mit einer originalgroßen Kopie des Schlosses von Hand bemalt. Auf einer radikaleren Idee von Gerd Peschken und Frank Augustin basierend, präsentierte von Boddiens Variante das Schloss als Versprechen.[67] Um die Illusion zu erhöhen, war der reale Palast der Republik – Teile von ihm ragten hinter dem Gerüst noch trotzig hervor – hinter Spiegeln verborgen, die den bemalten Stoff reflektierten. Die Erscheinung war eine Sensation. Innerhalb der Gerüstkonstruktion gab es eine dem Schloss gewidmete Ausstellung, die von 130 000 Leuten besucht wurde, eine Art Coming-out-Party nach 43 Jahren des Tabus. Dieser Event war in gewisser Weise eine Umkehrung von Christos und Jeanne-Claudes Reichstagsverhüllung im Jahr 1995: Anstelle eines historisch belasteten Bauwerks, das unter einem silbern schimmernden Polypropylengewebe verschwand, wurde ein historisch vergessenes Bauwerk sichtbar gemacht.[68] Diese verblüffende Visualisierung war, wie der Leiter des Informationszentrums des Schlosses es mir gegenüber formulierte, der Moment des »Durchbruchs« im »Kampf« für das Schloss.

Um diese Zeit formierten sich zahlreiche Gruppen, die sich für den Wiederaufbau des Schlosses einsetzten. Von Boddiens Förderverein Berliner Schloss war am bekanntesten, doch es gab auch die Gesellschaft Historisches Berlin, die Gesellschaft zum Wiederaufbau des Berliner Stadtschlosses, die Stadtschloss Berlin Initiative und das Forum Stadtbild Berlin. Manche Befürworter wollten eine exakte Kopie bis hin zu den Einzelheiten des Interieurs, während andere, insbesondere von Boddiens Verein, sich mit einer Reproduktion des Äußeren zufrieden gaben und ein modernes Interieur

Schloss-Simulation (1993). Ein Bild der Schloss-Attrappe mit dem hinter Spiegeln verborgenen Palast der Republik als Teil einer Ausstellung mit dem Namen »Das Schloss« 1993 in Berlin. Die Wirkung beruht auf dem Stoff, der mit dem Bild des Schlosses handbemalt und über ein Gerüst gespannt ist (künstlerische Leiterin Catherine Feff). Dieser Event war ein Wendepunkt in der Kampagne zugunsten des Wiederaufbaus des Schlosses.

gestatteten, das für offizielle oder kommerzielle Zwecke genutzt werden konnte (zu den verschiedenen frühen Nutzungsvorschlägen gehörten ein Gästehaus der Regierung, ein Luxushotel, eine Bibliothek oder ein Kongresszentrum).[69] Von Boddien, der sich schließlich durchsetzte, startete, sich auf seine Erfahrungen als versierter westlicher Geschäftsmann stützend, eine geschickte PR-Kampagne, die sich der Instrumente modernen Marketings, der Kommerzialisierung und Bild-Manipulation bediente. Seine erfolglosen Pro-Palast-Gegner, oft unter Dachorganisationen vereint, in denen die früheren ostdeutschen Kommunisten eine wichtige Rolle spielten, verließen sich auf konventionellere Protestmethoden und Petitionen, die jedoch die Öffentlichkeit nicht für sich einnehmen konnten.

Ein mit bemaltem Stoff bespanntes Gerüst, das das alte Schloss heraufbeschwor, war nicht nur ein brillantes Stück Straßentheater, sondern darüber hinaus auch Ausdruck einer Philosophie der Architektur, welche die Postmoderne in den Dienst neokonservativer Ziele stellte.[70] Bei den historischen Denkmalpflegern war von Boddien unbeliebt, weil er wenig Interesse daran zeigte, auch nur Teile der originalen Fundamente, die sich noch unter dem früheren Aufmarschplatz befanden, zu erhalten. Aber auch bei den Befürwortern der historischen Restaurierung, die sich für eine exakte Rekonstruktion des gesamten Schlosses einsetzten, war er nicht beliebt. Von Boddiens Interesse an der Authentizität endete beim Wiederaufbau der zu einem einstigen und zukünftigen Ansichtskarten-Image passenden Fassaden. Dies entsprach weitgehend der Position, die Vittorio Lampugnani, ein Schloss-Befürworter, Jahrzehnte vorher im Architekturstreit vertreten hatte: Danach hatte die Architektur keine »inhärente Bedeutung«, weshalb man auf sie zurückgreifen konnte, um ohne historisches Gepäck die aktuellen Bedürfnisse zu befriedigen.[71] Für von Boddien liegt das Wesen eines Gebäudes in seinen architektonischen Entwürfen, die ohne falsche Rücksicht auf die Authentizität der historischen Tradition in groben Zügen endlos reproduziert werden können.[72]

Hier steht die Postmoderne tatsächlich im Dienst des Neokonservatismus, denn, wie Didem Ekici feststellt, wendet sich von Boddien hauptsächlich gegen Walter Benjamins These, dass Kunstwerke eine »Aura« haben, welche die Verwandlung vom Original in eine Kopie nicht überleben kann. Laut Ekici steht von Boddien Gilles Deleuzes' Auffassung vom Simulacrum näher, wonach die oberflächliche Ähnlichkeit mit dem Original die Aura nicht vernichtet, sondern neu erschafft. Während Benjamin ein wiederaufgebautes Schloss als kommerzialisierte Reproduktion hätte ansehen können, die auf kaum mehr als eine Parodie des Originals hinausläuft, stellt von Boddien schlicht und einfach fest, dass das originale Bauwerk als solches niemals existiert habe: Als das Schloss 1950 zerstört wurde, war es, wie er behauptet, lediglich eine Kopie seiner selbst, da es im Laufe der Jahrhunderte ständig renoviert wurde, weshalb jede Vorstellung des Originals unangemessen sei.[73] Dies führt zu einem köstlichen Widerspruch, der gut zu deutschen Dialektikern passt: »Der ›authentischen Identität‹ Berlins kann nur eine Architektur gerecht werden, die von der Last der Authentizität befreit ist« oder, anders gesagt, Authentizität lässt sich nur wiederherstellen, indem man sie verleugnet.[74]

## Die preußische Aura

Es gibt jedoch einen Widerspruch in von Boddiens Überzeugung, die Unmöglichkeit des Originals rechtfertige den Wiederaufbau des Schlosses. Der gesamte Diskurs, hier durch von Boddien und Siedler exemplifiziert, beruht darauf, dass das Schloss in der Form restauriert wird, die es zu einem speziellen Zeitpunkt, nämlich am Ende des deutschen Kaiserreichs, hatte. Es ist nur diese Version und keine andere, die, wie die Befürworter behaupten, die Stadt wieder zu einem organischen Ganzen machen könne. Somit ist es tatsächlich die Aura des Originals – zumindest des Originals einer bestimmten historischen Epoche –, nach der gesucht wird. Angestrebt wird genau die Aura in ihrem lexikalischen Sinn, verstanden als einzigartiges Ambiente oder unmerklicher Einfluss, nicht aber irgendein royalistischer Revisionismus. Doch welche Aura ist es, die vom Simulacrum des Schlosses erzeugt wird, sei es in Form eines mit Stoff bespannten Gerüstes oder in Form von Ziegelstein und Mörtel?

Die Antwort liefert das architektonische Ensemble des Stadtzentrums, das durch das Schloss lesbar wird: Die angrenzenden Museen, die Oper, das Theater und die Universität verdeutlichen den cleveren Schachzug der preußischen Kaiser in Bezug auf kulturelle Legitimität als integralen Bestandteil der kaiserlichen Herrschaft. Nur in Berlin, so Siedlers Behauptung, waren im Zuge der Stadtplanung die der Kunst und Wissenschaft gewidmeten Bauten so eng mit der kaiserlichen Residenz verbunden: »Sehr auffällig, dass die größten Bauanstrengungen der in den Napoleonischen Kriegen wider Erwarten siegreich gebliebenen Monarchie nicht königlichen Palästen und staatlichen Repräsentationsbauten galten, sondern eben dem Museum und dem ebenfalls von Schinkel entworfenen Schauspielhaus, Stätten der bürgerlichen Bildung [...] [Berlin im 19. Jahrhundert] ist erst einmal die Stadt der Bildungsbauten, dann die der Verkehrs- und Industriearchitektur.«[75]

Die Aura ist also, mit einem Wort gesagt, Preußen, das für das vereinte Deutschland ein ambivalentes Erbe bleibt. Preußen symbolisiert den erfolgreichen Kampf, die über Jahrhunderte getrennten deutschen Länder zu einen, um – indem es die Uneinigkeit überwindet – die deutsche Geschichte zu »vollenden«.[76] Die relative Toleranz und die kulturelle Wohltätigkeit Friedrichs des Großen sind hier von ebenso großer Bedeutung wie der antidemokratische Militarismus und Autoritarismus, insbesondere unter Kaiser Wilhelm II., dem xenophoben Nationalisten, der Deutschland in den Ersten Weltkrieg führte. In den 1970er Jahren, als sich die Beziehungen zwischen den beiden deutschen Staaten normalisierten, hofften konservative westliche Historiker, die Frage der Vereinigung offenhalten zu können, und sahen in einer Aufwertung Preußens die Chance, eine gemeinsame deutsche Identität zu betonen. Die sog. preußische Welle dieser Zeit, welche die preußische Vergangenheit »bewältigen« wollte, war (zusammen mit dem Architekturstreit) ein direkter Vorläufer des »Historikerstreits« im Westdeutschland der 80er Jahre, der dasselbe für die Nazizeit anstrebte. Beide versuchten, die deutsche historische Einzigartigkeit hinsichtlich des Führens von Aggressionskriegen herunterzuspielen. Was Dominick LaCapra als »Hirngespinst einer totalen Bewältigung« der Vergangenheit bezeichnet, wurde als Maß für Normalität verteidigt.[77] Diese Suche nach einer »normalen« Vergangenheit wurde jedoch, allen voran von Jürgen Habermas, rasch als eine inakzeptable Relativierung deutscher Verbrechen kritisiert, was zu erbitterten Debatten führte.[78] Die preußische Kultur des Gehorsams, der Disziplin und der (insbesondere unter Wilhelm II.) kriegerischen Grausamkeiten in den Kolonien und in Europa bleibt ein umstrittenes Erbe, vor allem hinsichtlich seines Einflusses auf den Aufstieg der Nationalsozialisten.[79]

Nach der Vereinigung im Jahr 1990 veränderte sich jedoch die Wertigkeit Preußens, und anlässlich des 300. Geburtstags des Königreiches im Jahr 2001 wurde das »preußische Jahr« gefeiert, in dem Preußen die Konturen einer »bewältigten« Vergangenheit annahm, mit der man sich nicht nur ohne Schuld oder Angst auseinandersetzen konnte, sondern die sich auch ästhetisch genießen ließ, von seinen majestätischen Bauten bis hin zu »Ich liebe Preußen«-T-Shirts.[80] Siedlers Feststellung, dass Berlin zuallererst eine Stadt der Bildung sei, bezog sich auf das Vermächtnis Preußens als Stätte der kulturellen Aufklärung: eines aufgeklärten Absolutismus zwar, aber einer Aufklärung, die prachtvolle Museen, Herbergen des Weltwissens, hervorbrachte und für »klassische Schönheit und Proportionen im öffentlichen Leben Deutschlands« eintrat.[81] Rosenfeld sieht in dieser kulturellen Rehabilitierung die Schaffung eines »zugänglichen Vermächtnisses«, welches das gängige Bild Preußens als militaristischen Mühlstein ergänzt. »Vor allem aus kultureller Perspektive war Preußen nicht nur weniger umstritten, sondern es konnte sogar unbeschwert, unterhaltsam und amüsant sein. Kurzum, es erschien allmählich als normal.«[82] Preußen erscheint als die schwer fassbare Ära, nach welcher der Historiker Golo Mann 1985 suchte, als er anlässlich des 40. Jahrestags des Kriegsendes dafür plädierte, sich lieber mit der »Farbe und Erfahrung« einer »ferne(n), harmlos gewordene(n) Vergangenheit [zu beschäftigen] […], anstatt alte Narben aufzureißen und sich über Schuld und Unschuld, Recht und Unrecht, gutes und übles Verhalten vor fünfzig Jahren zu streiten«.[83]

## Schloss-Initiativen

Nirgends zeigte sich, wie Rosenfeld feststellt, das veränderte kulturelle Interesse an Preußen so deutlich wie im öffentlichen Interesse am Wiederaufbau alter preußischer Bauwerke.[84] Dieser Kontext ist wesentlich, wenn man verstehen möchte, weshalb der Deutsche Bundestag bereit war, den lobbyistischen Bestrebungen der Schloss-Befürworter zuzustimmen. Dafür, dass trotz anfänglicher Skepsis der Wiederaufbau des Schlosses Realität wurde, brachte ein Vorschlag der Stiftung Preußischer Kulturbesitz die Wende: Ihre nicht-europäischen Ausstellungen – Kunst und Artefakte aus Afrika, Amerika, Ostasien und Indien – sollten von ihrem Standort Dahlem am Stadtrand Berlins in das geplante Schloss verlegt werden. Hinzu kommen sollten wissenschaftliche Sammlungen der Humboldt-Universität sowie die nicht-europäische Literatur aus der Zentral- und Landesbibliothek, wodurch das Schloss zu einem »Schaufenster des Weltwissens und der Weltkultur« werden würde. Während das Bauwerk immer als Schloss bezeichnet werden würde, sollte es als Institution nun Humboldt Forum heißen, benannt nach dem berühmten preußischen Brüderpaar: nach Wilhelm von Humboldt, dem Philosophen, Linguisten, früheren preußischen Erziehungsminister und Gründer der Berliner Universität, und nach seinem Bruder Alexander, dem namhaften Entdecker, Naturforscher und Wissenschaftler. Unter ihrem Namen würde dem Schloss eine »universale Bedeutung« zukommen.[85]

Die Formel »Humboldt Forum« war entscheidend für die parlamentarische Zustimmung zum Bau des Schlosses und für die Bewilligung einer Teilfinanzierung durch den Bund. Obwohl das Innere des Gebäudes seiner äußeren Form untergeordnet war, hatte vor allem das Fehlen eines schlüssigen Nutzungskonzepts verhindert, dass die Regierung dem Wiederaufbau und der Finanzierung zustimmte. Die Architekten konnten es sich kaum leisten, ein Gebäude zu entwerfen, das sich nachträglich an eine noch unbekannte Verwendung anpassen ließ. Daher brachte die magische Formel »Humboldt Forum« zuerst eine externe Expertenkommission und später den Deutschen Bundestag dazu, für das Schloss grünes Licht zu geben. Am 4. Juli 2002 stimmte der Deutsche Bundestag über das neue Bauwerk ab: Es sollte »auf dem Grundriss und in der Stereometrie, d. h. in den äußeren Abmessungen des Berliner Schlosses entstehen«. Während ein Architekturwettbewerb über das Interieur und die Ostfassade entscheiden sollte, bestand das Parlament auf einer exakten Replik der Nord-, Süd- und Westfassade, des sog. Schlüterhofs (benannt nach seinem Architekten), ebenso wie der Kuppel.[86]

Die Abstimmung bestätigte natürlich von Boddien und besiegelte das Schicksal des Palastes der Republik, der seit 1993 zum Abriss verdammt war, aber weil die Gelder und der politische Wille fehlten, weiter am Leben erhalten wurde. Der offizielle Grund für die Beseitigung des Palastes war letztlich also nicht sein ostdeutsches Vermächtnis oder seine umstrittene Asbestverseuchung, sondern die Tatsache, dass er dem Schloss im Wege stand: Das Humboldt Forum »beinhaltet«, wie es die Regierung schlicht formulierte, »dass der Palast der Republik abgebrochen werden muss«.[87] Obwohl die Regierung sich scheute, über die politischen Dimensionen des Palastes zu diskutieren, wurde er eindeutig mit (illegitimer) Macht assoziiert, während das Schloss die Kultur symbolisierte.

Diese im preußischen aufgeklärten Absolutismus verwurzelte Kultur repräsentierte eine normale Vergangenheit, die eher Kontinuität mit als Divergenz von den europäischen Traditionen signalisierte. Das alte Schloss war ein Metonym für die Monarchie gewesen, und jetzt sollte das Humboldt Forum zum Metonym für ein aufgeklärtes Bild Preußens werden. Konservative Zeitungen lobten die Entscheidung der Regierung und bezeichneten das Schloss »als das symbolische Zentrum Deutschlands […] als ein Gebäude […] das zeigt, dass das deutsche Volk eine Nation sein will«, als eine »Rückkehr zur deutschen Geschichte«.[88] In dieser Idealvorstellung der Nation würde das vereinte Deutschland auf dialektische Weise zu den preußischen Tugenden und Werten von Toleranz, Sparsamkeit und Recht und Ordnung zurückkehren und diese in Einklang bringen mit Deutschland als verantwortungsbewusstem Partner Europas und mit Berlin als kosmopolitischer Weltstadt. Nach dieser Auffassung kann das Schloss die organische Ordnung wieder herstellen, deren Fehlen von Boddien beklagte, und auf diese Weise Deutschland von den Irrwegen des Sozialismus und Nationalsozialismus ebenso befreien wie von den fehlgeleiteten Dystopien

# BERLINER EXTRABLATT

GRATISEXEMPLAR

HERAUSGEBER: FÖRDERVEREIN BERLINER SCHLOSS E.V.

51. Auflage · Aktualisiert · Gesamtauflage 1.755.000 · Nr. 1/2008

WEITERGEBEN

**Historische Entscheidung der Bundesregierung am 4. Juli 2007:**

## Jetzt ist es offiziell: Das Berliner Schloss wird gebaut

**Minister Tiefensee ruft die Bevölkerung zu Spenden für das Schloss auf!**

## Ein Schaufenster des Weltwissens

### Warum braucht Berlin ein Stadtschloss, Herr Tiefensee?

Der Bauminister über Ballast und Fassaden der Geschichte

*Tsp.: Im Zentrum Berlins haben preußische Könige mit Schlössern und später die DDR-Führung mit einem „Palast" Symbole der Macht errichtet. Sie wollen dort nun eine abgespeckte Schlossvariante errichten. Eine Botschaft von Bescheidenheit und Sparsamkeit?*

Interview mit Bundesbauminister Wolfgang Tiefensee (SPD)

In der Mitte Berlins – unmittelbar neben der historischen Museumsinsel – soll ein Zentrum der kulturellen Begegnung entstehen. Ein Ort, an dem außereuropäische Kultur der neuen Welt und europäische Kultur der alten Welt zusammentreffen. Hier werden die Besucher Kultur nicht nur im herkömmlichen Sinn rezipieren, also betrachten können. Es geht um Begegnung, um einen Marktplatz der Debatte, um ein Forum des demokratischen Diskurses. Wir wollen kein Schloss um des Schlosses willen wiederaufbauen. Es soll ein Forum, das Humboldt-Forum, entstehen. Alles, was sich diesem Gedanken nicht einordnen will, haben wir deshalb aus unseren Planungen herausgenommen. Ja, das spart Kosten und genügt dennoch höchsten Ansprüchen. Das Hotel zum Beispiel schien uns anfangs eine willkommene Möglichkeit zur Verbindung von öffentlichem Interesse und privater Nutzung.

Auch finanzielle Aspekte im Sinn öffentlich-privater Partnerschaft spielten eine Rolle. Bei genauerer Betrachtung benötigt dieser Ort für

*Fortsetzung auf Seite 2*

## Bürgersinn für das Schloss

**von Richard Schröder**

Angela Merkel definierte in einem Vortrag in Hamburg am 12. Februar Bürgersinn und bürgerliches Engagement in unserer Gesellschaft mit „Selbstbewusstsein und Selbstvertrauen". Diese Kriterien waren die Grundlage für unsere bisherige, erfolgreiche Arbeit zur Rekonstruktion des Berliner Schlosses seit 16 Jahren. Nur so ist es gelungen, ein großes Netzwerk von Freunden und Befürwortern unseres Vorhabens zu knüpfen, ohne das sich der politische Erfolg wohl kaum eingestellt hätte.

Mit der nun erfolgten Bekanntgabe der Bautermine durch den Bundesbauminister kommt die eigentliche Herausforderung auf uns zu: Minister Tiefensee vertraut uns, die für die Rekonstruktion der Fassaden und des Schlüterhofs gegebene Zusage von 80 Millionen Euro Spenden einzulösen.

Ohne jede öffentliche Unterstützung haben wir bereits 13,9 Millionen an Spenden und verbindlichen Zusagen sammeln können. Jetzt, nach dem politischen Erfolg, wollen wir uns mit doppelter Kraft an diese Herkulesarbeit machen.

Ohne Sie und Ihr Engagement geht es aber nicht. Wir bitten Sie herzlich um Ihre finanzielle Unterstützung! Zeigen Sie, dass sich Bürgersinn erfolgreich auch in Euro und Cent für das Berliner Schloss bemerkbar macht. Wie beim Bau der Frauenkirche oder jüngst in Hamburg bei der Spendensammlung für die Elbphilharmonie.

Dort sind innerhalb eines Jahres 64 Millionen Euro gespendet worden.

Aller guten Dinge sind drei. Das dritte und der Höhepunkt soll das Berliner Schloss werden!

*(Prof. Dr. Dr. hc. Richard Schröder ist 1. Vorsitzender des Fördervereins Berliner Schloss e.V.)*

Ständig aktualisiert: Die Schloss-Präsentation im Internet unter: **www.berliner-schloss.de**

»Das Schloss wird gebaut.« Gratiszeitung, herausgegeben von Schloss-Befürwortern. Das Bild zeigt den Boulevard Unter den Linden mit dem früheren und künftigen Schloss am Ende der Straße.

des Modernismus und damit zugleich von den semisouveränen Jahren des Kalten Krieges.

Die Entscheidung, das nicht-europäische »Andere« buchstäblich in die Mauern des durch und durch europäischen Schlosses als Teil des Humboldt Forums zu verlegen, rief den Ärger von Kritikern hervor, die dies für imperiale Hybris hielten und sich an Völkerschauen aus der Kolonialzeit erinnert fühlten.[89] Dennoch war das Schloss / das Humboldt Forum bislang ein Erfolg, weil es (fast) jedem etwas zu bieten hat. Auf der metaphysischen Ebene bietet es eine doppelte Erlösung, indem es zum einen die Zerstörung des Schlosses durch die Kommunisten rückgängig macht und zum anderen Berlin und Deutschland das zurückgibt, was das Selbstvertrauen wieder herstellt – den »Mut zur Tradition«, wie es Antje Vollmer, die Politikerin der Grünen und frühere Vizepräsidentin des Deutschen Bundestages, formulierte.[90] Auf der praktischen Ebene bietet es bedeutenden Institutionen einen hervorragenden Standort im historischen Zentrum und fängt die Geschichte auf eine Weise wieder ein, die auch die Touristen begeistert, was wiederum gute Aussichten für die lokale Wirtschaft und für Berlins Ansehen verspricht.

Das Narrativ der Schloss-Befürworter von der nationalen Kohärenz schafft letztlich einen Mythos im Sinne Roland Barthes, wonach der Mythos durch eine doppelte Bewegung die Illusion von Zeitlosigkeit erzeugt: Die Geschichte wird als eingefroren dargestellt, d. h., sie wird aus dem Strom der Zeit herausgenommen, wodurch ihre Spuren unsichtbar gemacht werden.[91] Wenn die elegische Form des Erbes mit frustrierter Erinnerung kämpft, dann widersteht das Mythische der Erinnerung an die Vergangenheit und versucht stattdessen, sie zu einem zeitlosen Teil der Gegenwart zu machen. Auch wenn eine Sehnsucht nach einfacheren Zeiten in beides einfließt, ist die dem mythischen Modus entsprechende Modalität in Bezug auf die ostdeutsche Aufwertung der persönlichen Erfahrung die Ästhetisierung. Die Schönheit des Schlosses gilt als entscheidend für die Schönheit der Stadt, und dafür ist die Form, nicht die Funktion von ausschlaggebender Bedeutung. Die preußische Ästhetik – Ordnung, Einfachheit, Solidität – muss auf die einzelne Person herunter gefiltert werden, die sich im Idealfall in einer Stadt bewegt, die, wie Stimmann es formulierte, wieder »wie Berlin aussieht«.[92]

### Die Aneignung der Trümmer

Die das Schloss und den Palast betreffenden Diskurse sind ein hervorragendes Beispiel für den gebauten Raum als leeren Signifikanten. In den Debatten der 1990er bis in die 2000er Jahre hinein existierten die beiden Bauwerke immer nur als Projektionen, da der Palast, obwohl er noch stand, seit langem seine Funktion verloren hatte. Die Diskussionen kreisten zwischen Vorstellung und Abwesenheit: der Vorstellung des Schlosses, wie es auf Fotos, Plänen und Bildern dargestellt war, und der Abwesenheit des Palastes, die seine Bedeutung sowohl als Träger der DDR-Identität als auch als Symbol für die Ungerechtigkeiten der Vereinigung fixierte.[93] Oder umgekehrt: Die Abwesenheit des Schlosses war die Bedingung für seine Vorstellung, die Vorstellung des Palastes die Bedingung für seine Abwesenheit. In diesem diskursiven Kontext einer Phantasmagorie vergisst man leicht, dass der Palast der Republik nach der Wiedervereinigung noch 18 Jahre lang physisch existierte; einerseits war der Abriss zu teuer, andererseits war es zu »gefährlich«, ihn angesichts seiner Asbestverseuchung und seiner rasanten Politisierung unangetastet zu lassen. Aus finanziellen und logistischen Gründen und infolge von Einsprüchen war sein Abriss auf anscheinend unbestimmte Zeit verschoben worden.

In einem ersten Schritt musste der Asbest entfernt werden, doch dieser Prozess begann erst 1998, acht Jahre nach der Schließung des Palastes, und er dauerte fünf Jahre. Um den Asbest zu entfernen, musste das Bauwerk entkernt werden. Dieses Verfahren bezeichneten Kritiker, die noch immer auf eine Einstellung des Abrisses hofften, als »Totsanierung«.[94] Nach Ende der Asbestbeseitigung im Jahr 2003 kam der Palast als ein riesiges Gebilde aus Beton und Stahlträgern wieder zum Vorschein, und die ansteigenden Sitzreihen des Großen Saals erinnerten nun an Stadiontribünen, die in einem gigantischen Baukasten hingen.

In dieser Gestalt tat sich für den Palast zwischen seinem früheren Leben und seinem hinausgeschobenen Tod eine dritte Dimension auf – die Aussicht auf seine Nutzung in einem zerstörten Zustand. Offiziell frei von Asbest und vom Kommunismus feierlich gereinigt, statisch stabil und politisch umkämpft, war er der größte nutzbare Innenraum in der Mitte Berlins. Die Oberfinanzdirektion, die für den Palast operativ verantwortlich war, zeigte sich den kommerziellen Möglichkeiten gegenüber nicht blind, und es gab Aufrufe der Medien und der Berliner, »den Palast« für die Allgemeinheit (und die Republik) »zu öffnen«. So war im Jahr 2004, fast 15 Jahre nach Ende der DDR, der Palast plötzlich keine ausgemachte Sache, sondern eine offene Frage hinsichtlich seiner Verwendung und damit seiner Zukunft. Daraufhin wurden in seinem Gerippe die ersten Events veranstaltet – Ruinen-Führungen, eine konzertante Wagner-Produktion namens *Der Wagnerkomplex*, einige Vorträge und ein Theaterabend. Ihren Höhepunkt fanden sie in zwei kommerziellen Veranstaltungen. Die erste war die surreale Erscheinung von 130 lebensgroßen Kopien der Terrakotta-Krieger aus dem chinesischen Xian, die im Dämmerlicht vor den Stahlträgern des Palastes ausgestellt wurden und ein wenig an die Militärparaden erinnerten, die über Jahrzehnte gerade hier stattgefunden hatten. Anschließend veranstaltete der Bundesverband der deutschen Industrie mit hämischer Ironie seine Jahrestagung in den Ruinen der Diktatur des Proletariats. Das internationale Beratungsunternehmen McKinsey feierte die Party anlässlich seines 40. Firmenjubiläums im Palast. Die Ruinen waren Teil eines globalisierten Berliner Chics geworden.[95]

Diese gelegentlichen Veranstaltungen wurden durch die Empfehlung der internationalen Expertenkommission gerechtfertigt: Solange es die Stadt kein Geld koste, sei die öffentliche Nutzung des Palastes wünschenswert, um das Areal »am Leben« zu erhalten, bis die Finanzierung des vollständigen Abrisses sichergestellt sei.[96]

Das Innere des Palastes nach der Asbestentfernung. Menschen stehen Schlange, um den Palast nach seiner Entkernung zu besichtigen. 30. Dezember 2005.

Diese Vorgabe verhalf dem Palast zu einem festen Platz im Mittelpunkt einer Debatte über den öffentlichen Raum, wo seine ästhetische Ausstrahlung eine magische Anziehungskraft ausübte: »Das gigantische Stahlgerüst, ausgesteift durch Betontreppenkerne und die Geschossebenen aus Gussbetonplatten, ist von einer ruinengleichen und einprägsamen Rohheit, ein riesiger Leerraum, zwischen Parkhaus und Industrieruine, im Zentrum der Stadt, ummantelt von einer mittlerweile halbzerstörten, braunen Spiegelglasfassade.«[97]

Die Ruine schien um eine Verwendung geradezu zu betteln. In den ersten Tagen des Leerstands, als der Palast noch nicht für kommerzielle Zwecke genutzt wurde, schlichen sich Skateboard-Punks ein, die unter ihren – dem Film *Reservoir Dogs* (dt.: *Wilde Hunde*) entstammenden – Pseudonymen Mr. Orange, Mr. Brown, Mr. White, Mr. Pink, Mr. Blonde, Mr. Blue landesweit bekannt waren.[98]

Diese anonymen, aber öffentlich sichtbaren Skateboardfahrer verwiesen unbeabsichtigt auf die künftige Rolle des Palastes als Ruine. Diese beschwor sowohl den Begriff des *horror vacui* herauf – Aristoteles' Bezeichnung für das elementare Bedürfnis des Raumes, sich zu füllen, als Folge von Zenophobie, der pathologischen Furcht vor leeren Räumen – als auch den Begriff der *terra nullius*, Land, das niemandem gehört, aber von denen beansprucht werden kann, die es nutzen.[99] Indem sie das Bauwerk konsumierten, ohne etwas zu produzieren, kehrten die Punks, wie der Kurator Florian Waldvogel feststellt, die – in der Konstruktion von Bauwerken implizite – produktive Rolle um, indem sie den abstrakten Raum in einer quasi situationistischen Übernahme denaturalisierten.[100] Damit wurde der Palast in das einbezogen, was Michel de Certeau als Taktik der »sekundären Produktion« des Alltagslebens bezeichnet, die es von den melancholischen Untertönen und der von einem Ost-West-Konflikt überlagerten Debatte Schloss versus Palast befreit und den Raum für eine Aneignung vorbereitet.[101]

## Das Anhalten der Zeit durch den Bürger

Ausschlaggebend für die Aneignung der Palastruine war die Initiative einer Gruppe junger Architekten und Künstler, die über die Architekturdebatten einer Stadt enttäuscht waren, in der, wie Philipp Oswalt schreibt, »die Deutschen […] nicht von einer anderen Zukunft, sondern einer anderen Vergangenheit träumen«.[102] Unterstützt von der breiteren kulturellen Avantgarde-Szene in und außerhalb von Berlin gründete Anfang 2003 eine Kerngruppe von hauptsächlich, aber nicht ausschließlich im Westen ausgebildeten Architekten, Produzenten, Kuratoren und Künstlern zwischen Mitte 20 und Mitte 40 die ZwischenPalastNutzung e. V. Der Verein stützte sich auf die Ergebnisse eines aus Architekten und Stadtplanern bestehenden Forschungsteams namens Urban Catalyst, das sich ein Jahr zuvor mit den zeitweiligen Nutzungsmöglichkeiten des Palastes befasst hatte, und setzte sich dafür ein, die »entlarvende(n) Dissonanzen und ironische(n) Brechungen« der gespenstischen Präsenz des Palastes auf gesellschaftlich relevante Weise zu nutzen.[103]

Der Generationenunterschied ist besonders auffällig, da die Protagonisten der elegischen und mythischen Diskurse in der Regel über 50 Jahre alt und in Hinblick auf die jeweiligen Debatten des Kalten Krieges sozialisiert waren. Diese jüngere, elitäre Gruppe wollte keine politische Mobilisierung per se, sondern hielt es für notwendig, einen Anspruch auf die urbane Struktur der Stadt zu erheben und dem ideologisch konservativen Trend entgegenzuwirken, den Hans Stimmanns Bauverordnungen und von Boddiens leidenschaftlicher Einsatz für das Schloss gesetzt hatten. Besonders die jüngeren Architekten fragten sich, wie sich in der Stadtgestaltung Kontingenz und Ambiguität bewahren ließen, ohne in die von ihnen kritisierten autoritären Formen zurückzufallen. Sich auf die Philosophie Henri Lefebvres als Inspirationsquelle stützend, fragten sie, wie man dessen Forderung nach einem reflektierten Umgang mit der eigenen Komplizenschaft nachkommen könne.[104]

Anders als bei früheren Generationen besteht die Komplizenschaft nicht hauptsächlich mit den Verbrechen der Vergangenheit, sondern mit dem, was ein Beteiligter als einen »unbeholfenen, verklemmten und unsensiblen Umgang« mit der Vergangenheit in der Gegenwart bezeichnete.[105] Der Palast galt eher als Symbol für eine fehlgeleitete Auseinandersetzung mit der Vergangenheit denn als ein falsch verstandenes Symbol der Vergangenheit. Die Herausforderung bestand darin, eine Möglichkeit zu finden, das Gebäude zu rekodieren und zu dekodieren, ohne es zu mystifizieren; es sollte der belasteten Geschichte gerecht werden, und zwar durch das genaue Gegenteil, die Entlastung. »Wenn man dieses Gebäude so übermäßig mit Bedeutung auflädt«, so Rem Koolhaus zu diesem Punkt, »hat das nur zur Folge, dass man sich selbst in seinem Denken lähmt.«[106]

Obwohl der kulturpolitische Sprecher der CDU murrte: »In Berlin herrscht kein Mangel an abartigen Veranstaltungsstätten«, brachte der Verein die Behörden schließlich dazu, eine begrenzte

Anzahl von kulturellen Veranstaltungen zu gestatten.[107] Das Konzept war inspiriert von Cedric Price' »Anti-Architektur«, repräsentiert durch seinen Fun Palace aus den 1960er Jahren (der auch für das Centre Pompidou in Paris als Inspiration diente) und seine radikalen Ideen über die inhärente Offenheit und Instabilität von Architektur und die räumlichen Zeitdimensionen. Wie bei Price, der Anleitungen für den Abriss eines nutzlos gewordenen Gebäudes vorlegte, wurde der Gedanke, dass der Palast später zerstört werden würde, niemals in Zweifel gezogen. Worauf es ankam, war der vorläufige Charakter des Bauwerks.[108]

Für seine Veranstaltungen wählte der Verein den Namen »Volkspalast«, eine bewusste Verschmelzung der früheren Konzepte »Volkshaus« und »Kulturpalast«. Man wollte eine Traumwelt, wo Honecker einst ein Traumland heraufbeschwor und die Schlossbefürworter von einer anderen Vergangenheit träumten. Die künstlerische Resonanz war gewaltig und zog aus der ganzen Welt Teilnehmer an. 900 Events mit über 550 000 Besuchern verteilten sich in den Jahren 2004 und 2005 über zwei dreimonatige Spielzeiten.[109] Für eine Veranstaltung wurde das Untergeschoss des Palastes geflutet, und die Besucher wurden in Schlauchbooten durch eine labyrinthische »Fassadenstadt« geleitet. Dabei konnte der Betrachter darüber entscheiden, welche städtischen Gebäude abgerissen werden sollten. Ein Bal moderne lud das Publikum ein, mit zwei Semiologen herumzuwirbeln, die die Wiege der Discobewegung im Texas der 1970er Jahre entdecken. Extremsportarten wurden vorgeführt, und die Choreographin Sasha Waltz kreierte eine zeitliche und räumliche Erkundungstour, bei der die Tänzer im früheren Foyer starteten, sich dann über den kahlen Beton des gesamten gewaltigen Baus verteilten und das Publikum den Tänzern folgte. Die international bekannte deutsche Noise-Band »Einstürzende Neubauten«, die ursprünglich dafür berühmt war, dass sie aus – in Baustellen und Eisenwarengeschäften gestohlenen – Bohrern, Hämmern und Stahl Instrumente herstellte, stellte Stücke ihres jüngsten Albums vor, passend betitelt als »Palast der Republik«. Von Januar bis Mai 2005 war auf dem Dach des Palastgebäudes in sechs Meter großen weißen Neon-Buchstaben das Wort »Zweifel« zu lesen, eine Installation des norwegischen Künstlers Lars Ramberg.

Kurz darauf tauchte im riesigen Palastinneren ein Berg auf, dessen eisweißer Gipfel aus dem Dach in den Berliner Himmel ragte. Mit dem sog. »Berg« schufen die Künstler eine gigantische begehbare Installation aus einem Gerüst, aus Sperrholz und einer kristallinen Folie, die Bilder reflektieren konnte und sich mittels Projektoren in völlig verschiedene Landschaften verwandelte. Während der Berg sich aus dem Inneren des Gebäudes erhob, konnte man vor dem Bau in einem »Berg-Hotel« mit Gästezimmern, einer Rezeption und einem See die Nacht verbringen. Ein Berg im Palast, erklärten Deuflhard und Oswalt, »war ähnlich sinnlos und losgelöst von gesellschaftlichen und räumlichen Zusammenhängen wie die romantische Idee der Rekonstruktion des Stadtschlosses. Der Berg ist implantiert aus einem anderen Raum, das Schloss aus einer anderen Zeit«.[110]

Am 9. November 2004, dem 15. Jahrestag des Falls der Berliner Mauer, wurde der Palast in einer Performance mit dem Namen »Supernova« mit 750 000 Watt erhellt und dann zum Verglühen gebracht. »Zugegeben –«, schrieben die Künstler, »am liebsten hätten wir ihn zum Abschluss gesprengt.«[111] Diese simulierte Explosion unter dem Motto »Sterben ist auch eine Kunst« verschmolz, buchstäblich blitzartig, die Geschichte der beiden Paläste, die sich beide einst im Zentrum Berlins erhoben. Indem sie den Abriss des Palastes vorausnahm, diente die Explosion im Moment des Abschiednehmens als symbolischer Scheiterhaufen, als eine Form der Euthanasie für ein bereits krankes Gebäude, das langsam »totsaniert« wurde, und zugleich als eine Metapher für die letzten Monate, in denen der Volkspalast Berlins größtes Spektakel war. Als Supernova gilt ja das kurze Aufleuchten eines sterbenden Sterns, der im Moment seines Untergangs heller erstrahlt als je zuvor.

Der Volkspalast schloss die elegische und mythische Form des Erbes als unpassend für einen reflektierten Umgang mit der Vergangenheit ausdrücklich aus. An die Happenings der 1960er Jahre

Die Kunstinstallation »Volkspalast – Der Berg« war Teil der Zwischennutzung des Palastes der Republik durch Künstler, die die Menschen in ihrer Wahrnehmung des Raumes verunsichern wollten. Das Foto zeigt den 44 Meter hohen Berg. Projekt Markus Bader und Jan Liesegang, Raumlabor Berlin mit Alexander Römer.

erinnernd, wollte er den Diskurs durch Performances, die innerhalb des Palastes, über und durch ihn stattfanden, verändern; der Palast wurde sowohl zum Subjekt als auch zum Objekt der Aktion. Wir könnten dies als performatives Erbe im Sinne Deridas bestimmen, der als performativ eine Interpretation bezeichnet, »die dasjenige, was sie interpretiert, verändert«.[112] Im Zuge des performativen Erbes verändert der Volkspalast dasjenige, was er erbt. Er ruft die Geister der Vergangenheit und untergräbt anschließend ihre mythische Kraft hinsichtlich narrativer Kohärenz durch Nebeneinanderstellung und Zitat. Dies zeigt sich z. B. in dem ursprünglich vorgeschlagenen Konzept des Volkspalastes mit dem Namen »1000 Tage«: »1000 Personen initiieren 1000 Projekte und können tausendmal über alles und nichts entscheiden«, um sich vom Palast der Republik in 1000 Tagen, in genau demselben zeitlichen Rahmen, in

»Sterben ist auch eine Kunst«: Supernova, eine Licht- und Klang-Installation im Palast. Die Kunst-Performance, welche die Explosion des Palastes der Republik simulierte, dauerte eine Stunde, von 23 Uhr bis Mitternacht des 9. November 2004 (sowohl Jahrestag des Falls der Berliner Mauer [1989] als auch der Reichspogromnacht [1938], Ereignisse, welche auf die vielfältigen Vergangenheiten in Berlins Erinnerungslandschaft hinweisen). Der Event zog mehr als 1600 Zuschauer an. Auf der mittleren Fassade ist das Wort »Ewigkeit« zu lesen.

dem er erbaut wurde, zu verabschieden.[113] Die »1000 Tage« verweisen nicht nur auf die 1000-tägige Bauzeit des Palastes, sondern erinnern auch an das Hirngespinst der Nazis von einem 1000-jährigen Reich. Hier verbindet der Wunsch nach einer ordentlichen Bestattung des Palastes durch ein Abschiedsritual den Palast auf spielerische Weise mit der deutschen Geschichte und Mythologie, wobei durch die Aufforderung, »1000 mal über alles und jedes zu entscheiden«, das zögerliche Verhalten von T. S. Eliots Prufrock favorisiert wird.

Im besten Fall kommt diese performative Form des Erbes dem am nächsten, was Dominick LaCapra als erfolgreiche »Aufarbeitung« der Vergangenheit ansieht im Sinne eines »ständigen Durchdenkens und Durcharbeitens und nicht einer spekulativen Synthese oder ›Aufhebung‹«.[114] Dieser Ansatz ist jedoch mit dem Risiko verbunden, das Performative zu romantisieren, und bringt Beobachter der älteren Generation, besonders aus der linken Szene, dazu, im Volkspalast die allzu ironischen Bestrebungen von relativ privilegierten Akteuren zu sehen, die von denselben Kräften beherrscht werden, die sie kritisieren wollen. Alles in allem änderte der Volkspalast nichts: Der Palast wurde abgerissen, und die Regierung stimmte dem Schloss zu. Dass der Volkspalast an diesem Ergebnis explizit nichts ändern wollte, lässt sich als Zeichen entweder von Klugheit oder von Sophisterei interpretieren. Schließlich gehörten zu den erklärten Zielen der Idee des Volkspalasts ein bewusstes Abschiednehmen vom Palast; »eine kritische und innovativ-experimentelle Auseinandersetzung mit der Geschichte, der Gegenwart und der Zukunft des Ortes«; der Wunsch, künftige Diskussionen über den Ort zu beeinflussen; und, die Symbolik des Ortes nutzend, die Öffentlichkeit über »innovative und neue Formen städtischen Lebens« zu informieren.[115] Diese Ziele wurden sicherlich erreicht, aber für die Kritiker stellte sich beim Volkspalast die Frage nach den Grenzen der gesellschaftlichen Einflussnahme und der Anfälligkeit für eine Vereinnahmung, die einem solch kritischen, spielerischen, bewusstseinsbildenden Unternehmen inhärent ist. Als einfühlsamer Kritiker wunderte sich Bruno Flierl über die Übernahme von Price' Konzept des Fun Palace: »Und wer will in einem solchen Gebäude ›Fun‹ machen, was für ›Fun‹ und für wen?«[116]

## Zurückbauen

Die größte Palast-Performance von allen war jedoch nicht der Volkspalast, sondern der tatsächliche Abriss. Ab Dezember 2005 wurde der Palast nach und nach seiner Haut beraubt; die Stahlträger bildeten, bevor sie entfernt wurden, eine kahle industrielle Ruinenlandschaft, ließen die ursprünglichen tragenden Treppenhäuser zurück und erinnerten auf gespenstische Weise an die Wachtürme an der Berliner Mauer, die verlassenen Türmchen alter Festungen oder an ein modernistisches Stonehenge. Um ihn formal von Ulbrichts Sprengung des Schlosses im Jahr 1950 zu unterscheiden, wurde dieser Prozess offiziell als »Rückbau« bezeichnet. Er schritt nur langsam voran, weil 20 000 Tonnen Stahl entfernt werden mussten; diese ruhten in einer »Badewanne« aus Betonstahl, die neun Meter tief in den nassen Sand des Spree-Ufers eingelassen war.[117] Wenn man den schweren Stahl entfernte, würde die Wanne an die Oberfläche treiben und den Fluss und die umliegenden Gebäude in Gefahr bringen. Deshalb musste sie geleert und mit Sand aufgefüllt werden. Die Gesamtkosten waren enorm und überstiegen 60 Millionen Euro. Der Beton des Palastes wurde geschreddert und an eine holländische Firma verkauft, die ihn zu Straßenbelag verarbeitete. Die Stahlträger wurden zersägt, auf Frachtkähnen verschifft, eingeschmolzen und verkauft, manche nach China, manche in die Türkei, wo der Palast als recycelter Stahl gekauft und später in die Spitze des Wolkenkratzers Burj Khalifa in Dubai eingebaut wurde.[118]

Am 28. November 2008, gerade als die letzten Spuren des Palastes beseitigt wurden, gewann der italienische Architekt Franco Stella den Wettbewerb um den Bau des Humboldt Forums. Sein Entwurf enthielt zahlreiche Zitate aus der italienischen Architektur – einen Mittelgang, der an den Hof der Uffizien in Florenz erin-

Abriss des Palastes der Republik. Stahlträger aus dem Palast, bevor sie auf einem Frachtkahn zum Recyclen abtransportiert wurden. Einige Teile des Stahls endeten im Wolkenkratzer Burj Khalifa in Dubai. Im Hintergrund der Fernsehturm. Berlin 2008.

nerte, und eine östliche Loggien-Fassade im italienischen rationalistischen Stil, der, im Rückgriff auf den Architekturstreit, als »faschistisch« kritisiert wurde. Die Entscheidung der Jury für Stella erfolgte ohne große Begeisterung, sondern eher in Ermangelung einer Alternative, da die anderen Bewerber ausgeschlossen wurden. Es gab keinen zweiten, sondern nur dritte Preise. Die fehlende Begeisterung hatte ihren Grund in den strengen Auflagen, welche die Bundesregierung den Architekten und der Jury gemacht hatte: Die äußere Form und die Fassaden des Originals durften nicht verändert werden. Zu allem Übel wurde auch noch das Budget auf unrealistische 552 Millionen Euro begrenzt, und jeder Entwurf, der von den Vorgaben abwich oder das Budget überstieg, wurde verworfen. Dies lief, wie es ein Mitglied der Jury formulierte, darauf hinaus, »alle Versuche einer kritischen Interpretation zu verhindern«.[119]

Dementsprechend gibt es eine Menge Widersprüche. Die aus dem 19. Jahrhundert stammenden Zimmerfluchten eines barocken Palastes entsprechen nicht den Bedürfnissen moderner Museen, und in jedem Fall ist zu wenig Platz für die umfangreiche und überdimensionierte Sammlung asiatischer Kunst und Artefakte, zu der auch 16 Meter lange polynesische Segelboote gehören. Wie seine Kritiker feststellen, »reproduziert« der auf das nicht-europäische Andere gelegte Schwerpunkt »den blinden Fleck in der Präsentation der ›Anderen‹, was für die Geschichte der ethnographischen Ausstellungspolitik konstitutiv ist«.[120] Über die Ausstellung hinaus reichte der ursprüngliche Bibliotheksetat kaum für einen Lesesaal aus, geschweige denn für Europas größte öffentliche Bibliothek. Letztendlich wurde das, was anfangs als demokratischer Impuls propagiert wurde – die offene Abstimmung des Deutschen Bundestags über den Wiederaufbau –, zu einer rigiden »Zwangsjacke«, die zu einem »politischen Statement mit all seinen Einschränkungen« führte, eine pointierte Ironie für ein Bauwerk, welches das Vermächtnis der staatlich gelenkten Architektur überwinden wollte.[121]

Trotz zahlreicher Hindernisse und Kritiken wurde das Humboldt Forum zu einer der mit größter Spannung erwarteten neuen kulturellen Institutionen, auch wenn es weiterhin reichlich Anlass zu Kritik und Parodie bietet.[122] In den fünf Jahren vor seiner Eröffnung im Jahr 2018 wurde das Schloss für Berlin zu einer neuen materiellen Realität. In seinem Schatten gibt es noch immer einige oppositionelle Gruppen, so wie den Freundeskreis Palast der Republik, der 2016 eine Ausstellung organisierte, um den 40. Jahrestag der Eröffnung des Palastes zu feiern. Dabei erinnerte der frühere DDR-Ministerpräsident Hans Modrow an die »großartigen Möglichkeiten« des Palastes und an »dessen Bedeutung als ein wahres Volkshaus in der DDR«.[123] Die Architekten und Künstler, die den Volkspalast geschaffen hatten, wandten sich – etwa mit der Kampagne zur Erhaltung des Flughafens Tempelhof – aussichtsreicheren Projekten zu. Eine kleine Anzahl von Kritikern hinterfragt weiterhin den Sinn und Zweck des Schlosses und des Humboldt Forums, so z. B. die Gruppe »Kein Schloss in meinem Namen«, das lose akademische Netzwerk »Alexandertechnik«, das Veranstaltungen organisiert, um auf den deutschen Kolonialismus und seine aktuellen Vermächtnisse aufmerksam zu machen, oder die ironisch-komödiantenhafte Initiative von Marion Pfaus, die eine Spendenaktion für den »Rückbau« des Schlosses im Jahr 2050 startete, wenn in guter hegelscher Manier der Kampf um Anerkennung die Richtung ändert und das Pendel der Geschichte zurückschwingt.[124]

Abschließend kehren wir zu der Grünanlage zurück, mit der wir das Kapitel begonnen haben. Für ein paar Jahre füllte sie die zeitliche Lücke zwischen dem Palast und dem Schloss und erinnerte an die Lücke zwischen dem ursprünglichen Schloss und dem Palast, als dieselbe riesige Fläche als Aufmarschplatz und Parkplatz diente. Nach dem Abriss des Palastes und vor Beginn der Errichtung des Schlosses verwandelte sich die zerstörte Landschaft plötzlich in eine schöne Grünanlage mit hölzernen Fußgängerstegen, welche die Grenzen der beiden fehlenden Bauten, die nahtlos ineinander übergingen, nachzeichneten. »Der Besucher wähnt sich auf einer Baustelle«, erklärte der Senat bei der Preisvergabe an relais Landschaftsarchitekten, den Sieger im Wettbewerb um die Parkgestaltung, »ohne zu wissen, was oder ob überhaupt gebaut wird.«[125] Subtil

Der Anti-Humboldt. Modell, das bei einer Veranstaltung der Gruppe »Alexandertechnik« in der Berliner Humboldt Universität präsentiert wurde. Das Bild ist eine Satire auf den Plan des Humboldt Forums, die nicht-europäische Sammlung aus Berlins Ethnologischem Museum in die Räume des wiederaufgebauten Schlosses zu verlegen, und imitiert eine bekannte maßstabsgetreue Modellattrappe des geplanten Wiederaufbaus. 11. Juli 2009.

vom Visuellen zum Auditiven wechselnd, arbeiteten die Architekten mit Künstlern zusammen, um »Tonspuren« zu kreieren, für die der Künstler Via Lewandowsky klatschende Hände aufnahm, welche die Geschichte des Ortes (Pferde, Kanonenschüsse, Märsche, Paraden) heraufbeschworen. Dieser Applaus, schrieb er, gilt nicht jemand Bestimmtem. »Es kann also nur um die Abwesenheit gehen.«[126] Einer der wenigen Überreste des Palastes war ein anonymes Graffito auf einer Grundmauer an der südöstlichen Ecke, das, während der Park lebte, langsam verblasste und verkündete, dass es die DDR niemals gegeben habe.

Grünanlage, ehemaliger Standort des Palastes. Park und hölzerne Fußgängerstege als Teil der Zwischennutzung des Palastgrundstücks, entworfen von relais Landschaftsarchitekten, Berlin. Im Hintergrund der Fernsehturm. 2009.

»Die DDR hat's nie gegeben.« Anonymes Graffito auf einer Grundmauer auf dem Gelände des früheren Palastes der Republik. Berlin 2008.

Mit der Einweihung des Humboldt Forums beginnt definitiv eine neue Ära für den Ort, an dem sich in Berlin erneut das Schloss erhebt und noch auf die Vollendung der Fassade wartet. Doch für eine kurze Zeit zwischen 2008 und 2012 sorgte die Leere zwischen den beiden Bauwerken für eine merkwürdig heitere Offenheit. Einige Jahre lang fehlte dem Signifikat, der Idee von Berlin, ein Signifikant, ob als Palast oder als Schloss. Für eine Weile gab es am Ende des Boulevards Unter den Linden tatsächlich »nichts«, wie Siedler 1992 schrieb. Vielleicht ist es dieser fehlende Signifikant, der mehr als jeder Versuch, ihn zu ersetzen, das Vermächtnis Berlins darstellt.

## Die Mauer nach der Mauer

Empirische Fragen über Erinnerung und Materialität sind eingebettet in Fragen über das Verhältnis von Raum und Zeit: Um als Symbol der Vergangenheit sichtbar gemacht zu werden, muss eine Stätte in eine raumzeitliche Beziehung zur Gegenwart gesetzt werden. Sie muss de- und rekodiert werden, ein Prozess, der an Deleuzes und Guatarris räumliche Metaphern der De- und Reterritorialisierung erinnert.[1] Ihre berühmten Metaphern lenken die Aufmerksamkeit auf die herausragende Rolle, die der Staat und die Kräfte, die ihm Widerstand leisten, in der Gestaltung unserer heutigen Begegnungen mit dem historischen Gedächtnis spielen. Im Zusammenhang mit Erinnerungsstätten wäre es jedoch vielleicht hilfreich, die räumliche Metapher durch eine zeitliche zu ersetzen und von De- und Retemporalisierung zu sprechen.

Dieses Kapitel schaut auf das Schicksal der Berliner Mauer nach der Wiedervereinigung, um den Einfluss der Erinnerung als »Hüterin der Tiefe der Zeit und der zeitlichen Distanz«, so Paul Ricœurs treffende Formulierung, in den Blick zu nehmen.[2] Zwischen dem 9. November 1989, dem Tag ihrer Öffnung, und dem 30. November 1990, dem offiziellen Datum ihres vollständigen Abrisses, schien die einst fast unüberwindliche 155 Kilometer lange Grenze mit einem historischen Wimpernschlag zu verschwinden. Sie hatte 26 Jahre lang als die berüchtigtste Grenze des Kalten Krieges bestanden, fast genauso lange, wie es dauerte, bis sie zu einer Erinnerungsstätte wurde. Dieses Kapitel untersucht, wie im Laufe eines Vierteljahrhunderts eine der politisch machtvollsten Grenzen der Welt verschwand und als Stätte einer anderen Art von Politik wieder auftauchte.[3] Es befasst sich mit drei wichtigen Erinnerungsstätten – der Gedenkstätte Berliner Mauer an der Bernauer Straße, dem Checkpoint Charlie und der East Side Gallery, von denen jede anfangs aus Bottom-up-Aktionen hervorging, die später vom Staat in der Rolle des Hüters der nationalen Erinnerung verdrängt wurden. An jedem dieser Standorte sehen wir, dass die Mauer, nachdem sie detemporalisiert, aus der Zeit genommen worden war und in einer

Die Berliner Mauer und ihre wichtigsten Gedenkstätten.

ansonsten aufblühenden Erinnerungslandschaft eine zu Beginn relativ untergeordnete Rolle gespielt hatte, retemporalisiert und auf neue, oft antagonistische Weise der Aneignung zugänglich gemacht wurde.

## Zeiträume

Bei der Entwicklung der kollektiven Erinnerung steht die Temporalität im Mittelpunkt dieses Tanzes der Dekodierung und Rekodierung des Raums: Erinnerungsstätten spielen auf komplexe Weise mit der Zeit, indem sie dafür sorgen, dass die Vergangenheit sichtbar und in der Gegenwart verständlich bleibt, indem sie Narrative pflegen und Gefühle vermitteln. Erinnerungsstätten befassen sich mit dem Umrahmen von Zeit oder dem Zeitraum. Anders als die Raumzeit, womit die Physiker die Verschmelzung der Zeit mit dem dreidimensionalen Raum zu bezeichnen pflegen, könnte man sich den Zeitraum vorstellen als die Dis- und Relokation von Zeit und Raum, die notwendig ist, damit die Vergangenheit an einem besonderen Ort zur Gegenwart wird.

Diese Dis-/Relokation verfolgt eine sehr spezielle Absicht: Sie will verhindern, dass ein besonderer Ort vollständig in die Gegenwart integriert wird und deshalb als Erinnerungsstätte unmarkiert ist. Eine Erinnerungsstätte muss als solche markiert werden und trotz aller Veränderungen sichtbar bleiben. Deshalb muss sie mithilfe der Temporalität das Vergehen der Zeit bekämpfen. Damit eine Lücke leer, aber voller Bedeutung bleibt, muss man Robert Musils überall zitierte Warnung vor der Unsichtbarkeit von Denkmälern beherzigen.[4] Daher muss eine Erinnerungsstätte paradoxerweise vor dem Verschwinden bewahrt werden und eine produktive Spannung kultivieren, die sich um ihre fragile Leere sammelt, so wie wenn baufällige Ruinen der Konservierung bedürfen oder Erinnerungen verloren zu gehen drohen.[5] Wir können dies als »Abschottung der Erinnerung« bezeichnen sowohl im Sinne der Verhinderung ihres Verschwindens als auch der Bemächtigung durch diejenigen, die sie als ihr rechtmäßiges Eigentum beanspruchen. Den Raum für die Erinnerung zugänglich zu halten, wie auch immer dies erreicht wird, kostet Mühe. Es erfordert die Arbeit des Negativen (in Anlehnung an Michael Taussig, der sich auf Hegel stützt), um einen Kampf mit der Mehrdeutigkeit aufzunehmen, da der Raum zwischen Anwesenheit und Abwesenheit oszilliert.[6] Diese Arbeit schafft eine Erinnerungsstätte und lässt sich vielleicht genauer als ein aktives »Einrichten« benennen. Wie die vorherigen Kapitel zu zeigen versuchten, geschieht weder das Verschwinden noch das Wiederauftauchen von selbst, sondern durch Akte der Aneignung.

## Detemporalisierung

Als Berlin sich zuerst darum bemühte, seine Teilung zu überwinden, war es nicht selbstverständlich, dass der Mauer eine wichtige Rolle in Berlins überaus reicher Erinnerungslandschaft zukommen würde. In den Jahren nach der Vereinigung wuchs die Stadt allmählich immer weiter zusammen, und es gab keine Pläne für eine von der Bundesregierung finanzierte Mauergedenkstätte. Die eindeutig wichtigsten Aufgaben der Regierung waren die Wiederherstellung der Verkehrsverbindungen und die Beschaffung neuer Einnahmen, indem sie die Mauergrundstücke für eine kommerzielle Nutzung verkaufte. Die geeinte Stadt beschlagnahmte nicht nur das ihrer Kontrolle unterstehende Grenzland: Selbst die früheren Eigentümer der 750 Grundstücke, die von der kommunistischen Regierung für den Bau der Berliner Mauer konfisziert worden waren, hatten nur geringe rechtliche Ansprüche auf die Rückgabe ihres Besitzes.[7] Im Jahr 1992 verwarf der Berliner Senat ausdrücklich jeden Plan, die Grenze zu erhalten, und entschied sich stattdessen dafür, das Konzept der »kritischen Rekonstruktion« zu unterstützen, wonach, wie im letzten Kapitel diskutiert, die Einheit durch Abriss und das Auffüllen von Lücken hergestellt werden sollte.[8]

Der erste Berliner Flächennutzungsplan nach der Wiedervereinigung aus dem Jahr 1994 ignorierte schlichtweg die tödliche Demarkationslinie. Die räumlichen Spuren der Mauer waren nicht als bedeutendere offizielle Orte der Erinnerung vorgesehen, sondern sollten im Zuge neuer Pläne beseitigt, nicht aber wahrgenommen und in die Landschaft integriert werden. Wie Carolyn Loeb es formulierte, schauten die Städteplaner »eher durch die Mauerzone statt direkt auf sie«, um sich die Stadt als ein Ganzes vorzustellen.[9] Die Mauer bei den Planungen zu ignorieren, war eine Möglichkeit, ihre noch vor kurzem furchterregende Macht weiter zu verharmlosen. Doch der Neuaufbau wurde durch Eigentumsstreitigkeiten häufig verschoben oder blockiert. Das Ergebnis war nicht die nahtlose Wiedereingliederung der Grenze in die Stadt. Stattdessen wurden große Teile der früheren Grenze anscheinend aufgegeben, ihr Beton verschwand in einer Zickzacklinie in meist ödem Gelände, sie wand sich durch die Stadt und wartete auf Entwicklung.

Ohne Anspruch auf den formalen Status einer Gedenkstätte blieb die frühere Grenze bereit für eine Wiederaneignung durch Unternehmer, Abenteurer, Besetzer und die Jugend der Stadt. In den ersten Sommern nach der Vereinigung strömten Tausende von meist jüngeren Berlinern und Touristen zu den karibische Namen tragenden »Stränden«, die im früheren Todesstreifen am Flussufer der Grenzanlagen entstanden. An den Stränden, für die man Sand von der Ostsee und aus dem nahen Brandenburg herangeschafft hatte, erinnerten lange Reihen von weißen Liegestühlen an die Panzerfallen, die einst den Todesstreifen säumten. Diese Strände stellten die Logik der Grenze auf den Kopf, indem sie das bedrohliche Niemandsland dadurch zugänglich machten, dass sie es an einen ganz anderen Ort versetzten – die Tropen im städtischen Norden. Der »Oststrand« warb mit 4500 Quadratmetern weißem Sand, mit sich überall erhebenden Palmen und über 600 Liegestühlen. Auf mehr oder weniger friedliche Weise füllten sich die Orte, zu denen 26 Jahre lang nur Grenzposten und Kaninchen Zugang hatten, mit Leben. Im Jahrzehnt nach der Vereinigung, als erbitterte Debatten über die Errichtung des Mahnmals für die ermordeten Juden Europas (an der früheren Mauer auf einem der größten freien

Plätze im Stadtzentrum – dem ehemaligen Todesstreifen) geführt wurden und Denkmäler und Gegendenkmäler überall in der Stadt aus dem Boden schossen, kam die Mauer als Gedenkstätte in den offiziellen Diskursen weiterhin nicht vor.

### Die Rückkehr zur Sichtbarkeit

Im Vorfeld der Abgeordnetenhauswahlen von 2001 kehrte die Mauer in den öffentlichen Diskurs zurück. Damals fiel ein hart geführter Wahlkampf zwischen den regierenden Konservativen und ihren linken Herausforderern mit dem 40. Jahrestag des Mauerbaus am 13. August 1961 zusammen. Zum ersten Mal konnte die Nachfolgepartei der ostdeutschen Kommunisten, die damalige PDS (Partei des Demokratischen Sozialismus, heute die Partei »Die Linke«), eine wichtige Rolle spielen und den Sozialdemokraten nach immerhin 20 Jahren (einer nicht gerade kurzen Unterbrechung) zur Rückkehr an die Macht verhelfen. Falls die PDS sich der vermeintlichen Verantwortung für die Mauer tatsächlich entledigen und zeigen könnte, dass sie sich für aktuelle Bürgerrechtsfragen einsetzte, würde dies neue Möglichkeiten für eine Koalition mit den Sozialdemokraten in Berlin eröffnen und eines Tages vielleicht sogar auf nationaler Ebene.

Die Konservativen waren sich dieser Gefahr voll und ganz bewusst. Das Verteufeln von PDS-Politikern wurde, wie ein Beobachter feststellte, zu einer eigenen ritualisierten Form der Politik.[10] Das führte dazu, dass die Mauer im Wahlkampf politisch stark instrumentalisiert wurde und in die Erinnerungslandschaft Berlins Eingang fand. »WAHLKAMPF IN BERLIN – Es gäbe viele Themen über die man reden könnte, gestritten aber wird nur über die Mauer«, lautete eine Schlagzeile der Tageszeitung *Berliner Zeitung*, und im Artikel hieß es: »Es scheint, als hänge die Zukunft Berlins davon ab, von seiner, von dieser Vergangenheit zu reden, so zupackend und wütend haben sich die Parteien des Themas bemächtigt.«[11]

Zum Entsetzen der Konservativen schloss die PDS tatsächlich

eine Koalition mit den Sozialdemokraten, gewann die Wahlen und ermöglichte die erste linksgerichtete »rot-rote« Regierung in Berlin. Ein Ergebnis war ein schwelender symbolischer Krieg, der sich auf die Mauer als Stellvertreterin für die Verunglimpfung der Linken konzentrierte. Die Konservativen waren begierig danach, die neue Regierung in eine unmögliche Situation zu bringen, und fanden die Gelegenheit, nach der sie suchten, als 2004 am Checkpoint Charlie das umstrittene Freiheitsmahnmal errichtet wurde. Es stammte von der ukrainischen Künstlerin Alexandra Hildebrandt, der Witwe Rainer Hildebrandts, des Gründers eines berühmten, eigenwilligen privaten Museums, das am Checkpoint Charlie der Mauer gewidmet war.[12] Bis Ende 2004 hatte Hildebrandt an der früheren Grenze schräg gegenüber dem Museum ein Stück Brachland gepachtet, das trotz ehrgeiziger Pläne unbebaut geblieben war (ein typisches Ergebnis des Flächennutzungsplans für die Mauer in den frühen 1990er Jahren).[13] Sie ließ originale Mauersegmente von anderen Orten herbeischaffen, an einem Standort abseits des ursprünglichen Verlaufs der Mauer aufstellen und auf einem Kiesfeld davor 1065 schwarze Kreuze errichten.

Die Christdemokraten und Opferverbände nahmen sich dieses »Denkmals« leidenschaftlich an. Historiker und Denkmalschützer lehnten es ab, kritisierten es als historisch ungenau, irreführend, manipulativ, als Lockvogel für das Museum und Beitrag zur disneyhaften Atmosphäre der Örtlichkeit.[14] Die Zahl derer, die an der Mauer getötet worden waren, beläuft sich auf etwa 200, je nachdem, ob man die Selbstmorde und die ums Leben gekommenen Grenzposten mitrechnet.[15] Laut Hildebrandt standen die 1065 Kreuze für sämtliche Opfer des kommunistischen Regimes. Dass sie nicht unmittelbar an der Mauer getötet wurden, war unerheblich, denn, wie sie es formulierte, stünde »das Holocaust-Denkmal auch nicht dort [...], wo der Holocaust stattgefunden hat«.[16] Als Hildebrandt ihr Projekt als ein (in ihren Worten) »Pendant« zum Denkmal für die ermordeten Juden Europas (d. h. dem Holocaust-Mahnmal, das damals gerade fertig wurde) beschrieb, wurden die 2711 Betonstelen des Holocaust-Mahnmals in einen direkten Ver-

Schwarze Kreuze am Checkpoint Charlie. Das maßstabsgetreue Modell des Freiheitsmahnmals im Mauermuseum zeigt Alexandra Hildebrandts umstrittenes Projekt aus dem Jahr 2004, mit dem sie am Checkpoint Charlie mit schwarzen Kreuzen an den Tod von 1065 Personen unter dem DDR-Regime erinnern wollte. 2009.

gleich mit ihren – ein paar Häuserblocks entfernten – 1065 Kreuzen gebracht; beide Denkmäler befinden sich im früheren Niemandsland.

Der Senat der Stadt fühlte sich genötigt, sich von Hildebrandts Mahnmal zu distanzieren. Diese reagierte darauf mit dem Hinweis, dass es, wie sie es formulierte, sonst nichts gebe, womit der Mauer in einer ansonsten robusten Erinnerungslandschaft gedacht werde. »Damit allerdings hat sie Recht«, stimmte sogar die linksgerichtete *Tageszeitung* in jenem Herbst 2004 zu, denn: »Den politischen Entscheidungsträgern, den Senatoren für Stadtentwicklung und Kultur, fehlt es bis heute an einem einheitlichen und übergreifenden Konzept für das Gedenken.«[17] Das Fehlen eines Erinnerungskonzepts für die Mauer war das Ergebnis einer über zehnjährigen Senatspolitik, meist der Konservativen, und jetzt befand sich die linke Regierungskoalition hinsichtlich des Freiheitsmahnmals in einer politisch heiklen Situation, insbesondere seitdem Thomas Flierl, der Kultursenator, die kommunistische Nachfolgepartei vertrat.

Die Situation spitzte sich zu, als Hildebrandt sich weigerte, das Grundstück zu räumen, nachdem sie sich vergeblich um eine Pachtverlängerung bemüht hatte. Die Berliner Regierung war daher rechtlich verpflichtet, die Stätte zwangsweise räumen zu lassen, um die Rechte des Eigentümers zu schützen, auch wenn keine sofortige andere Nutzung in Sicht war.[18] Dies führte, wie nicht anders zu erwarten, zu einem Showdown, der durch einen Dauerregen in der Nacht des 3. Juli 2005 beeinträchtigt wurde. Der Generalsekretär der Berliner Christdemokraten, Frank Henkel, sagte der Presse, dass »die CDU gekommen ist, weil wir nicht klaglos hinnehmen wollen, dass dieser barbarische Akt des Abreißens stattfinden soll«.[19] Ein paar frühere ostdeutsche Häftlinge ketteten sich bis tief in die Nacht an die Kreuze, ein Priester versprengte Weihwasser, Touristen gafften, und die Polizei sperrte die Straße ab, während Opferorganisationen, Politiker und Vertreter der U. S. Republican Party Abroad protestierten, bis am 4. Juli 2005 (ein Datum, das die Republikaner als absichtlichen Affront interpretierten), kurz nach Tagesanbruch, Arbeiter der Stadt in gelben Regenjacken die Kreuze behutsam auf Lastwagen verluden und die Stätte räumten.

## Das Senatskonzept

In Reaktion auf dieses PR-Fiasko präsentierte der Berliner Senat seine ersten Ideen für ein »umfassendes Konzept« zur Erinnerung an die Mauer, sechs Monate nach Hildebrandts Versuch des Gedenkens und 16 Jahre nach der Wiedervereinigung. Das Konzept bot der Regierung der Stadt die Möglichkeit, das negative Bild von Hildebrandts Freiheitsmahnmal zu korrigieren, und wurde unter der gewissenhaften Leitung von Flierl und mit Unterstützung prominenter Wissenschaftler, Aktivisten und Spezialisten sorgfältig ausgearbeitet. Nach diesem Mauer-Konzept sollte eine Reihe von Erinnerungsknoten über die Stadt verteilt werden, die sich zu einem historischen Ganzen kombinieren ließen oder über die man in unterschiedlicher Weise reflektieren konnte. Sie konnten rückwärts oder vorwärts gelesen, jederzeit absichtlich oder zufällig betreten und mit Geschichten aus der Zeit vor und nach der Mauer verbunden werden. Gemeinsame Markierungen (Logos, Schrifttypen, Farben, Materialien) sollten sie, von Websites virtuell begleitet, als Netzwerk lesbar machen. Tatsächlich war es eher so, dass das aufgeteilte Denkmal das Design einer Website imitierte, als dass die Website das Denkmal darstellte.[20]

Das Konzept, das im Jahr 2006 von der Stadt mit Unterstützung der Bundesregierung genehmigt wurde, versuchte das Sammelsurium aus – hinsichtlich ihrer Sichtbarkeit, ihres Erhaltungszustands und ihrer Bedeutung unterschiedlichen – Mauerüberresten zu einem Ganzen zu integrieren.[21] Zu ihnen gehörten drei mit der Mauer verbundene Hauptstandorte (Checkpoint Charlie, das Brandenburger Tor und die Gedenkstätte Bernauer Straße), sechs kleine Ad-hoc-Gedenkstätten für die Opfer (Hildebrandts Mahnmal nicht eingerechnet), zwei Wachtürme, die frühere Grenzkontrollhalle, der sog. Tränenpalast (damals als Konzerthalle genutzt), ein erhaltenes Teilstück der Mauer, die sog. East Side Gallery, und ihr düsteres Echo in der Niederkirchner Straße, wo ein pockennarbiger Streifen mit den ausgegrabenen Fundamenten des direkt darunter befindlichen Gestapo-Hauptquartiers ein gespenstisches Double bildete, das als Teil der Gedenkstätte Topographie des Terrors erhalten war. Dies waren alle relevanten Mauerüberreste. Das Konzept schloss auch drei bedeutende Grünflächen mit ein, einen fünf Kilometer langen Kopfsteinpflasterweg, der den Verlauf der Mauer im Zentrum Berlins nachzeichnet, eine vom Senat der Stadt gesponserte Geschichtsmeile mit historischen Informationen in allen

Kopfsteinpflasterweg. Eine doppelte Reihe von Pflastersteinen führt, dem Verlauf der früheren Berliner Mauer folgend, durch die Mitte Berlins. Obwohl hier und da kleine – über die Bedeutung Auskunft gebende – Metallplaketten in den Boden eingelassen sind, verstehen viele Leute häufig nicht sofort, was die Steine darstellen. 2009.

Sprachen des besetzten Berlins sowie ein Kunstprojekt an den ehemaligen Grenzübergangsstellen.

Um mit dieser Diversität umgehen zu können, gliederte das Konzept die Mauer in ihre symbolischen Komponenten und ordnete speziellen Örtlichkeiten bestimmte Erinnerungsfunktionen zu. Die Gedenkstätte Bernauer Straße war die Erste unter Gleichen und betonte die Auswirkung der Mauer auf die Stadt Berlin. Das Brandenburger Tor, das, wie im Konzept vermerkt, »einen höheren Bekanntheitsgrad (hat) als die Mailänder Scala und der Vatikan«, stellt die Überwindung der Teilung Deutschlands in den Vordergrund. Unweit des neu gestalteten Potsdamer Platzes zeigt die erhaltene Mauer über der Ausstellung Topographie des Terrors die historischen Schichten Berlins, insbesondere die Nazi-Zeit. Ein paar Hundert Meter weiter östlich rückt Checkpoint Charlie die Mauer in den Kontext der globalen Geopolitik und des Kalten Krieges, während die East Side Gallery das Mauererbe der Straßenkunst und die Freiheit als künstlerischen Ausdruck repräsentiert.

Eingebettet in diese Mauerkette sind sekundäre Stätten, wie etwa Wachtürme oder einzelnen Personen gewidmete Denkmäler, die vor allem diejenigen zu sehen bekommen, die sich von Karten, Apps oder Reiseführern leiten lassen. Zwei zusätzliche Standorte unterbrechen den Verlauf der Mauer: zum einen der Tränenpalast, seit 2011 ein Museum, das von der – von der Bundesregierung finanzierten – Stiftung Haus der Geschichte in Bonn betrieben wird und die Teilung Deutschlands zeigt, und zum anderen das ehemalige Notaufnahmelager für Ostflüchtlinge im Bezirk Marienfelde. Ein äußerer Ring von ähnlichen Stätten umfasst schließlich noch die Zentrale und die Haftanstalt des Ministeriums für Staatssicherheit, Museen über die westlichen Alliierten und die deutsch-russische Geschichte sowie weitere Grenzübergangsstellen und Wachtürme. Der 2008 gegründeten Stiftung Berliner Mauer unterstanden zunächst nur die Bernauer Straße und Marienfelde, 2013 kam die East Side Gallery hinzu. Das Konzept wollte also eine Vielfalt von Stätten unter verschiedenen Formen privater und staatlicher

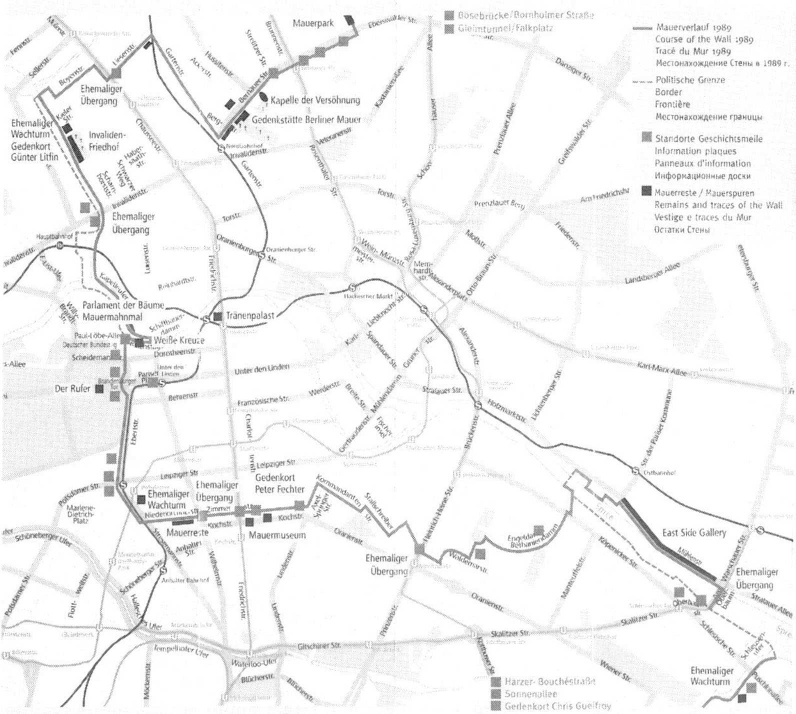


Der historische Verlauf der Berliner Mauer. Die von der Stiftung Berliner Mauer herausgegebene Karte zeigt die wichtigsten Gedenkstätten. Checkpoint Charlie ist namentlich nicht eigens erwähnt.

Eigentümerschaft in ein umfassendes Gedenkstättennetzwerk integrieren.[22]

Das Konzept glich die Temporalität der früheren Mauerbereiche an ihre wachsende Sichtbarkeit an. »Es steht außer Frage«, hieß es in der ursprünglichen Vorlage, »dass die gegenwärtig bruchstückhafte Erinnerungslandschaft in ihrem Wildwuchs das öffentliche Interesse an einer reflektierten Erinnerung auf Dauer nicht angemessen befriedigen kann.«[23] Auf diese Weise versucht das Konzept die Temporalität der »reflektierten Erinnerung« zu verlagern und sie in ein kontrolliertes Wachstum einzubetten. Drei wichtige Stätten insbesondere innerhalb ihrer diskursiven Geltung – Bernauer Straße, Checkpoint Charlie und die East Side Gallery – bilden drei Typen der Retemporalisierung in der heutigen Stadt als Gedenkstätten, und diesen wenden wir uns nun zu.

## Die Gedenkstätte Berliner Mauer in der Bernauer Straße und die Temporalität des Traumas

Anders als das Brandenburger Tor oder Checkpoint Charlie mit ihren politischen und populären kulturellen Rollen war die Bernauer Straße während des Kalten Krieges kein international bekannter Name, dennoch war sie der Ort für symbolträchtige Bilder: ein Grenzposten etwa, der sich mit einem Sprung über den Stacheldraht aus der DDR absetzt, Menschen, die aus Fenstern in den Westen springen, und die dramatische Sprengung der Versöhnungskirche im Jahr 1985, mit der mehr Platz für den Todesstreifen geschaffen werden sollte. Als einer der wenigen noch verbliebenen Orte, der die ganze Tiefe der Maueranlage jenseits ihrer westlichen Fassade zeigte, war dieses Teilstück besser als jedes andere für ein größeres Denkmal geeignet. Der Ort profitierte von den Jahren des Aktivismus, der sorgfältigen Planung und Öffentlichkeitsarbeit und wurde folglich zur zentralen Stätte für die rituelle Erinnerung an den Mauerbau, zu einer Fundgrube für materielle und archivarische Erhaltung und zu einer persönlichen Begegnungsstätte. Seine Form und Aura sind stark beeinflusst vom Ethos seines glühendsten Befürworters, des inzwischen verstorbenen Pfarrers Martin Fischer, sowie des Leiters der Stätte, Axel Klausmeier, eines Kunsthistorikers, der zusammen mit Leo Schmidt die Reste der Mauer umfassend dokumentierte und eine Dissertation über die englische Architektur des 18. Jahrhunderts verfasst hatte. Trotz seiner enormen Größe versucht der Ort, bescheiden zu sein und monumentale Gesten zu vermeiden. Die Gedenkstätte Bernauer Straße ist ein Monument für die Herausforderungen der Monumentalisierung. Mit der stillen Aura eines heiligen Ortes ist sie zur nationalen Hüterin der traumatischen Erinnerung an den Kalten Krieg geworden.

So wie bei jeder Stätte des materiellen Erbes besteht die Herausforderung hier darin, ihr Wesen in einer Zeit zu erhalten, die sich von der unterscheidet, in der sie einen Sinn hatte. Für Klausmeier bedeutet dies eine strikte Beachtung der Authentizität: Die Authentizität ist fragil und untrennbar mit Vertrauen verbunden: »Mit der Handlungsrichtlinie ›keine Rekonstruktion‹«, so schreibt er, »kann jeglicher Zweifel der Besucher an der Authentizität des Ortes vermieden werden. Denn wenn sich das materielle Zeugnis selbst in Teilen als Fälschung erweist, zerstört es die Glaubwürdigkeit der Gesamtanlage und stellt die Wahrheit seiner Geschichte in Frage.«[24] Authentizität muss jedoch bewusst produziert werden, denn, wie Aleida Assmann feststellt: »Die Konservierung der Orte im Interesse der Authentizität bedeutet unweigerlich einen Verlust an Authentizität.«[25]

Das Schlagwort »keine Rekonstruktion« bedeutet somit nicht, dass man die Stätte dem Verfall preisgibt. Ganz im Gegenteil: Originale Ruinen und Überreste werden betont, konserviert und ergänzt. Bei der Authentizität ist der entscheidende Aspekt nicht die materielle Treue, sondern das, was die Treue indiziert: »Die Wahrheit der Geschichte«, wie es Klausmeier formulierte. In der Bernauer Straße wird die Authentizität durch die Logik des Antidenkmals erreicht, indem die beiden für Berlin typischen Formen der Leere, die Andreas Huyssen untersucht hat, zusammengebracht werden: urbane Lücken, die durch historische Umstände (Krieg, Teilung) entstanden sind, und architektonische Lücken, die im Echo dieser Leere als ästhetische Interventionen geschaffen wurden.[26] In dieser doppelten Lücke zeigt die Bernauer Straße viele verschiedene Versionen der Mauer gleichzeitig – die Mauer als Ruine, als abstrakte Darstellung, als plumpe realistische Restaurierung, als subtile archäologische Spur, als Räume zwischen Gebäuden. Damit ist keine der Versionen dazu geeignet, »die Betrachter von ihrer Erinnerungslast zu befreien«, wie es James Young einmal formulierte.[27] Trotz realistischer Elemente ist die Wirkung insgesamt die eines

Antidenkmals, welches das persönliche Verhältnis des Betrachters zu den Ereignissen, derer gedacht wird, herstellt und fördert, unabhängig vom Alter, von der Herkunft und der politischen Einstellung des Besuchers.

Wie alle Antidenkmäler legt auch dieses großen Wert auf die Konvergenz von Sicht und Stätte, auf die Sichtbarmachung verborgener Vergangenheiten bei gleichzeitiger Aufrechterhaltung seiner eigenen Sichtbarkeit. Dafür bedient sich das Denkmal des ihm zugrunde liegenden Narrativs des Traumas – von Teilung, Trennung, Tod, Einschüchterung und Hilflosigkeit –, um einen 1,3 Kilometer langen Parcours entstehen zu lassen, der den Besucher mit verschiedenen, strategisch geschickt platzierten Überresten, Objekten, Bildern und Exponaten verbindet. Durch sein Design schafft er, im Sinne von Cathy Caruth, das räumliche Äquivalent zur Temporalität des Traumas, als Lücke zwischen dem ursprünglichen Ereignis (wie auch immer definiert) und dem Augenblick der Erinnerung daran.[28] Wenn die Architektur versucht, diese Temporalität des Traumas einzufangen, favorisiert sie eine unheimliche und nicht-erlösende Form, die das Unsichtbare in etwas Sinnliches und Materielles verwandelt. Wie bei Daniel Libeskinds Leerräumen und beim Holocaust-Turm im Jüdischen Museum Berlin schafft das Mauerdenkmal eine Leere, die nicht gefüllt werden kann, einen Raum, der sich nicht gänzlich lokalisieren lässt, ein Faktum, das sich einer einfachen Interpretation verweigert. Es nutzt die urbane Leere des Todesstreifens als seinen architektonischen Raum und ergänzt ihn mit subtil symbolischen, nicht-erlösenden Strukturen und Markierungen, die in identischen rostroten Cortenstahl, ein wetterfestes, oxydiertes Metall, eingehüllt sind.

Dieses Design stellt direkte ästhetische Verbindungen mit anderen bedeutenden Berliner Anti-Gedenkstätten her (mit Libeskinds Jüdischem Museum und Peter Eisenmans Denkmal für die ermordeten Juden Europas), ohne Gleichwertigkeit anzustreben oder mit ihnen konkurrieren zu wollen. Vielmehr weitet es deren Aura aus, ergänzt sie und wird Teil einer globalen Trauma-Architektur, die, wie Roann Barris feststellt, »nicht die traumatische Erzählung (re-

Stahlstäbe markieren die Berliner Mauer. Cortenstahlstäbe in der Gedenkstätte Bernauer Straße. Berlin. 2014.

präsentiert). Stattdessen schafft es diesen unheimlichen Augenblick zu wissen, was man nicht weiß oder wissen will. Diese Räume, die weder symbolisch noch hermetisch sind, sind Räume, die Bewegungsmuster, Gedanken und Gefühle hervorrufen, ohne auf das Gedächtnis des Besuchers oder die direkte, persönliche Erfahrung des Traumas zu verweisen.«[29]

Der Besucher, der sich von Westen her nähert, kommt über eine leere parkähnliche Fläche, auf der die Mauer wie auf einem Zeitrafferfoto Gestalt annimmt. Einzelne Stahlstangen erheben sich in einem grasbedeckten offenen Raum. Sie sind weit genug voneinander entfernt, um einen Durchgang zu gestatten, bilden aber von der Seite betrachtet eine solide rostige Wand. Die rostroten Stahlstangen verschwinden in den Ruinen der Mauer, die in dem verfallenen Zustand, den sie kurz nach der Wiedervereinigung hatte, erhalten ist: angeschlagen, erodiert, besprüht, ungeschützt, zahnlos, ganze Platten fehlen. Im Gegenzug wird diese trümmerhafte Mauer zu

Nationales Denkmal Berliner Mauer. Das einzige noch erhaltene (restaurierte) Stück der Mauer zeigt die volle Tiefe der Grenzanlage sowie die äußeren (nach Westen gerichteten) und inneren (nach Osten gerichteten) Mauern. Teil des Berliner Mauerdenkmals. 2012.

der Mauer, wie sie einst bestand. Diese Gedenkstätte besteht aus einem 70 Meter langen Streifen, der die Tiefe der Grenzanlage umschließt. Errichtet von den Architekten Kohlhoff und Kohlhoff will sie die Fantasie anregen: Niemand darf den früheren Todesstreifen mit dem geharkten Kontrollstreifen, dem Patrouillenweg, dem Wachturm, den Lampen und der kleineren intakten Innenmauer betreten.[30] Nur dieser Bereich ist als »nationales Denkmal« ausgewiesen. Eine Aussichtsplattform auf der anderen Straßenseite ermöglicht aus der Vogelperspektive einen Blick auf die Mauer und fügt der Gedenkstätte eine kraftvolle Dimension (und einen stark zunehmenden Besucherverkehr) hinzu. Hinter diesem Überrest in originaler Größe wird die Mauer wieder zu rostroten Stahlstäben, bevor sie sich in Büschen und Bäumen gänzlich verliert. Die Gedenkstätte konnte diesen letzten Teil des Geländes nicht vollständig erwerben, und so wird das Mauergelände von neuen eleganten Häusern, einem temporären Zirkus, einem Parkplatz, Brachflächen und Baustellen zunehmend in Beschlag genommen, bevor es an den quirligen Flohmärkten und Imbissständen des trendigen Mauerparks endet, einer sich am früheren Todesstreifen entlang ziehenden beliebten Grünanlage für junge Berliner und Touristen.

Auf beiden Seiten des Nationaldenkmals lenken zwei zusätzliche Mahnmale die Aufmerksamkeit auf die menschliche und räumliche Besonderheit der Mauer: Das »Fenster der Erinnerung« verleiht den Opfern, die an der Mauer starben, anhand von Fotos ein Gesicht: Es betont gleichzeitig ihre frühere Unsichtbarkeit durch verschollene Fotos von weitgehend unbekannten Opfern und wird so für die tödliche Seite des Kalten Krieges ein eindrucksvolles Gegenstück zum Grabmal des unbekannten Soldaten, während ein Stein daneben die Namen von Grenzsoldaten auflistet, die im

Kapelle der Versöhnung. Sie wurde an der Stelle der früheren Versöhnungskirche errichtet, die von der ostdeutschen Regierung zerstört wurde, um die Mauer zu erweitern. 2014.

Dienst starben. Dieses »Fenster« ist die Stätte für die jährlichen Gedenkfeiern zum 13. August 1961 und fungiert als Ort für die nationale Trauer über die menschlichen Opfer der Teilung.

Auf der anderen Seite des Nationaldenkmals erhebt sich die ovale postmoderne Kapelle der Versöhnung (entworfen von Peter Sassenroth und Rudolf Reitermann, erbaut von Martin Rauch) inmitten eines sanft wogenden kleinen Roggenfeldes. Durch ihre hölzernen Lamellen fällt warmes Licht, und sie erinnert an eine einladende Lampe. Dieses leicht abstrakte Gebilde befindet sich dort, wo die ostdeutsche Regierung eine Kirche sprengte, um den Todesstreifen zu vergrößern. Auch wenn hier Gottesdienste abgehalten werden, ist die Kapelle genau genommen keine Rekonstruktion und auch nicht nur ein Denkmal, sondern ihr spiralförmiger Eingang ist fast wie ein Meditationsweg. Sie markiert den Raum, ohne Anspruch auf ihn zu erheben. Weit hinten in der Kapelle sieht man wie auf dem Grund eines Brunnens eine entschärfte amerikanische Bombe aus dem Zweiten Weltkrieg.

## Das Checkpoint-Charlie-Erlebnis

Die Bernauer Straße ist um die Temporalität des Traumas herum organisiert – das Intervall zwischen dem ursprünglichen Ereignis und seinem Gedenken in Form einer neu geschaffenen »authentischen« Begegnungslandschaft. Im Gegensatz dazu ist Checkpoint Charlie um eine zweite Form der Temporalität herum organisiert: das Intervall zwischen der Zerstörung des ursprünglichen Raumes und seiner Umfunktionierung. Checkpoint Charlie ist nicht primär ein Ort des Traumas, sondern wird zu einem Raum der Antizipation, der immer darauf wartet, dass etwas geschieht. Bekanntlich standen sich hier im Jahr 1961, während des Kalten Krieges, sowjetische und amerikanische Panzer gegenüber. Nach der Wiedervereinigung blieb der Raum leer, nicht weil zivilgesellschaftliche Gruppen ihn, wie in der Bernauer Straße, vor einer Erschließung schützen wollten, sondern weil ehrgeizige Immobilien-Deals für (unter anderem) den Bau eines »amerikanischen Geschäftszentrums« an Konkursverfahren, Schulden und Zwangsvollstreckungen scheiterten und die Stätte ständig in einem Zustand des Werdens zurückließen.[31]

Checkpoint Charlie blieb mehr aus Zufall denn absichtlich unbebaut und wurde zu einer Stätte sowohl der Erholung als auch der Kreativität. Monika Grütters, die Beauftragte der Bundesregierung für Kultur und Medien, befürchtete, dass Deutschland »diese historische Stätte sich selbst überlasse«, indem man zuließ, dass sie zu einem unregulierten Ort der Erinnerung wurde, und wiederholte damit die Kritik, dass der Ort wegen des anscheinend unziemlichen Spaßes, den man hier haben konnte, »unwürdig«, »ein Jahrmarkt« und »verwahrlost« sei.[32] Wenn man Orte sich selbst überlasse, schaffe dies, wie sie andeutete, keine Authentizität; vielmehr müsse ein Ort, so wie die Bernauer Straße, professionell gestaltet werden, da die Authentizität nicht darin bestehe, man selbst zu *sein*, sondern in dem Bemühen, sich selbst zu *finden*. Dies ist in einem gewissen Sinn eine Arbeitstheorie der Authentizität, bei der die Arbeit zur Wahrheit führt. Wenn man einen Ort sich selbst »überlässt«, gefährdet dies die Authentizität und das Vertrauen, das er erweckt, was wiederum (im Anschluss an Klausmeier) die Gefahr in sich birgt, die Glaubwürdigkeit zu zerstören und die Wahrheit in Frage zu stellen.

In der Bernauer Straße fallen durch die Herstellung von Authentizität der Raum und das Trauma zeitlich zusammen, sie trennt das Ereignis und die Erinnerung an es, verlangsamt die Zeit und ermutigt zur Reflexion. Die Menschen eilen durch die Gedenkstätte Bernauer Straße ebenso wenig, wie sie durch eine Kathedrale eilen. Gerade das Design der Anlage mit den vielfältigen Markierungen, über die man im wahrsten Sinne des Wortes stolpert, verlangsamt die Schritte des Besuchers, so wie Menschen reflektierend an Stätten des Todes oder rituellen Trauerns innehalten. Andererseits beseitigt Checkpoint Charlie die Lücke zwischen dem Ereignis und seiner Erinnerung und beschleunigt die Zeit, indem er die Erinnerung in eine gegenwärtige Erfahrung, die man durcheilt, verwan-

Gefakte Soldaten am Checkpoint Charlie. Touristen posieren für Fotos mit Schauspielern in Militäruniformen vor dem Nachbau des U. S. Army Checkpoint Charlie. Berlin 2014.

delt und sicherzustellen versucht, dass man jeden Winkel zumindest flüchtig betrachtet.

Nach den Maßstäben eines Denkmalpflegers ist am Checkpoint Charlie nur weniges »authentisch«. Der sichtbarste authentische Überrest ist wahrscheinlich Rainer Hildebrandts Mauermuseum mit seiner skurrilen Ausstellung von Fluchtversuchen und den, wie seine Kritiker bemängeln, »unübersichtlich(en), schlecht aufgearbeitet(en) und ideologisch überhöht(en)« Exponaten.[33] Ansonsten ist fast alles »falsch«: Das kultige US-amerikanische Wachhäuschen mit seinen Sandsäcken und das Schild »Sie verlassen den amerikanischen Sektor« sind Repliken, die riesigen Pop-Art-Gemälde auf der anderen Straßenseite sind neuere Werke, die internationale Künstler auf Segmenten von anderen Teilen der Mauer geschaffen haben, und die militärischen Abzeichen und allgegenwärtigen kleinen Mauerstücke, die als Andenken verkauft werden, haben eine ungewisse Herkunft und gelten allgemein als Fälschungen. Die amerikanischen und sowjetischen Soldaten vor der Kopie des Wachhäuschens sind natürlich Schauspieler (häufig waren es Studenten und einmal bekanntlich Stripper), die sich gegen Geld fotografieren lassen.

Diese kultischen Imitationen sind umgeben von Imbissbuden (von türkisch bis japanisch), »Charlie's Beach« lockt mit tropischen Palmen, Sand und Klubsesseln und macht Werbung für Lucky Strike, Coca Cola und Corona Bier. Darüber, auf der exponierten Wand eines Gebäudes, verkündet eine riesige Werbung in vier Sprachen mit einem ungewollt ironischen Kommentar: »Sie betreten nun den Nonprofit-Sektor«.[34] Diese konzentrierte und karnevaleske Szene bildet psychologisch gesehen das Es zu dem früheren großen Über-Ich der Bernauer Straße. Dies manifestiert sich in der Wahl der beide Szenen beherrschenden Bilder. In der Bernauer Straße sind an den exponierten Wänden benachbarter Gebäude überdimensionale, sich über vier oder fünf Stockwerke erstreckende Vergrößerungen von Schwarz-Weiß-Fotos zu sehen. Sie zeigen, wie ein ostdeutscher Grenzposten sich mit einem Sprung in den Westen rettet, wie ein Zuschauer die Arbeiter beim Bau der Mauer beobachtet, wie Familien aus zugemauerten Gebäuden fliehen, außerdem die lange leere Fläche der Grenzanlage in ihrer Hochzeit. Am Checkpoint Charlie blicken aus überdimensionalen Leuchtkästen amerikanische und sowjetische Soldaten, farbige Porträtaufnahmen aus dem Jahr 1994, auf die Passanten. Der Künstler Frank Thiel wählte den Leuchtkasten, weil er ein Medium der Werbeindustrie ist. Er sah ihn »in heimlicher Komplizenschaft, im Dialog und sicherlich auch in Konkurrenz mit allen anderen Leuchtkästen in der Stadt« und nahm seine Verschmelzung mit realen Werbeanzeigen vorweg.[35]

Nach der Vorlage des Konzepts wollte die Berliner Regierung der Kommerzialisierung entgegentreten, indem sie mit dem Bürgerverein Berliner Forum für Geschichte und Gegenwart eine Partnerschaft einging, um an der Stätte temporäre Ausstellungen zu veranstalten. Aber wenn man mit den Schauspielern und Straßenhändlern konkurrieren will, haben selbst die vorläufigen Bemühungen um Anstand etwas Unterhaltsames. Eine an einer provisorischen Mauer angebrachte Zeitleiste zieht Trauben von Lesern an, und man fühlt sich in eine Zeit versetzt, in der Leute sich vor öffentlich ausgehängten Zeitungen versammelten, um diese zu lesen. Die Pop-up-Ausstellung des Forums »BlackBox Kalter Krieg« ist, ein künftiges Museum über den Kalten Krieg vorwegnehmend, in einem schwarzen einstöckigen provisorischen Pavillon auf einem ehemaligen Teilstück von Charlie's Beach untergebracht, umgeben von Sand und geschmückt mit einem Tor à la Stonehenge, das aus Mauersegmenten errichtet wurde und unter dem sich die Touristen fotografieren lassen. Dies ist die einzige von der Stadt verwaltete Gedenkstätte, für die Eintritt erhoben wird. Auf der Fassade stehen in riesigen weißen und grauen Großbuchstaben Schlüsselwörter des Kalten Krieges in vier Sprachen (meist in Englisch): »Atomwaffen«, »Spionage«, »Eiserner Vorhang« und, in größeren Lettern als alle anderen, »DIE MAUER«.

Im Inneren bettet eine ästhetisch anspruchsvolle, visuell attraktive Multimedia-Ausstellung die Chronologie der Mauer in einen größeren internationalen Kontext ein und endet mit der gewaltigen Explosion eines Flugzeugs, das bei den Anschlägen vom 11. September 2001 im New Yorker World Trade Center detoniert. An einer Ecke dieses Bildes hängen in einem fast unsichtbaren Rahmen drei kleine Relikte aus der Gegenwart: zwei Abzeichen eines zu den NATO-Truppen in Afghanistan gehörenden Kontingents der deutschen Bundeswehr sowie ein militärischer Sprachführer für Dari im Taschenbuchformat. Die Legende daneben vermerkt, dass der Kalte Krieg zwar vorbei sei, dass jedoch »die Folgen des jahrzehntelangen Rüstungswettlaufs und die Destabilisierung in diversen Krisenregionen [...] ein schwieriges Erbe der Weltgemeinschaft« darstellen.

Ein ähnlicher schwarzer Kasten, der sich auf der anderen Seite der Friedrichstraße hinter Verkäufern und Imbissständen befindet, beherbergt eine weitere temporäre Dauerausstellung: das außergewöhnliche Panorama des Berliner Künstlers Yadegar Asisi. In einer

Touristen posieren vor einem Segment der Berliner Mauer. Als Torbogen gestaltete Überreste der Mauer vor der Ausstellung »BlackBox Kalter Krieg«, einer privat veranstalteten temporären Ausstellung am Checkpoint Charlie. Die Mauerteile befinden sich nicht an ihrer ursprünglichen Stelle und zeigen nicht die aktuelle Gestaltung des Checkpoints. 2014.

abgedunkelten Halle besteigen die Besucher ein Industriegerüst, das 200 Menschen Platz bieten kann, und schauen auf ein grandioses Panorama der Mauer, wie sie sich 1987 vom Westen aus, wo der Künstler einmal lebte, darbot. Mit schmerzlichen Bildern vom Alltagsleben im Bezirk Kreuzberg beschwört Asisis Panorama indirekt das dortige Leben türkischer Immigranten im Schatten der Mauer herauf und fordert den Betrachter subtil dazu auf, über die generelle Abwesenheit der Migration in dem, was hauptsächlich als deutsch-deutsche Geschichte präsentiert wird, nachzudenken. Dass Migranten-Narrative in die Erinnerungslandschaft der Mauer eingeführt werden, ist bei den Mauer-Gedenkstätten selten, da solche Narrative, wie Jeffrey Jurgens im Zusammenhang mit der Erinnerung an ein an der Mauer umgekommenes türkisches Kind be-

Sehen Sie hier die Mauer! Werbung für das Panorama der Berliner Mauer, ein alle Sinne ansprechendes Großkunstwerk von Yadegar Asisi, Checkpoint Charlie. Berlin 2014.

merkt, dazu zwingen, die »kollektiven Zugehörigkeiten, die die öffentlichen Erinnerungen an die Berliner Mauer sowohl unterschreiben als auch ausschließen«, zu hinterfragen.[36]

Das rund 60 Meter lange und 15 Meter hohe schmerzlich detaillierte Panorama Asisis zieht den Betrachter in das Bild hinein. Die Zeit ist sowohl eingefroren als auch beschleunigt: Alle 20 Minuten ändert sich das Licht – von Sonnenaufgang bis tiefe Nacht. Während die Tage und Nächte vorbeiziehen, steht man dort wie versteinert, beobachtet die unheimlich lebensechten Gestalten, die inmitten der Bewegung erstarrt sind. Am Panorama-Gebäude wirbt eine große Reklametafel auf Englisch: »The Berlin Wall: See It Here«. Auf der anderen Seite scheint ein Werbeslogan in Großbuchstaben Klausmeiers Verfügung gegen eine Rekonstruktion zurückzuweisen: »BRINGING THE BERLIN WALL BACK TO LIFE« steht in weißen Buchstaben auf einer schwarzen Wand, und im Inneren wird das Versprechen auf erstaunliche, verführerische und magische Weise eingelöst.

Wenn also die Bernauer Straße die Vergangenheit rettet, indem sie sie unerlösbar macht, rettet Checkpoint Charlie die Vergangenheit, indem er sie in der Sprache der heutigen Politik und Marktkultur lesbar macht. Der Besucher ist der Verbraucher, der seinerseits den Raum durch den Konsum herstellt: die Touristen-Fotos mit den Soldaten, die Mauer-Souvenirs, die Aufforderung an die Besucher von Asisis Panorama, ihre eigenen Geschichten an eine Wand zu schreiben und ihre eigenen Erinnerungsfotos per E-Mail zu posten. Die meisten dieser Exponate und Stände sind, zumindest formal, temporär. Checkpoint Charlie ist buchstäblich ein zeitgenössisches Monument, das lebt und sich zusammen mit den Zeiten entwickelt.

## Besatzungspolitik: Die East Side Gallery

Zusammengenommen fungieren die Bernauer Straße und Checkpoint Charlie als binäre Gegensätze in einer Erinnerungslandschaft, die zwischen feierlicher Verantwortung und Standortmarketing hin und her navigiert. Sie stehen jedoch auch einem dritten Raum gegenüber, der East Side Gallery, einem im wahrsten Sinne des Wortes dritten Standort der Stadt, wohin die Mauer-Touristen strömen, um farbenprächtige Kunst und einen – in Edward Sojas Terminologie – dritten Raum zu sehen, einen Raum, wo Geschichte, Sozialität und Raum sich überschneiden und zu ungewöhnlichen Begegnungen führen.[37] Viele Touristen wissen nicht, dass die Mauer nicht schon im Kalten Krieg, sondern erst in der Zeit der Vereinigung bemalt wurde. Im Vergleich mit den anderen Stätten hatte die East Side Gallery vor dem Jahr 1989 keine historische Bedeutung, sondern zeichnete sich nur dadurch aus, dass die Straße zum Ostberliner Flughafen zufällig hier entlang führte. Diese ansonsten banale Tatsache hatte eine interessante Auswirkung: Um die Rohheit der Mauer vor hohen Staatsgästen zu verbergen, ersetzte die

Die East Side Gallery im Jahr 1990. Künstler aus der ganzen Welt wurden eingeladen, einen freien weißen Streifen der Berliner Mauer auf der dem Osten zugewandten Seite zu bemalen. 1990.

Regierung den auf der östlichen Mauerseite üblichen Zaun durch die glatte westliche Fassade der vierten Generation (»Grenzmauer 75«), deren weiße Oberfläche in den 1980er Jahren auf die Künstler im Westen einen unwiderstehlichen Reiz ausgeübt hatte.

Gleich nach der Grenzöffnung, als der DDR-Staat noch intakt war, bemalte ein Mann namens Manfred Butzmann diese Mauer mit Hasen, da er in ihnen ein Symbol der Freiheit sah (Hasen konnten meist unbeschadet den Todesstreifen überwinden). Als neben den Bildern Anti-Mauer-Graffiti auftauchten, wurde von den Grenzposten alles übermalt. Die ostdeutsche Regierung schloss rasch einen Vertrag mit einer Agentur für Werbeplakate, um neue Einkünfte zu generieren (die logische Nutzung einer weißen Mauerfläche an einer belebten Straße), doch sie wurde bald von einem besseren Projekt überzeugt. Als sie bereits bestrebt war, die wertvollsten Stücke der Mauer-Kunst zu retten und gegen harte Währung zu verkaufen, wollte eine junge Schottin, die für den British Council in Ostberlin arbeitete, die Stätte für neue Mauergemälde erhalten. Die Regierung sah darin eine gute Gelegenheit für die fortlaufende Produktion einer plötzlich wertvollen Ware. Nach einer Welttournee, welche die Preise in die Höhe treiben sollte, war eine Versteigerung der neuen Kunst vorgesehen.[38] Die Auktions- und Tourneepläne verschwanden mit der DDR, aber jener Mauerstreifen verkörperte den für diese Zeit charakteristischen Geist des Trotzes, Jubels und Optimismus. Damals, als die DDR sich auflöste, kamen 118 Künstler, bedeutende und unbedeutende, aus 21 Ländern für acht Monate zusammen, um über 100 Segmente zu bemalen. Geschützt durch die Aura der Gemälde, wurde der Mauerstreifen das Gesicht des Vereinigungsjahres und im Jahr 1991 fast sofort unter Denkmalschutz gestellt. Er besteht bis heute als 1,3 Kilometer langes visuelles Zeugnis für die Freude und den Geist der Befreiung und ist offiziell als das internationale Freiheitsdenkmal bekannt.[39]

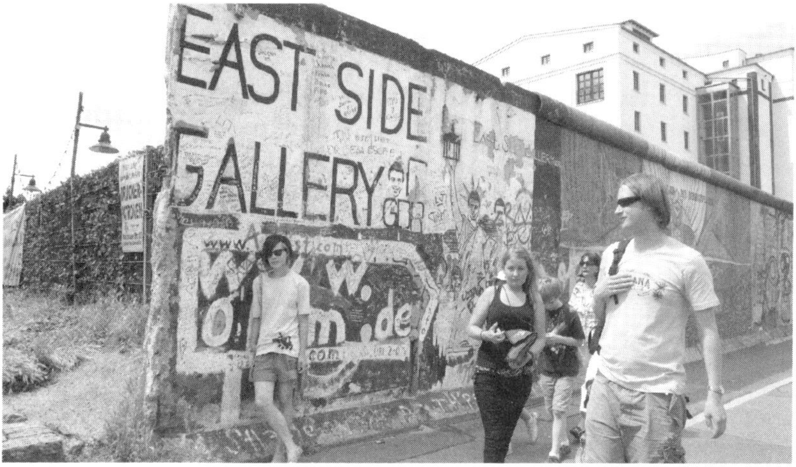


Die East Side Gallery im Jahr 2009. Der Streifen mit den Mauermalereien wurde unter Denkmalschutz gestellt und zu einem bedeutenden Touristenziel im wiedervereinten Berlin. 2009.

Während die Reste der westlichen Mauerseite abgeschlagen und verkauft wurden, wurde dieser Streifen im Jahr 1990 zu einem aktuellen Kommentar: Hier stellte die Verunstaltung noch immer eine Form des Ikonoklasmus dar, andernorts aber nahm sie die Form der physischen Zerstörung an. Dieser Abschnitt wurde von den Mauerspechten verschont, denn wenn man mit Hammer und Meißel gegen diese im Werden begriffenen Gemälde vorging, schien man seine Wirkung als eine Form der Demaskierung der Mauer zunichtezumachen. Auf diese Weise nutzte die East Side Gallery die Verunstaltung, um die Mauer »von einem Übermaß an Unsichtbarkeit in ein Übermaß an Sichtbarkeit« zu überführen, wie Taussig im Zusammenhang mit der Verunstaltung von Monumenten schreibt.[40] Sowohl der Akt als solcher wie auch die Kunst stellten Normverstöße dar: zuerst gegen die Heiligkeit der Mauer, sodann als »Straßenkunst« mit provokativen Friedens- und Liebesbotschaften; Beispiele dafür sind der berühmte Davidstern vor dem Hintergrund der Deutschlandfahne oder der homoerotische Kuss zwischen Gorbatschow und Honecker, dem damaligen Staatsoberhaupt der DDR.

Doch es gab noch ein weiteres Wechselspiel von Übermaß und Unsichtbarkeit: Hinter dem touristenfreundlichen (verunstalteten) Gesicht der East Side Gallery hatten Besetzer im früheren Todesstreifen »in einem apokalyptischen Dorf an der Spree, das überall, wie ein von Stacheldraht umzäuntes Gefängnis, von Müll umgeben war«, ein Wohnwagenlager aufgeschlagen.[41] Bei den Wohnwagen handelte es sich meist um verschiedene altmodische Zirkuswagen, und die Bewohner gehörten zu einer größeren Community von umherziehenden Besetzern, die in »Wagenburgen« lebten und in Opposition zu den gesellschaftlichen Missständen sowohl im Osten als auch im Westen einen mehr oder weniger gemeinschaftlichen, alternativen Lebensstil pflegten. Die frühere Grenze lieferte dafür einen perfekt metaphorischen und kurzzeitig unkontrollierten liminalen Raum. Das Lager wurde zum Sinnbild für unkontrollierbare Nomadenströme, welche die Konsolidierung einer zusammenwachsenden Stadt bedrohten, als diese sich selbst in einer

Übergangszeit zwischen dem Ende der DDR und der Übernahme ihrer offiziellen Rolle als Regierungssitz des vereinten Deutschland befand.[42] Dieser Schwellenraum weckte Ängste vor einem chaotischen und gefährlichen »Otherspace« (ebenfalls ein Charakteristikum von dritten Räumen), wie in dieser Beschreibung der Wochenzeitschrift *Der Spiegel* nachzulesen ist:

> Hinter der bunten Mauer, den Blicken der Touristen entzogen, auf einem schmalen Streifen am Ufer der Spree, sind in den vergangenen fünf Jahren immer mehr Großstadt-Nomaden gestrandet. Inzwischen hat die East Side mehr als 200 Bewohner, die in ausrangierten Bussen, Holzhütten oder Bauwagen hausen.
>
> Hunderte von Autowracks rosten neben Schützenpanzern und Lastwagen der NVA, ausgebrannten Limousinen oder zertrümmerten Trabis. Aus prallen Müllsäcken quillt der Unrat.
>
> Halbwilde Hunde, manche ponygroß, streunen zwischen Flaschenbergen und Einkaufswagen herum und kläffen um die Wette. Es stinkt nach Kot, verfaulten Kartoffeln und verbranntem Plastik – im Zentrum der angehenden Metropole hat sich ein Stück Dritte Welt etabliert.[43]

Die Großstadt-Nomaden, die im Zentrum der Stadt die »Dritte Welt« etablierten, waren als Bürger der Stadt unsichtbar und zugleich als »Gesindel«, wie ein Politiker die Wagenburgler bezeichnete, nur allzu sichtbar.[44] 1996 verbot die Stadt alle Wagenburgsiedlungen und ließ sie gewaltsam räumen, und der Todesstreifen an der East Side Gallery wurde lange Zeit als Erholungsgebiet und schließlich als Park genutzt, während gegenüber eine neue Konzerthalle und Sportstätte entstanden. Die Gallery wurde in das Programm der touristischen Schiffstouren aufgenommen. Mit dem Ausbau dieser Infrastruktur wurden auch die Pläne für die private Entwicklung als Teil eines heftig umstrittenen kreativen Industrieclusters unter dem Dachnamen Media Spree vorangetrieben. Die East Side Gallery wurde zunehmend professionalisiert, es gab Pläne für ein Museum, für den Erhalt der Mauer und für

Lager auf dem Potsdamer Platz im Jahr 1990. Eine Zeltstadt von Besetzern im liminalen Raum des früheren Grenzgebiets. 1990.

eine umstrittene »Restaurierung« der verblassenden Gemälde ohne die ausdrückliche Genehmigung der jeweiligen Künstler. Die Bilder sollten entfernt und neu aufgetragen werden, was wiederum die Frage nach dem differentiellen Wert von Authentizität aufwarf.

Trotz des zunehmend sakralen Charakters der Bilder zeigte die Stätte weiterhin die Spuren des alternativen urbanen Geistes, der im Schatten der Mauer im westlichen Bezirk Kreuzberg und nach der Vereinigung im benachbarten östlichen Stadtteil Friedrichshain gepflegt wurde. Mit der kommunalen Fusion dieser beiden Bezirke im Jahr 2001 wurde die East Side Gallery das Zentrum, nicht aber die Grenze von einem der politisch am stärksten links ausgerichteten Stadtteile Berlins. Im Jahr 2011 entfielen bei der Wahl für das Abgeordnetenhaus über 83,1 % der Stimmen auf die Linksparteien, unter denen die Grünen die stärkste Partei waren.[45] Während der hitzigen Auseinandersetzungen um den Erhalt und die Zukunft der East Side Gallery stellte Klausmeier trocken fest: »Kreuzberg ist wie ein kleines gallisches Dorf bei Asterix, also es ist einfach ein grüner Stadtteil, der Senat ist jetzt rot-schwarz, und da spielt das gallische Dorf mit den Römern«.[46] Diese Kombination aus Vermächtnis und linker Politik führte zu einer metonymischen Verbindung der East Side Gallery mit der Antigentrifizierungsstimmung in Berlin.[47] Im Jahr 2013 begann ein Bauunternehmer mit der Entfernung eines Abschnitts der East Side Gallery, um einen Zugang zu einem Luxus-Wohnturm namens Living Levels, der im früheren Todesstreifen errichtet wurde, zu schaffen. Die Zeitung *Ex-Berliner* brachte die Nachricht als die Geschichte eines räuberischen Neoliberalismus:

> Du wachst eines Morgens auf und findest dich in einer gruseligen alternativen Realitätsversion von Berlin wieder: Monster-Bulldozer, Gebäude von Außerirdischen, blutsaugende Investoren und Zombie-Politiker. Eine Stadt, in der die East Side Gallery, der letzte intakte Abschnitt der Berliner Mauer, zwischen einem Daimler-Büroturm und luxuriösen Eigentumswohnungen eingeklemmt ist. Klingt bekannt? Du bist nicht allein. Im vergangenen Monat hörte die ganze Welt mit Erstaunen, dass die Überreste der Berliner Mauer, jetzt eine Kunstgalerie, beseitigt wurden, um Platz für einen exklusiven Wohnturm zu schaffen: das einst schreckenerregende Symbol der kommunistischen Unterdrückung verdrängt durch ein Monument kapitalistischer Gier.[48]

So wurde der Schutz der East Side Gallery zu einem transgressiven Akt gegen die »blutsaugende[n] Investoren und Zombie-Politiker«. Damit einher ging die ironische Umkehrung des Slogans »Die Mauer muss weg!« (1989) in »Die Mauer muss bleiben!« (2013). Als am Checkpoint Charlie Alexandra Hildebrandts Kreuze entfernt wurden, kamen die Demonstranten überwiegend aus den Reihen konservativer Politiker und ehemaliger politischer Gefangener. An der

Living Levels, Luxuswohnungen an der East Side Gallery. Das Bauwerk war höchst umstritten, da man glaubte, dass es sowohl die physische Integrität als auch den Geist der East Side Gallery gefährde. Es wurde zum Symbol für die Gentrifizierung Berlins. 2014.

East Side Gallery erhob fast ein Jahrzehnt später das kreative, alternative, der politischen Linken zugeneigte Berlin massenhaft Protest. Künstler bedeckten die Mauer mit weißem Papier, um das heilige Kunstwerk zu verbergen, womit sie dem anthropologisch gesunden Impuls folgten, durch das Verbergen eines heiligen Objekts dessen Macht zu stärken. Internationale TV- und Rock-Stars, von David Hasselhoff bis zu Roger Waters von der Band Pink Floyd, traten auf den Plan. Die Methoden des öffentlichen Protestes waren ein Spiegel dieses sich verändernden Publikums: 1990 stand der Pfarrer Martin Fischer vor Bulldozern, um den Mauerabschnitt in der Bernauer Straße zu schützen; 2005 ketteten sich frühere Häftlinge an Hildebrandts Kreuze am Checkpoint Charlie; 2013 ließ der Ledermode-Designer Daniel Rodan, der eine »Mauerkleidung«-Kollektion entwarf, seine Models, die alle »die Mauer trugen«, bei einem Fotoshooting Protest erheben; dabei wurde ein großes Transparent mit der Aufschrift »Don't Touch The East Side Gallery« gezeigt.

Eines der Merkmale dritter Räume ist die Schwierigkeit, klare Grenzen zu ziehen. Die Gegner waren nicht länger die »Anderen« der Wagenburgen, sondern die kreativen Bürger, die für den aus dem frühen 21. Jahrhundert stammenden Markennamen Berlins »Arm, aber sexy« (das unbeabsichtigte Motto der Stadt, das 2003 vom Regierenden Bürgermeister Klaus Wowereit geprägt worden war) entscheidend waren. Sie besetzten einen zugleich radikalen wie konservativen Raum, beflügelten den Wandel und leisteten ihm Widerstand. Der luxuriöse Wohnturm Living Levels spielte in seiner (auf Englisch verfassten) Werbung direkt auf diese Spannung an: »Let's stop limiting our lives. Let's push things forwards.« (»Hören wir auf, unserem Leben Grenzen zu setzen. Lasst uns die Dinge vorantreiben.«) Beim Motto der Muttergesellschaft, Living Bauhaus, handelt es sich um ein ähnliches Wortspiel: »Leben Sie ruhig mittendrin«, eine Anspielung sowohl auf den auf Berlin-Mitte gerichteten Fokus der Firma als auch auf ein ruhiges Leben in einer urbanen Umgebung. Auf diese Weise verschwimmen die Gegner mit potentiellen Konsumenten, die politischen Polaritäten werden umgekehrt, und selbst der immer wieder an den Pranger gestellte Bauherr, Maik Uwe Hinkel, erweist sich als ein Bündel voller historischer Widersprüche, da er in der früheren DDR Informant des Staatssicherheitsministeriums gewesen war.[49]

Der Moment, wo an der Oberfläche des Kampfes um den Erhalt der East Side Gallery Bürger und Bauherren sich feindlich gegenüberstanden, lässt sich somit auch als der Zeitpunkt interpretieren, wo zwei Formen der staatlichen Konsolidierung verschmolzen: der Wunsch, die Mauer zu zeigen und zu zerstören, indem ihr Gelände der Stadt als normale Baugrundstücke zur Verfügung gestellt wird, und der Wunsch, durch die Bewahrung des Erbes Kontrolle auszuüben – gemäß den besten internationalen Praktiken und der Privilegierung der Authentizität, um im Dienst der Gesellschaft die Erinnerung hilfreich zu begleiten. Beide Wünsche trafen sich schließlich an der East Side Gallery. Im Bestreben, die von Living Levels vorgetragene Kritik zu dämpfen, beschloss der Berliner Senat Mitte Dezember 2013, die East Side Gallery formell zu den offiziellen Stätten der Stiftung Berliner Mauer hinzuzufügen und dieser die direkte Verwaltung des Mauerstreifens zu übertragen, allerdings ohne die Zuweisung ausreichender finanzieller Mittel. Gleichzeitig durfte an Living Levels weiter gebaut werden.[50]

Nach 1989 lässt sich von der Berliner Mauer nicht mehr als von einer einzelnen Stätte sprechen. Das Konzept des Berliner Senats, das die Mauer als kohärenten Schwerpunkt der staatlichen Erinnerung wieder sichtbar werden ließ, war sowohl clever als auch pragmatisch, da man erkannte, dass die Mauer nur als Assemblage wieder der staatlichen Kontrolle unterstellt werden konnte. De facto musste man die Mauer aus einer Grenze in das verwandeln, was Wissenschaft und Technologie als Grenzobjekt bezeichnen: ein physisches Objekt kann sich wie eine Landkarte sowohl an die Bedürfnisse vielfältiger Gruppen anpassen als auch eine gemeinsame Identität bewahren und so eine Form der ungezwungenen Koordination ermöglichen.[51] In einem wörtlicheren Sinn erhebt das Konzept – ursprünglich »Gesamtkonzept« genannt – Anspruch auf Totalität, ebenso wie der Begriff »Gesamtkunstwerk«. Das Konzept ist auf seine eigene Weise ein Kunstwerk, da die Mauer sowohl zu einer materiellen Substanz als auch zu einem Konzept wird, das aus verschiedenen Blickwinkeln und in unterschiedlichem Licht gesehen werden kann, eine Mischung aus einer Performance und dem Skript eines Theaterstücks. Es ist totalisierend in seinem Anspruch, all die unterschiedlichen erhaltenen Repräsentationen der Mauer zu absorbieren, selbst wenn sie formal nicht Teil des geplanten institutionellen Arrangements sind: Manche frühere Mauerstätten gehören zur Stiftung Berliner Mauer, andere werden privat betrieben, doch durch die Querverweise in den verschiedenen Plänen, Karten und virtuellen Führern werden sie im selben Feld diskursiv zusammengeführt.

Im ersten Jahrzehnt nach der Wiedervereinigung war die Mauer detemporalisiert worden. Damals wurde der ehemalige Todesstreifen für eine informelle Nutzung zugänglich: für Denkmäler für Deserteure, für private Initiativen zum Gedenken an die Toten, für Strandpartys und andere Freizeitvergnügen, die sich an ihren meist leeren Abschnitten abspielten. Seit dem zweiten Jahrzehnt bis heute wurde die Mauer durch das Senatskonzept retemporalisiert, indem die drei Stätten, die wir im Hinblick auf ihre exklusive Verbindung mit der Mauer untersucht haben, hervorgehoben wurden.[52] Das Konzept machte die Stätten nicht als eigenständige Orte sichtbar, sondern bediente sich ihrer jeweiligen Rhythmen und Temporalitäten und setzte sie in eine explizitere Beziehung zueinander. Die drei Temporalitäten der hier untersuchten wichtigsten Mauerstätten korrespondieren lose mit den Temporalitäten des Traumas, des Konsums und des Politischen. Sie sind nicht diskret, sondern relational: keine konkurrierenden »Bruchlinien«, jenseits derer unterschiedliche Ansätze zur Erhaltung und Erinnerung Partei ergreifen, sondern vielmehr, um Michael Rothbergs Begriff zu verwenden, multidirektionale Stätten, sowohl im wörtlichen wie im übertragenen Sinn.[53]

Als relationale, multidirektionale Knoten verbinden alle Stätten das, was wir als Berliner Erinnerungsökonomie bezeichnen könnten – die Zirkulierung von erlösenden Praktiken, die den von Berlin angestrebten Ruf, mit dem Unrecht der Vergangenheit verantwortungsvoll umzugehen, verankert –, mit anderen Kreisläufen, ohne welche die Erinnerungsökonomie stagnieren würde, da alle Ökonomien zirkulieren müssen: Die Bernauer Straße stellt eine Verbindung her zu der globalen Anti-Denkmal-Architektur des Traumas, von Berlin über Buenos Aires bis zum New Yorker 9/11 Memorial.[54] Checkpoint Charlie stellt eine Verbindung her zu der globalen Erlebnisökonomie, verknüpft Konsum und Erlebnis und verwandelt die Erinnerung an das Erlebnis in das Produkt.[55] Die East Side Gallery wird zu einer Stätte politischer Spannungen, die dem Bestreben der Stadt, die kreative Ökonomie als Anker seiner postindustriellen Gegenwart zu verteidigen, inhärent sind.[56] Zusammen verbinden diese Stätten die Stadt weniger mit ihrer Vergangenheit als mit ihrer Suche nach neuen Grenzen für das Mögliche. Durch ihre Aneignung als Stätte der Erinnerung, des Kommerzes und der kreativen Ökonomie wird die Mauer in die heutige Zeit versetzt, im widersprüchlichen Sinn der Gegenwart und als die »Jetztzeit« Walter Benjamins, in der die Zeit stillsteht, um in neue, revolutionäre Epochen aufzubrechen.[57]

Diese zeitliche Multidirektionalität, die darin besteht, simultan die Vergangenheit einzurahmen, das Gegenwärtige darzustellen und aufgestaute Energie für eine andere Zukunft zu kanalisieren, ist nicht statisch, sondern vielmehr etwas, das sich in Bewegung befindet. Die Rolle der Mauer nach der Mauer ähnelt Deleuzes und Guatarris Idee des Nomaden als eines kreativ aggressiven Betreibers unerledigter Geschäfte, des Vorboten einer widerspenstigen Heterogenität und fließender Beziehungen: Die Reterritorialisierung trägt den Keim für den nächsten Zyklus der Deterritorialisierung in sich.[58] Trotz ihrer klaren Präsentation im Konzept der Stadt enthält die Mauer nach der Mauer in ihren Aneignungen aktive Spuren: in erster Linie die nicht beigelegten politischen Spannungen, die das Konzept hervorrief; der unendliche Prozess der Trauma-Erinnerung in Berlin und Deutschland; die verführerische Macht des Konsums und die verschiedenen Widerstände gegen ihn, von der Verurteilung des Konsumismus am Checkpoint Charlie durch die Konservativen bis hin zur radikalen Bekämpfung der Gentrifizierung an der East Side Gallery. Die Mauer hatte 26 Jahre lang Bestand. 26 Jahre nach ihrem »Fall« ist sie nicht verschwunden, sondern hat eine Möglichkeit gefunden, um zugleich Grenze und Zentrum zu bleiben.

# Epilog
# Exit Ghost

*Entscheidend ist, dass endlich die Sprachlosen sprechen und die Steine reden.*

Heiner Müller

Vom Intershop, mit dem Kapitel 1 begann, bis zu den Gedenkstätten der Berliner Mauer, mit denen Kapitel 4 endete, hat sich dieses Buch besonders Dingen, die fehl am Platz, und Orten, die aus der Zeit gefallen sind, gewidmet. Im Laufe des hier behandelten Zeitraums von 25 Jahren haben sich die Fragen verändert, seit mir in den ersten Tagen nach der Vereinigung ein ungelenk handbeschriftetes Schild »Wir verkaufen Ost-Produkte« in die Augen fiel, das an das Schaufenster eines Lebensmittelladens in Erfurt geklebt war. Heute nehmen Fragen über Nostalgie, Authentizität, Komplizenschaft und das Alltagsleben neue Formen an, wenn sie nicht von der Generation gestellt werden, die während des Kalten Krieges ihre prägenden Jahre in den beiden deutschen Staaten erlebte, sondern von ihren Kindern, der Generation, die nach der Vereinigung heranwuchs.

Durch den Prozess des Erbens müssen alle Gesellschaften zwischen vielfältigen, sich überschneidenden und widersprüchlichen Vergangenheiten verhandeln. Das Erbe ist eine spezifisch generationenübergreifende Aufgabe und verbindet durch die Praktik der Aneignung die Vergangenheit mit der Zukunft, indem das, was einmal jemand anderem gehörte, zu seinem Eigenen gemacht wird.[1] Dies führt sowohl zu einer inhärenten Mehrdeutigkeit (Erbstreitigkeiten sind legendär) als auch zur unvermeidlichen Produktion eines Überschusses, des Überflusses, der sich ergibt aus der zeitlichen und räumlichen Diskrepanz zwischen dem, was einmal einem anderen gehörte, und dem, was man jetzt, wie Bataille sagen könnte, »eindrucksvoll« oder »in einer Art Katastrophe« ausgeben kann.[2] Die Aneignung wird zu dem Mittel, mit dem dieser Überschuss abgeschöpft wird, um neue Werte zu schaffen, seien sie finanziell, moralisch oder symbolisch oder das, was wir als Erinnerungswert bezeichnet haben. Im Zuge der Aneignung erscheinen ererbte Überreste nicht als Abgesandte einer anderen Zeit, sondern als aktive Teilnehmer an unserer Zukunftsgestaltung.

Deshalb durchzieht die Aneignung, die sich in unterschiedlichen Formen vollzieht, wie ein roter Faden die Kapitel dieses Buches. Manchmal, so wie bei den Konsumgütern im ersten Kapitel, hilft der Markt, vielleicht auf kontraintuitive Weise, bei der Aneignung, indem er ein früher wertloses Objekt kommerzialisiert, es qua Nostalgie aus einer gewissen kulturellen Unsichtbarkeit herausholt und es wieder in die Mainstream-Kultur integriert, wo es unter einer neuen Wirklichkeitsnähe verbreitet wird.[3] In anderen Fällen, wie bei den Museen, die dem Alltagsleben im Sozialismus gewidmet sind, vollzieht sich die Aneignung dadurch, dass das Eigentum an plötzlich kulturell obsolet gewordenen Objekten wieder geltend gemacht wird. Diese müssen, um als anamnestische Objekte zu fungieren, neu bewertet werden, indem man ihre Authentizität durch Taktiken der Taktilität und Visualität nachweist.

Bei der Aneignung des Palastes der Republik sehen wir jedoch zum ersten Mal ganz klar die Generationenverschiebung: Die jüngeren Künstler und Architekten des Volkspalasts nutzten das materielle Erbe, um die eingefrorenen binären Diskurse des Ostens und Westens über die Stätte zu stören. Ihre transgressive Nutzung der Palastruinen enthält konstruktive Widersprüche, da sie, wie wir im letzten Kapitel gesehen haben, mit der neuen kreativen und kulturellen Ökonomie verbunden ist, die Berlins Stadtbild auf umstrittene Weise umgestaltet hat, einschließlich der Erinnerungslandschaft der Berliner Mauer. Der Markt, der in der Frühzeit der Vereinigung sowohl gefürchtet als auch fetischisiert wurde, erscheint am Ende des Buches erneut als ein sogar noch größerer Ort der Mehrdeutigkeit für eine jüngere Generation, die selbst oft »kreativ« ist, aber für die die Begriffe »Neoliberalismus«, »Gentrifizierung« und »Globalisierung« die gegenwärtige Gesellschaftskritik zum Ausdruck bringen.

## Unbestimmte Objekte

Die Herausforderung, das Erbe der sozialistischen Vergangenheit anzutreten, stellt sich am direktesten denen, die nach der Vereinigung im früheren Osten groß geworden sind. Sie sind mit einer Double-Bind-Situation konfrontiert, die der ähnelt, die Eric Santner für die Zeit nach dem Zweiten Weltkrieg beschrieben hat: die Notwendigkeit, sich mit der Vergangenheit zu identifizieren und sie zugleich zu verleugnen.[4] Die Tatsache, dass das Nach-Wende-Narrativ der DDR das eines Staates ist, der seinen internen Widersprüchen zum Opfer fiel und dann dem Westen einverleibt wurde, nicht aber das postnationalsozialistische Narrativ über das absolute Böse und die spektakuläre Katastrophe, die zu einem mythischen Jahr Null führte, macht die Aufgabe der Identifikation und Verleugnung diffuser, aber nicht weniger aktuell.

Für diejenigen, die kurz vor oder kurz nach der Vereinigung geboren sind, entspricht der Verlust der DDR nicht dem elegischen Erbe, das sich zwischen Trauer und Melancholie bewegt. Sie haben, ebenso wie die zweite Generation nach dem Krieg, deren Eltern, wie Santner feststellt, »psychologisch gesehen immer anderswo waren«, weniger den Eindruck, dass etwas verloren ist, sondern eher, dass etwas fehlt.[5] Aber anders als bei den Fürsprechern für den Wiederaufbau des fehlenden Schlosses, das in seiner Besonderheit zum Fokus eines mythischen Erbes wurde, oder anders als bei denjenigen, die der Berliner Mauer »auf die richtige Weise« gedenken wollen, lässt sich das, was fehlt, nicht so leicht mit einem besonderen Objekt verbinden. Stattdessen handelt es sich bei dem unbestimmten Objekt um Deutschland selbst. Während es auf einer Stufe beunruhigt und die Vergangenheit und damit die Gegenwart bewahrt, erlaubt das Unbestimmte neue Verbindungen zwischen anscheinend unterschiedlichen Vergangenheiten und einer komplexen Gegenwart, in der die Erinnerungspolitik multidirektional sein muss, wenn sie die Falle der Konkurrenz vermeiden und dem Oszillieren zwischen den Begriffen des Double Bind entgehen will.[6]

So möchte ich in diesem Buch dieser Generation das letzte Wort geben, und dies in ihrer Stimme. Dabei stütze ich mich auf ein literarisches Beispiel des performativen Erbes, durch das die Vergangenheit auf komplexe Weise angeeignet wird. Es geht um Hamlet, eine Gestalt, die in der Nachkriegsauseinandersetzung mit der nationalsozialistischen Vergangenheit eine große Rolle spielt, sowohl als Symbol für »blockierte Trauer« als auch – in *Hamletmaschine*, einem Stück des ostdeutschen Dramatikers Heiner Müller – als Evokation eines speziell deutschen fatalen Zauderns, einer Unfähigkeit, demokratische Revolutionen durchzuführen.[7] Das Stück spielte ebenso wie Müller eine Nebenrolle bei den Ereignissen von 1989. Im Jahr 1977 verfasst, war das Drama, wenig überraschend, in der DDR verboten worden – schließlich gibt es im Skript Szenen mit Marx, Engels, Lenin und Mao, die als nackte Frauen mit Hamlets Schwert geköpft werden. Der zunehmende Veränderungsdruck im Frühjahr 1989 brachte die damalige ostdeutsche Regierung dazu, eine Aufführung in Ostberlin zu genehmigen, und die Proben leiteten jenen schicksalhaften Herbst ein.

Bei Probenbeginn konnte natürlich niemand voraussehen, dass die Regierung so schnell scheitern würde, dass die Grenzen geöffnet würden oder dass das Land zusammenbrechen und zu einem Teil der Bundesrepublik werden würde. Die Wirkung des Stücks auf die ostdeutsche Gesellschaft wäre eine völlig andere gewesen, wenn es unter den »normalen« Umständen des alten Regimes aufgeführt worden wäre.[8] David Barnett erwähnt den von Müller in einer früheren Produktion zitierten Vers »Hamlet ist Deutschland«, der aus einem Gedicht des Jahres 1844 stammt, und erklärt, das Stück handele ursprünglich von »der Unfähigkeit und dem fehlenden Willen der DDR, sich zu reformieren oder, vielleicht genauer, die Revolution durchzuführen, die sie angeblich repräsentierte«.[9] Die Revolution kam jedoch auf andere Weise, und die Ereignisse von 1989 werden in Deutschland jetzt als die einzige erfolgreiche demokratische Revolution von unten gefeiert. Während der Proben zur Zeit des Falls der Berliner Mauer befand sich Müllers Stück somit auf einer seltsamen Zeitreise, war zugleich Vergangenheit,

Gegenwart und Zukunft, ein Stück über eine gewisse Unmöglichkeit der Aktion in der Aktion. In einer sich rasch verändernden Umgebung wurde das Stück mit seinen Echobildern des Ungarn-Aufstands des Jahres 1956 zu einem Symptom, zu einem Fall und einem Opfer von Revolution und Vereinigung.

## Der Geist tritt auf

Zwei Jahrzehnte nach dem Fall der Berliner Mauer stolperte eine Studentin der Theaterwissenschaften namens Romy Weyrauch über die Probenunterlagen von Heiner Müllers Inszenierung, als sie für ihr Abschlussexamen in den Archiven der Berliner Akademie der Künste Recherchen anstellte. Im Osten kurz vor der Vereinigung geboren, wurde ihr zu Hause und in der Schule implizit vermittelt, dass das Ost-West-Thema in der politischen Diskussion »keine Rolle spielen sollte«, selbst wenn es nicht explizit tabu war. Sie hatte das Schweigen weitgehend internalisiert, das sie bezüglich der DDR wahrnahm und das, wenn auch größtenteils unsichtbar, um sie herum weiterbestand. »Auch Hamlets Kinder werden«, wie Santner über ererbte psychische Strukturen schrieb, »von den Geistern der Vergangenheit heimgesucht.«[10] So schien es beinahe transgressiv, als sie in dem Aktenordner auf einen Brief stieß, den Mitglieder des Deutschen Theaters in (Ost-)Berlin im November 1989 an den damaligen westdeutschen Kanzler Helmut Kohl geschrieben hatten und der so begann: »Mit zunehmender Verärgerung beobachten wir Ihren Einsatz für Demokratie in der DDR.«[11]

Der Brief wurde geschrieben, als die Demonstranten auf der Straße gerade ihren Slogan »*Wir* sind das Volk« durch »Wir sind *ein* Volk« ersetzten, die entscheidende diskursive Veränderung in Richtung Vereinigung. Im Laufe der Jahre wurde für Weyrauch, wie für viele Angehörige ihrer Generation, die kurze, aber intensive Zeit der hausgemachten Reform – »*Wir* sind das Volk« – in alltäglichen Interaktionen diskursiv marginalisiert. Mit seinen umstrittenen neoliberalen Sozialhilfeprogrammen und dem »Solidaritätszuschlag« zur Unterstützung des Aufbaus Ost wirkte das vereinte Deutschland, in dem sie aufwuchs, nicht wie ein Ort, der einst an der Spitze radikaler sozialer Veränderung gestanden hatte. Der Brief, den sie in Händen hielt, war indes das Artefakt einer Ära, bevor »alles« geordnet wurde. Er rügte den Einheitskanzler als »Trittbrettfahrer« der hart erkämpften Errungenschaften der Ostdeutschen und erklärte: »Das Volk der DDR hat seine Reformen selbst erkämpft und wird das auch künftig tun.«[12]

Weyrauchs westlicher Kollege Martin Zepter, damals ebenfalls Student der Theaterwissenschaften, empfand eine parallele innere Distanz zu den Ereignissen von 1989. Er wuchs in einer bayrischen Kleinstadt auf, wo »du schon Außenseiter (bist), wenn du irgendwie den CSU-Bürgermeister kritisierst«, und wo es außer Frage stand, dass Kohl die östlichen Brüder von wirtschaftlicher Not und politischer Repression erlöst hatte.[13] Weyrauch und Zepter hielten sich weder für nostalgisch noch für naiv – was ihre Aufmerksamkeit auf sich zog, war nicht die Substanz des gescheiterten Traums der Epoche, sondern dass nach der Vereinigung der Wunsch, eine Alternative zu finden, verleugnet wurde, die, so unwahrscheinlich sie auch war, Handlungsmöglichkeiten und eine andere Zukunft in Aussicht stellte. Der Brief wirkte plötzlich wie ein verborgenes Erbe, und beim Lesen der Seiten des Archivs war es so, als würde man eine versteckte Tür zu einem geheimen Garten entdecken.

Das Archiv stellte eine fehlende Komplexität und Nuance in einen Kontext, in dem Weyrauchs Kommilitonen »immer gesagt (haben), ach, Ost West so, ach was wollen wir denn jetzt hier noch mit diesem Thema und so. Jetzt haben wir schon viel über den Osten gesprochen und jetzt nicht noch mal«. Beim Durchblättern des Aktenordners wurde sie von der materiellen Spiegelung der Komplexität der Epoche gefangen genommen: »Und da hab ich halt angefangen zu lesen eigentlich noch unter einem anderen Fokus und hab dann aber gemerkt, dass ich das halt total spannend fand wie sich das so abwechselt, eben wirklich diese historischen Zeitungsartikel gemixt mit Stücktext, gemixt mit Transkripten von den Schauspielergesprächen und das war alles so nacheinander so abgeheftet. Das waren wie so Schichten auch, durch die man sich durchgeblättert hat. Und weil ich sowieso schon immer auch mich mit dem Osten oder mit dem Zusammenbruch, also einfach persönlich beschäftigen wollte, kam das irgendwie so gut zusammen.«[14]

Das brachte Weyrauch und Zepter auf den Gedanken, ein Stück zum 20. Jahrestag des Falls der Berliner Mauer zu schreiben, genauer gesagt, ein Stück textlich zu arrangieren, das von dem Kollektiv theatrale subversion aufgeführt werden sollte und das sich der Nebeneinanderstellung und des Zitats bediente, um die mythische Macht der etablierten Narrative über die Wiedervereinigung zu untergraben. Im Geist der Inszenierungsunterlagen aus dem Archiv verfasst, besteht das Stück *1989 [Exit Ghost]* (das ich als *Exit Ghost* zitieren werde) zugleich aus einer Teil-Aufführung von *Hamlet*, aus Heiner Müllers *Hamletmaschine*, aus Gesprächen, die Probennotaten zur *Hamletmaschine* aus dem Herbst 1989 entstammen, sowie aus einer Dokumentation zeitgenössischer Texte und Medien, während die Schauspieler sich selbst und ihre Kollegen spielen. Vor einem minimalistischen Bühnenbild wechseln die Schauspieler, die, in den Zwanzigern und Dreißigern, alle der Post-1989-Generation angehören, zwischen fiktionalen, historischen Personen und sich selbst hin und her. Letztendlich bilden die Ereignisse von 1989 den Hintergrund für den Ausbruch jüngerer Proteste in Griechenland, Spanien und im Mittleren Osten.

## Der Geist in der Maschine

Weyrauchs und Zepters *Exit Ghost* lässt die frühere Bedeutung von *Hamletmaschine* als Stück einer unvollendeten Revolution wieder aufleben oder, genauer gesagt, die Idee, dass eine Revolution grundsätzlich, vielleicht tragischerweise, unvollendet und in gewisser Weise, selbst wenn sie stattfindet, unmöglich ist. Dies steht im Gegensatz zu dem, wie *Hamletmaschine*, als das Stück schließlich im März 1990 in Ostberlin zur Aufführung kam, verstanden wurde: Es galt allgemein eher als Requiem für eine bereits dem Untergang geweihte DDR denn als Hinweis auf die Unmöglichkeit einer erfolgreichen Revolution.[15] Durch die Rückkehr zum unbestimmten Charakter des Originals fängt *Exit Ghost* für diese Generation ein vages Unbehagen ein, das die jährlichen Feiern zum Mauerfall mit ihren TV-Sondersendungen und Ausstellungen des Öfteren begleitet. Dies betrifft hauptsächlich, wenn auch nicht ausschließlich, die sog. dritte Generation Ost, für die das Ende des ostdeutschen Staates sich häufig in familiären und persönlichen Veränderungen mit äußerst widersprüchlichen Folgen niederschlug.[16] Zahlreiche elterliche Ehen gingen in die Brüche, oder aber die Eltern veränderten sich auf eine für ihre Kinder mysteriöse Weise. Die damalige allgemeine Begeisterung war durch die Furcht vor dem Unbekannten getrübt, ein emotionaler Mix, der das Jahr 1989 zu einem unsicheren Gelände und emotionalen Minenfeld werden ließ.

Anlässlich des 20. Jahrestags wurde die Öffentlichkeit ganz besonders stark von einer Welle von Bildern überschwemmt, und die Schauspieler von *Exit Ghost* verwandeln sich in einen kollektiven Hamlet, der an der Küste der durch die Medien vermittelten Vergangenheit steht und mit der Brandung redet. »Ich sehe Bilder von damals«, sagt der Schauspieler Norman, »[…] Und ich muss mir dann immer eine Träne wegdrücken oder tatsächlich weinen und ich weiß gar nicht richtig warum.« Ist dies vielleicht, fragen seine Kollegen, eine rein emotionale Reaktion auf den Anblick von so viel Wut, Willen und Hoffnung (»vor allem der Hoffnung«)? Oder die Tatsache, dass damals so viel auf dem Spiel stand? Oder dass die Bilder eine Wirkung wie Geistbesessenheit ausüben? Oder ist es das starke Gefühl, einen Moment zu beobachten, in dem die Welt unterging? Oder »liegt es daran«, wie Norman wiederum reflektiert, »dass etwas weg ist, was mich betrifft, weil ich da geboren bin und ich keine Chance habe mir wirklich ein Bild zu machen und auf Gedeih und Verderb vertrauen, glauben und wissen muss, was ich nicht glauben und wissen kann, worin ich nicht vertrauen kann, weil ich es nicht angefasst und gespürt habe mit meinen Augen, meinem Herzen, meinem Verstand?«[17] Dieses tiefe Misstrauen in

Medien-Narrative, die durch die Bilder erzählt werden, wird zum Misstrauen des Schauspielers in die eigenen emotionalen Reaktionen auf Bilder aus der Vergangenheit. In *Exit Ghost* ist das Jahr 1989 nicht die Vergangenheit, sondern der Geist, der die eigenen Biographien begleitet und sich mit ihnen vermischt: »Deswegen ist die Wende für mich auf persönlicher Ebene immer auch eng mit der jahrelangen Beziehungskrise meiner Eltern verschränkt«, erklärt Sascha in dem Stück. »Und ich frag mich bis heute wie stark diese Krise wirklich von den Ereignissen um den Umbruch 89 bestimmt war oder schlicht von privaten Differenzen.«[18] Für die Schauspieler des Stücks wird 1989 somit zu einem Tabubereich – sie fragen sich weniger, was ihre Eltern in der DDR *wirklich getan haben*, so wie die Generation von 1968 in Westdeutschland die Handlungen ihrer Eltern im Dritten Reich kritisch hinterfragt hatte, sondern wollen eher wissen, was 1989 in ihren Eltern auslöste, sodass sie plötzlich zu anderen Menschen wurden, und wie ihre Eltern und sie selbst unter anderen Umständen gewesen wären.

## Ein doppeltes Erbe

Im Umgang mit der jüngeren Vergangenheit vermeidet *Exit Ghost* zwei ausgetretene Pfade, weshalb das Stück eine geeignete Coda zu dem weiter gefassten Thema des Buches, der Erinnerung von unten, abgibt. Das Stück verzichtet auf die Form der persönlichen Erinnerung (etwa nach Art von Jana Hensels *Zonenkinder*) und erhebt auch nicht den Anspruch auf die Darstellung einer Generationenbewegung im Geist des Jahres 1968, wie sie in Verbindung mit der »dritten Generation Ost« viel diskutiert wurde.[19] Persönliche Erinnerungen bergen durch den introvertierten Blick die Gefahr einer Entpolitisierung, die Darstellung einer Generationenbewegung aber die Gefahr einer Überpolitisierung, wenn diese Generation mit beinahe 50 Jahre alten ideologischen Kampflinien in Verbindung gebracht wird.[20]

Stattdessen bringt *Exit Ghost* das zur Aufführung, was Koga als doppeltes Erbe der Vergangenheit bezeichnet, wobei die Anerkennung des eigenen Erbes zwangsläufig die Anerkennung des Erbes des anderen mit sich bringt.[21] *Exit Ghost* thematisiert und vermischt Erfahrungen aus Ost und West und macht auf performative Weise das Erbe des anderen zu seinem eigenen. Die Äußerungen der sog. dritten Generation Ost sind verwoben mit seltener gehörten westlichen Reflexionen über verlorene Privilegien. »Ich wünsche mir den Kommunismus zurück, weil […] wir […] immer auf der Gewinner-Seite standen […] Wir haben zwischen Südfrüchten und Master of the Universe Figuren eine glückliche Kindheit verbracht […] Heute gibt es keine DDR mehr. Das heißt auch keine Gewinner mehr.«[22]

Diese Anerkennung des Erbes des anderen ist auch formal umgesetzt: Die Schauspieler kommen zu gleichen Teilen aus dem früheren Osten und Westen (das war keine Absicht, sondern Zufall) und spielen sich gegenseitig, wenn sie von persönlichen Erfahrungen erzählen. Mit anderen Worten: Ein Schauspieler aus dem Westen berichtet von den Erfahrungen eines Kollegen aus dem Osten und umgekehrt. Da das Publikum höchstwahrscheinlich nicht wusste, welcher Schauspieler von wo kam, und erst recht nicht, wem die persönlichen Erfahrungen zuzuschreiben waren, ist diese Wirkung in erster Linie Teil der Gruppendynamik.

So wie es das Stück vermeidet, allzu sehr in den Erinnerungsstil zu verfallen oder in die Parteipolitik des Jahres 1968 einzutauchen, so vermeidet es auch, zu einem Requiem für verlorene Chancen zu werden. Das Erbe der Generation von 1989 ist mehrdeutig und dies ganz besonders für die Künstler/Aktivisten im Herzen von *Exit Ghost*. Hier sind löbliche Aktionen mit dem Gefühl verbunden, benutzt zu werden und schließlich das Nachsehen zu haben. Während das Stück die Errungenschaften des Jahres 1989 anerkennt und die Wiederentdeckung eines marginalisierten historischen Handelns feiert, wird seine Wirkung durch das Gefühl des »beinahe, aber nicht ganz« abgeschwächt, durch eine Art Niederlage, obwohl der Sieg schon sicher schien, was vor allem für diejenigen im Osten und Westen gilt, die ernsthaft an einen dritten Weg glaubten.

Hier wird der Geist Hamlets und nicht der von Hamlets Vater zu einer wirklichen Heimsuchung für die im Zentrum dieses Stücks stehende Generation. Das Schlüsselbild in *Exit Ghost* ist Müllers Hamlet, der für immer an der Küste steht und »mit der Brandung BLABLA« redet.[23] In *Exit Ghost* steht Hamlet wieder und wieder am Ufer, spricht mit den schäumenden Wellen, die sich an der Küste brechen, nur um zu erleben, dass seine Worte im bedeutungslosen »BLABLA« der *Hamletmaschine* untergehen. Von den zahlreichen Themen in *Exit Ghost* ist das vielleicht am häufigsten wiederkehrende die Unfähigkeit der Sprache, Bedeutung zu vermitteln; die Sprache wird vom Lärm der Brandung übertönt, diese ist gleichgültig und antwortet nicht. Leute sprechen und werden nicht gehört, oder sie sprechen, doch ihre Worte sind bedeutungslos, oder aber sie sprechen und werden ausgebuht.

Eine Schauspielerin formuliert die Hilflosigkeit der berühmten ostdeutschen Romanautorin Christa Wolf, als diese sich auf dem Höhepunkt der Demonstrationen an das ostdeutsche Publikum wendet: »Wir sind uns der Ohnmacht der Worte gegenüber Massenbewegungen bewusst, aber wir haben kein anderes Mittel als unsere Worte.« Später liest eine Schauspielerin eine aus etwa derselben Zeit stammende Probennotiz zur *Hamletmaschine* vor: »[…] als es auf der Straße plötzlich so laut schrie, daß wir im Theater wirklich verstummen mußten ab und an.« Nach dem Mauerfall ist in den Probennotaten nicht mehr von einem zeitweiligen Schweigen am Set die Rede, sondern von einer allgemeinen »Sprachlosigkeit«.[24]

Dieser Sprachverlust zeigt sich sowohl auf der Bühne als auch im Text. Heiner Müllers Inszenierung aus dem Jahr 1990 begann mit Eis und endete im Feuer. *Exit Ghost* bleibt eingefroren, wobei die einzigen Requisiten – blaue Wassercontainer aus Plastik, die riesigen Eiswürfeln ähneln – auf der Bühne wie Blöcke hin und her geschoben werden können und imaginäre Küstenlinien und Grenzen bilden. »Was ich aber sehr spannend finde mit der Eiswürfelmetapher auch unabhängig davon ob man Müllers Inszenierung kennt oder nicht«, sagte Zepter, »dass dadurch die Welle gefroren ist. Diese Stagnation […] Es bewegt sich nichts mehr. Es bewegt sich einfach nichts mehr, man steht davor und man kann da brüllen, und man kann sich da abarbeiten, aber diese Welle ist einfach eingefroren, d. h. es gibt gerade einen Endpunkt der Gesellschaft. Es gibt gerade so einen Stagnationsmoment für und in der Gegenwart, wo wir aber nicht wissen wie es weitergeht.«[25]

## Die Küste Utopias

Das Erbe zeugt letztlich von einer Hilflosigkeit Hamletschen Ausmaßes. Die Schauspieler der Post-1989-Generation fühlen sich mit den desorientierten Schauspielern von *Hamletmaschine* verwandt, die planlos im Probenraum des Deutschen Theaters herumsitzen, der hier auch zum Raum des deutschen Theaters wird. Der Brief der Mitarbeiter des Deutschen Theaters, in dem diese ihre »Verärgerung« darüber zum Ausdruck bringen, dass der westdeutsche Kanzler Kohl ihre Revolution an sich reißt, signalisiert für sie den Verlust einer Chance auf Utopia, so sehr verbinden sie den kapitalistischen Westen mit einer totalisierenden Macht. Diese Furcht vor einem totalisierenden Kapitalismus ist heute in den zahlreichen diffusen Bewegungen gegen einen ebenfalls diffusen, aber anscheinend omnipräsenten »Neoliberalismus« in gewisser Weise sogar noch gegenwärtiger. Für die Post-1989-Generation ist die Globalisierung, nicht aber die Wiedervereinigung der Kontext, in dem die Entmachtung stattfindet.

Die Schauspieler vermitteln den Eindruck, als seien sie von der Komplexität überwältigt und hätten kein ausreichendes Wissen, um die Ereignisse korrekt zu interpretieren: »Deutschland war Teil der EWG, dann EG, jetzt EU, der G7 dann G8, der G8+1, G9+3, G20. Der OPEC, der NATO, der UNO, der Weltbank, des Weltwirtschaftsforums, der Weltsicherheitskonferenz, des Internationalen Strafgerichtshofes, des Völkerrats, der WHO, der WTO und, und, und […]« Gegen diese »undemokratischen Institutionen« wird eine gegenteilige Liste von Bewegungen aufgeboten: »Attac, Occupy und Anonymous und und und, bis hin zur Piratenpartei.«[26] Letztlich aber weiß, wie die Schauspieler zu schlussfolgern scheinen, niemand wirklich, wo heute die Macht liegt, weshalb es jetzt sogar noch schwieriger ist als zu Zeiten der DDR, sich ihr zu widersetzen.

Die Empörung über den (»seit langem bestehenden«) »Kapitalismus« wird auf diese Weise schnell durch die Furcht gezügelt, man könne unvorsichtigerweise versuchen, »einen halbwegs funktionierenden Staat« zu zerstören, ohne etwas zu haben, was ihn ersetzt, und so ein Machtvakuum herbeiführen. Die Geister von Weimar sind noch so gegenwärtig wie eh und je, die Furcht vor der politischen Rechten bleibt real und wurde in den Jahren nach der Abfassung von *Exit Ghost* nur noch realer. Vielleicht ist das Einzige, was bleibt, sich von Hamlet zu distanzieren. Müllers Hamlet hat dies versucht, als er an einer Stelle in der *Hamletmaschine* feststellt: »Ich bin nicht Hamlet. Ich spiele keine Rolle mehr.« Die Schauspieler in *Exit Ghost* stimmen dem zu, sie wiederholen »Ich will nicht mehr Hamlet sein« und erklären schließlich: »Ich bin nicht mehr Hamlet. Ich sitze in einer Kneipe und trinke. Gluck, gluck.« Anstatt mit der Brandung zu reden, redet in *Exit Ghost* Nicht-Hamlet mit dem Fernsehen und bestellt noch ein Bier. Anstatt tiefgründige Fragen über das Sein zu stellen, fragt die Schauspielerin in der Rolle des Nicht-Hamlet, ob sie sich ins Landhaus eines Freundes zurückziehen solle, in das mit jenem leckeren selbstgebrannten Schnaps.[27] »Ich glaube nicht«, sagt der Schauspieler Sascha an einer Stelle, »dass es bald eine Revolution gibt«, womit er die Frage des Geistes in *Hamletmaschine* »Hast du an einem Staatsbegräbnis nicht genug?« positiv zu beantworten scheint.

Auf diese Weise verwandelt sich »Sein oder Nichtsein?« in »Was tun?« Hier landen wir offenbar an der Küste von Utopia, die Tom Stoppard in seinem gleichnamigen Stück über russische Intellektuelle erkundete. Dort setzte er sich ebenfalls mit der Frage nach der Bedeutung des Handelns auseinander. Wenn Utopia die »eigentliche Heimat« der Jugend ist, wie es Thomas Schubert in seiner Besprechung von *Exit Ghost* formuliert, dann ist dies ein Stück über eine Situation, die allen Generationen gemeinsam ist, nicht aber über eine Art Heimweh nach der DDR.[28] *Exit Ghost* handelt jedoch nicht nur von der Sehnsucht einer Generation nach Utopia, sondern auch von dem Wunsch, das Eigentumsrecht an Ereignissen, die ihr Leben unmittelbar betrafen, geltend zu machen. Dies geschieht durch eine Ästhetik der Assemblage, die als Hommage an Erwin Piscator die Hierarchie des Theaters hinsichtlich Text, Bild, Bühne und Ton durcheinanderbringt und auf diese Weise auch die normierten Hierarchien des Zuschauers bezüglich einer zusammenhängenden Geschichte.

*Exit Ghost* illustriert die Funktionsweisen der Aneignung – des Prozesses, etwas zu seinem Eigenen zu machen –, die, wie dieses Buch behauptet, neben der Erinnerung einen konzeptionellen Status verdient, wenn man verstehen will, wie gewöhnliche Menschen mit schwierigen Vergangenheiten umgehen. Wie der Kulturtheoretiker Dominic Pettman schreibt, bedeutet Aneignung mehr, als etwas für den eigenen Gebrauch an sich zu bringen. Es ist eine bewusste Übernahme, die »mit der Tradition bricht, um einen erneut über die Tradition nachdenken zu lassen«.[29] Die Tradition, die *Exit Ghost* bricht, ist de facto der Bruch der Tradition selbst. Mithilfe von *Exit Ghost* durchdenken wir die Tradition anhand ihrer Brüche und fragen uns dabei auch, was genau als Bruch zählt: »Ist die DDR als Trojaner in das System der BRD eingespeist worden, der sich inzwischen aktiviert hat und sein Potential immer weiter entfaltet?«, lautet die Frage, die das Stück umrahmt und einmal zu Beginn und dann wieder am Ende gestellt wird. Das Stück macht hinreichend klar, dass es nicht als eine aufsässige kommunistische Phantasie gemeint ist. Ganz im Gegenteil: Wenn die DDR offiziell als Deutschlands einzige demokratische Revolution gefeiert werden kann, ist dann, so scheint das Stück zu fragen, jener demokratische Geist nicht noch irgendwie aktiv, wenn auch beeinträchtigt, unübersichtlich und komplex? Wenn man dies als unser Erbe anerkennt, heißt das nicht, sowohl der Vergangenheit als auch der Gegenwart gerecht zu werden? Und ist das Gerechtwerden nicht die gewissenhafteste Weise, um die Vergangenheit aufzuarbeiten und mit klarem Herzen und kühlem Kopf über die Zukunft nachzudenken?

# Dank

Dieses Buch ist das Ergebnis einer über 30 Jahre langen Beziehung mit Deutschland. Sein Hauptaugenmerk gilt zwar der Zeit nach der Vereinigung, aber während meines Studiums in Heidelberg hatte ich – wenn man so sagen darf – das Glück, die Deutsche Demokratische Republik, d. h. Ostdeutschland, zu besuchen. Das war in den 1980er Jahren, als die deutsche Teilung noch unumkehrbar schien. Etwas später, im Jahr 1990, war ich Zeuge der Währungsunion. Damals wurde die ostdeutsche Mark von der westdeutschen D-Mark abgelöst, auf den mitternächtlichen Straßen rund um den Alexanderplatz war das Knallen kleiner spontaner Feuerwerke zu hören, die Geschäfte entledigten sich ihrer Waren und ersetzten sie durch Westprodukte. Aus heutiger Perspektive traf es sich gut, dass ich diesen zentralen Moment in der Geschichte der materiellen Kultur der DDR miterlebte, denn in den darauffolgenden Jahren sollte ich mich damit beschäftigen, welche Rolle die Materialität in den Diskussionen einer Gesellschaft über vielfältige, sich überschneidende und häufig widersprüchliche Vergangenheiten spielt. In jener Nacht aber nahm ich (als Mitglied eines US-amerikanischen Forschungsinstituts) an einer etwas surrealen Konferenz in Ostberlin teil, die im Gästehaus des früheren Außenministeriums im Treptower Park stattfand und vom letzten Außenminister der DDR, Markus Meckel, ausgerichtet wurde. Kurz danach kehrte ich zum Studium nach Berlin zurück und wurde erneut Zeuge eines epochalen mitternächtlichen Augenblicks: Ich stand mit Freunden auf dem ehemaligen Todesstreifen gleich neben dem Reichstag, als Feuerwerke, die diesmal beträchtlich größer waren, die Vereinigung verkündeten.

Während die Vereinigung in immer weitere Ferne rückte, hallte in den nächsten Jahrzehnten ihr weitreichendes Echo bei meinen nachfolgenden Besuchen und Projekten weiter nach. Forschungen, die sich mit einer so langen Periode befassen, nehmen vielfältige Formen an. Etliche der letzten 20 Jahre waren, im Rahmen akademischer Institutionen und Förderprogramme, der formalen Forschung gewidmet, aber es lässt sich oft nur schwer ganz genau sagen, wo die Forschung beginnt und wo sie endet. Das ist besonders dann der Fall, wenn man in einem Land über viele Jahre hinweg ethnographisch arbeitet. Wie bei jeder langfristigen Feldarbeit war ich bei meinen Beobachtungen, Gesprächen und Besichtigungen in hohem Maß auf die Großzügigkeit, Freundschaft und Interessen anderer angewiesen. Der folgende Dank gilt deshalb nicht nur den »Informanten« einer typisch ethnographischen Studie. Dieses Buch verdankt seine Existenz einem breiten Spektrum von wichtigen Freunden, Unterstützern, Mentoren, Förderern und Assistenten ebenso wie jenen, die mich an ihren Erfahrungen und Sichtweisen teilhaben ließen, mir Feedback gaben oder mich manchmal einfach nur mit einem freundlichen Wort der Ermutigung bedachten.

Bevor ich mich einzelnen Personen zuwende, möchte ich mehrere Institutionen erwähnen, die für die Unterstützung meiner Forschungsarbeit speziellen Dank verdienen. So danke ich dem Deutschen Akademischen Austauschdienst (DAAD) für ein Faculty Research Visit Grant und der Czech National Science Foundation für die finanzielle Unterstützung durch das fördermittelfinanzierte Projekt »Collective Memory and the Transformation of Urban Space« an der Masaryk-Universität in Brünn. Sehr profitiert habe ich von einem Stipendium des Social Science Research Council und des Wissenschaftskollegs zu Berlin für das in zwei aufeinanderfolgenden Jahren veranstaltete Sommerinstitut »The Unification of Germany: Problems of Transition in Comparative Perspective« ebenso wie von einem Fulbright-Stipendium für ein Deutschland-Seminar. Zu großem Dank bin ich dem Zentrum für Literatur und Kulturforschung in Berlin verpflichtet, das mir während meines DAAD-Stipendiums Unterkunft gewährte. Dies gilt auch für das Institut für Europäische Ethnologie an der Berliner Humboldt-Universität, das mich in seine weitläufige Familie aufnahm, als ich während meiner Beurlaubung von der New School, der ich ebenfalls sehr dankbar bin, zur Fortsetzung meiner Forschungen zurückkehrte. Teile des Manuskripts wurden fertiggestellt, während ich als Gastprofessor am Watson Institute an der Brown University und als Faculty Affiliate am Mina de Gunzburg Center for European Studies der Universität Harvard tätig war. Für seine institutionelle Unterstützung danke ich auch dem Department of Sociology an der Columbia University, wo ich als Gastwissenschaftler am Center of Organizational Innovation gearbeitet habe. Der deutschen Bundeskulturstiftung und dem New Yorker Büro der Rosa-Luxemburg-Stiftung möchte ich ebenso wie allen Schauspielern und dem gesamten Team dafür danken, dass sie 2014 im Rahmen eines Symposiums an der New School und der City University of New York die Aufführung von *1989 [Exit Ghost]* ermöglicht haben.

Große Teile des Textes profitierten in besonderem Maß vom Geben und Nehmen in Workshops, und ich möchte hier vor allem das bahnbrechende Projekt »Contours of the Everyday«, auch bekannt als »Alltag collective«, hervorheben; erwähnt seien auch die dem Zeitgeist gewidmete Konferenz »What does it mean to be German in the twenty-first Century« an der Universität Birmingham, »Past on Display« an der Universität Toronto und der Workshop »Memory, Migration, and Materiality« an der New School. Die Ergebnisse dieser Workshops sind an unterschiedlichen Orten publiziert: Das Material, auf dem das Kapitel 2 dieses Buches basiert, ist in einem kurzen Artikel in einer Spezialausgabe von *German Politics and Society* aus dem Jahr 2015 (Bd. 33, Nr. 1–2) vorgestellt sowie in einzelnen Kapiteln in *Exhibiting the German Past: Museums, Film, and Musealization*, hrsg. von Peter McIssac und Gabriele Müller (Toronto: University of Toronto Press, 2015) und in *Ruptures in the Everyday: Views of Modern Germany from the Ground*, herausgegeben, oder genauer gesagt, galant lanciert von Andrew Bergerson und Leonard Schmieding (Oxford: Berghahn, 2017). Kapitel 4 ist in »Memory, Materiality, and Sensuality«, einer Spezialausgabe von *Memory Studies* aus dem Jahr 2016 (Bd. 9, Nr. 1), erschienen. Eine frühe Fassung von Kapitel 1 ist 2002 in gekürzter Form in *Public Culture* (Bd. 14, Nr. 2) veröffentlicht, und ausgewählte Teile der Kapitel 1 und 2 sind als Kapitel in dem Buch *Anthropology and Nostalgia*, hrsg. von Olivia Angé und David Berliner (Oxford: Berghahn, 2014), abgedruckt.

Besonderen Dank schulde ich Andrew Bergerson, der mich in das Projekt Alltag eingeführt hat, Veit Hopf für sehr viele Anregungen, sowie David Stark. Danken möchte ich auch Cristina Cuevas-Wolf, Dani Kranz und der gesamten Arbeitsgruppe Alltag. Mein Dank geht auch an viele Menschen in Deutschland. Sie, die hier nicht alle genannt werden können, haben mich bei meinen Recherchen großzügig unterstützt, mir ihre Zeit geschenkt und sehr viel mehr Geschichten erzählt, als ich in mein Buch aufnehmen konnte. Zu ihnen gehören Kali Alavi, Melanie Alperstadt, Nikolaus Bernau, Nina Brodowski, Olaf Brusdeylins, Rudolph Denner, Thomas Flierl, Hans-Peter Freimark, Halina Hackert, Jürgen Hartwig, Gero Heck, Günter Höhne, Anna Kaminsky, Wolfgang Kaschuba, Axel Klausmeier, Rainer Klemke, Coco Kühn, Dieter Lämpe, Adriana Lettrari, Andreas Ludwig, Jürgen Reiche, Hanno Sowade, Sandra Starke, Romy Weyrauch, Stefan Willer, Stefan Wolle und Martin Zepter, ebenso einige Kollegen in Brünn, hier vor allem Radim Marada und Szalo Csaba. Außerdem danke ich Susanne Beer, Gisela Hirschmann, Loran Jacob, Erik Porath, Martine Saurel und Florian Stache. Unter meinen lieben Freunden in Deutschland, die für mich wie eine Familie sind, danke ich vor allem Katharina Bahn, Thomas Bauer, Hans-Arthur Falkenrath, Burkhard Freitag, Hans-Joachim und Petra Giessmann, Sophie Hopf, Veit Hopf, Matthias Karadi, Claudia Schulz, Franzis Stich, Christine Wendland sowie der gesamten Wandergruppe.

An der New School gilt mein Dank Michael Cohen, Stephen Collier, Alexandra Delano, Julia Foulkes, Bill Hirst, Ashok Gurung, Victoria Hattam, Rachel Heiman, Nora Krug, Carin Kuoni, Elzbieta Matynia, Virag Molnar, Hugh Raffles, Trebor Scholz, Everita Silina, Jürgen von Mahs, Antina von Schnitzler, und ein ganz besonderer Dank geht an Geeti Das, Claudia Horn, Franziska König-Paratore und Sheila Shettle. Christian Neuner danke ich herzlich für die Anfertigung der wunderschönen Karten. Für unterschiedliche Formen der Unterstützung, des Feedbacks und der Inspiration während der Jahre in New York und andernorts danke ich auch Susanne Baackmann (meiner Co-Vorsitzenden beim German Studies Association

Memory Studies Interdisciplinary Network), Katrin Bahr, Ruchi Chaturvedi, Rachel Daniell, Jennifer Evans, Lindsey Freeman, Grete Kegel Fry, Yifat Gutman, Krista Hegburg, Isabella Hertner, Michael Herzfeld, Andreas Huyssen, Marilyn Ivy, Justinian Jampol, Stephan Jaeger, Sara Jones, Stefan Knust, Eric Langenbacher, Doreen Lee, Melanie Lorek, Sharon Macdonald, Peter McIssac, Sofian Merabet, Gabrielle Müller, Michal Murawski, Ben Nienass, Juan Obarrio, Serguei Oushakine, Sonali Pahwa, John Pemberton, Michael Rothberg, Marilyn Rueschemeyer, Albert Scharenberg, Stephan Schmidt, Sharon Simpson, Amy Sodaro, Monique Girard Stark, Jeremy Straughn, Michael Taussig, Roxanne Varzi, Janet Ward, Dana Alina Weber, Karin Wehn, Jenny Wüstenberg und Yasemin Yildiz. Scott Solomon und Jim Josefson verdienen stets ein ausdrückliches Dankeschön. Mein ständiger Dank gilt Mary Ann O'Donnell und Winnie Wong, die mir aus einer völlig anderen Perspektive zu Einsichten in die Funktionsweisen von Authentizität, Aneignung und Erinnerung verholfen haben. Ein großer Dank geht an meinen Lektor bei der Columbia University Press, Eric Schwartz. Den drei anonymen Gutachtern danke ich für ihre großzügigen und produktiven Kommentare. Für ihre sorgfältige und kenntnisreiche Übersetzung ins Deutsche bin ich Ursula Blank-Sangmeister sowie Anna Raupach und Janet Schüffel zutiefst dankbar.

Ganz besonders herausheben möchte ich die Liebe und Geduld meiner Mutter Suzanne, meines Bruders Raymond, meiner Schwester Claudia und ihrer Familien, sowie meiner Schwiegermutter Hiroko – für sie alle war es eine lange Zeit. Mein Vater Robert und auch mein Schwiegervater Tetsuhiko verstarben, kurz bevor das Buch fertig geschrieben war. Beide wären sehr stolz gewesen, wenn sie es gesehen hätten, und ich kann ihre Gegenwart deutlich fühlen. Am stärksten von allen verpflichtet bin ich jedoch der Person, ohne die dieses Buch niemals das Licht der Welt erblickt hätte und mit der ich das Licht des Tages und das Licht des Mondes sehen darf – meiner Gefährtin auf der Suche nach dem geheimnisvollen Wirken der Vergangenheit in der Gegenwart, Yukiko Koga.

# Abbildungsverzeichnis

## Abbildungen

22 Intershop 2000 in Berlin. Foto des Autors
25 (N)Ostalgie-T-Shirt. Foto des Autors
34 Zigaretten aus Sachsen. Foto: picture-alliance/ZB/Martin Schutt
41 Waschmittel der DDR-Marke Spee. Foto: Illustratedjc, Creative Commons License
43 Flyer für den Laden »Ostpaket«. Foto des Autors
45 Ostalgie-Schnaps. Sammlung des Autors
53 Verkäufer auf einer Messe für Ostprodukte. Foto des Autors
54 Sternquell-Bier und Jugendträume. Foto des Autors
70 Rundbrief des Vereins zur Dokumentation der DDR-Alltagskultur. Foto des Autors
72 Eintrittskarte für das Museum Zeitreise. Foto des Autors
73 Flyer des DDR-Museums Kampehl. Sammlung des Autors
75 Fernsehapparate im DDR-Museum Perleberg. Foto des Autors
76 Lebensmittelgeschäft mit prall gefüllten Regalen. Foto des Autors
86 Stereoanlagen und Tonbandgeräte. Foto des Autors
89 Unterwäsche. Foto des Autors
90 Kleideranprobe. Foto des Autors
91 Wohnzimmer-Diorama mit einer bügelnden Schaufensterpuppe. Foto des Autors
93 Überwachungsfilm aus der Zeit der DDR. Foto des Autors
96 »Verhörraum« im DDR Museum Berlin. Foto des Autors
101 Die Betrachter werden mit ihrer Vergangenheit konfrontiert. Foto des Autors
108 Dürftig bestückter Lebensmittelladen. Foto des Autors
114 Milchbar im Palast der Republik. Foto mit freundlicher Genehmigung des Wende Museum and Archive of the Cold War, Los Angeles
119 Der Palast der Republik. © Bundesarchiv, Koblenz
121 Die berühmte Glasblume im Palast. Foto Peter Heinz Junge. © Bundesarchiv, Koblenz
122 Tanzen im Palast. Sammlung des Autors
135 Schloss-Simulation. haddenhorst.fotografie.de
142 »Das Schloss wird gebaut.« Sammlung des Autors
146 Das Innere des Palastes nach der Asbestentfernung. Foto Elke Wetzig (CC-BY-SA 3.0).
151 »Der Berg«. 360 / alamy Stockfoto
152 »Sterben ist auch eine Kunst.« Supernova-Performance im Palast. Foto und Projekt Harriet und Peter Meining, LPG (Olaf Brusdeylins, Paul Göschel,

Thomas Fißler, Falk Lehmann, Reinhardt v. Bergen) und Nikolaus Woernle, Produktion Theater Hebbel am Ufer Berlin
155 Abriss des Palastes der Republik. Foto des Autors
158 Der Anti-Humboldt. Foto des Autors
159 Grünanlage, ehemaliger Standort des Palastes. Foto des Autors
160 »Die DDR hat's nie gegeben«. © Arwed Messmer, 2008
168 Schwarze Kreuze am Checkpoint Charlie. Foto des Autors
171 Kopfsteinpflasterweg. Foto des Autors
173 Der historische Verlauf der Berliner Mauer. Sammlung des Autors
177 Stahlstäbe markieren die Berliner Mauer. Foto des Autors
178 Nationales Denkmal Berliner Mauer. Foto des Autors
179 Kapelle der Versöhnung. Foto des Autors
182 Gefakte Soldaten am Checkpoint Charlie. Foto des Autors
185 Touristen posieren vor einem Segment der Berliner Mauer. Foto des Autors
186 Sehen Sie hier die Mauer! Foto des Autors
188 Die East Side Gallery im Jahr 1990. Foto des Autors
189 Die East Side Gallery im Jahr 2009. Foto des Autors
192 Lager auf dem Potsdamer Platz im Jahr 1990. Foto des Autors
194 Living Levels, Luxuswohnungen an der East Side Gallery. Foto des Autors

## Karten

69 Standorte von DDR-Alltagsmuseen
126 Lage des Palastes der Republik und des Berliner Stadtschlosses
162 Die Berliner Mauer und ihre wichtigsten Gedenkstätten

# Anmerkungen

## Einführung

1 Das Graffito erschien am 4. Dezember 2008. Auf barsche Weise griff es – vermutlich absichtlich – auch die Kontroverse wieder auf, die 2001 hinsichtlich der Plakate entstanden war, auf denen um Spenden für das Denkmal für die ermordeten Juden Europas (d. h. das Holocaustdenkmal) in Berlin geworben wurde und auf denen zu lesen stand: »Den Holocaust hat es nie gegeben.« Vgl. Franziska Becker, »Die Spendenkampagne für das Denkmal«, in Dieter Daniels und Inga Schwede (Hrsg.), *Mahnmale in Berlin*, Leipzig 2004, https://www.hgb-leipzig.de/mahnmal/kampag.html.

2 Obwohl mit »Vereinigung« auch der Zusammenschluss der deutschen Länder zum deutschen Kaiserreich (1871) gemeint sein kann, verwende ich für die Ereignisse von 1989–90, als Ostdeutschland (offiziell bekannt als Deutsche Demokratische Republik oder DDR) sich Westdeutschland (Bundesrepublik Deutschland oder BRD) anschloss, lieber den Begriff »Vereinigung« als »Wiedervereinigung«. Von Anfang an wurden diese Begriffe nebeneinander verwendet. Vgl. William Safire, »On Language: Unify or Reunify?«, *New York Times*, 25. Februar 1990.

3 Constantin Graf von Hoensbroech, »Ostalgie ist eine Gefahr – Interview mit Joachim Gauck«, *Die Freie Welt* (2009), http://www.freiewelt.net/interview/ostalgie-ist-eine-gefahr-interview-mit-joachim-gauck-12045/.

4 Dieses Zitat findet sich in den von der Konrad-Adenauer-Stiftung herausgegebenen multimedialen »Handreichungen zur politischen Bildung«, *DDR – Mythos und Wirklichkeit*, Einführung zum Abschnitt »Alltag und Leben«, http://www.kas.de/wf/de/71.6585/. Vgl. Ulrich Bongertmann, *DDR: Mythos und Wirklichkeit. Wie die SED-Diktatur den Alltag der DDR-Bürger bestimmte,* Berlin 2014.

5 Diese Zahl entstammt einer Emnid-Umfrage aus dem Jahr 2009, bei der 49 % der ehemaligen DDR-Bürger der Aussage zustimmten, dass die DDR »mehr gute als schlechte Seiten hatte«, und 8 %, dass sie »überwiegend besser« war, insgesamt 57 % bewerteten sie also positiv. Bei den Westdeutschen sind die Zahlen umgekehrt, hier sahen 78 % mehr schlechte als gute Seiten. Vgl. Everhard Holtmann, »Die DDR – ein Unrechtsstaat?«, Bonn 2010. Gleichzeitig erklären sich im Jahr 2014 59 % der Ostdeutschen »mit ihrem Leben zufrieden«, fast derselbe Prozentsatz wie bei den Westdeutschen (61 %). Vgl. Andrew Kohut, »East Germans Now as Satisfied with Life as West Germans«, Washington, DC 2014. Eine aufschlussreiche Zahl bezüglich der unterschiedlichen Wahrnehmung der Vereinigung im Osten und Westen liefert eine Umfrage aus dem Jahr 2009, nach der 63 % der Ostdeutschen befanden, dass sich die Vereinigung für sie positiv ausgewirkt habe, während 67 % der Westdeutschen antworteten, sie seien von

der Vereinigung schlichtweg nicht betroffen. Vgl. Andrew Kohut, »Pew Global Attitudes Project: Two Decades After the Wall's Fall«, Washington, DC 2009. Die Schwierigkeit, zwei Länder mit völlig unterschiedlichen Nachkriegserfahrungen zusammenzuführen, zeigt sich mehr als eine Generation nach der Vereinigung weiterhin in den sozioökonomischen Unterschieden bei der Beschäftigung, bei den Einkommen und Einstellungen.

6 Das Zitat findet sich in Jan-Werner Müller, »Just Another *Vergangenheitsbewältigung*? The Process of Coming to Terms with the East German Past Revisited«, *Oxford German Studies* 38, Nr. 3 (2009), 338. Vgl. auch Manuel Becker, »Die Bedeutung des deutschen Diktaturenvergleichs für die politische Kultur der ›Berliner Republik‹«, *Deutschland Archiv*, Nr. 8 (2011), 403–410. Zum Konzept des doppelten Erbes vgl. Yukiko Koga, *Inheritance of Loss: China, Japan, and the Political Economy of Redemption After Empire*, Chicago 2016.

7 Der Vergleich ist zweischneidig und wird so zu einem besonders schwierigen politischen Terrain. Einerseits fürchtet man, dass – wenn die DDR nicht als (ziemlich) diktatorisches Regime angesehen wird – die Gefahren der Diktatur bagatellisiert werden könnten und damit die Unterstützung des Rechtsstaates untergraben und die faschistische Diktatur relativiert wird. Andererseits könnte eine allzu enge Gleichsetzung der DDR mit der Nazizeit paradoxerweise ebenfalls die Nazizeit relativieren und ihre Einzigartigkeit als negative Legitimation der deutschen Nachkriegsgeschichte in Frage stellen. Niemand behauptet ernsthaft, dass sich die Verbrechen der DDR mit denen der Nazis vergleichen lassen, doch diese Debatte ist eingebettet in eine viel breitere und erbittert geführte Kontroverse über den Vergleich zwischen dem Nationalsozialismus und dem Kommunismus, für die die sog. Kontroverse über das *Schwarzbuch des Kommunismus* in den späten 1990er Jahren ein Beispiel ist. Die erweiterte deutsche Ausgabe enthielt zusätzliches Material über die DDR, in der es nach Aussage des Buches ein durchaus vergleichbares Ausmaß an Verbrechen gab.

Die nach der Vereinigung geführte Debatte erinnert auch an den berühmten »Historikerstreit« im Deutschland der 1980er Jahre, in dem die Einzigartigkeit des nationalsozialistischen Totalitarismus hinterfragt wurde. Zum Problem, ob sich die DDR und die Nazizeit vergleichen lassen, vgl. u. a. Konrad H. Jarausch, »Memory Wars: German Debates About the Legacy of Dictatorship«, in: John Alexander Williams (Hrsg.), *Berlin Since Wall's End: Shaping Society and Memory in the German Metropolis Since 1989*, Newcastle 2008; Jeffrey Herf, »Post-totalitarian Narratives in Germany: Reflections on Two Dictatorships After 1945 and 1989«, *Totalitarian Movements and Political Religions* 9, Nr. 2–3 (2008); sowie Richard J. Evans, »Zwei deutsche Diktaturen im 20. Jahrhundert?«, *Aus Politik und Zeitgeschichte*, Nr. 1–2 (2005).

Der Charakter der ostdeutschen Diktatur ist bei Historikern ein viel diskutiertes Thema. Vgl. u. a. die Aufsätze in Konrad Jarausch (Hrsg.), *Dictatorship as Experience: Towards a Socio-Cultural History of the GDR*, New York 1999; Stefan Wolle, *Die heile Welt der Diktatur: Alltag und Herrschaft in der DDR 1971–1989*, Berlin 1998; sowie Mary Fulbrook, *Anatomy of a Dictatorship: Inside the GDR, 1949–1989*, New York 1995. Vgl. auch die Beiträge in Saskia Handro und Thomas Schaarschmidt, *Aufarbeitung der Aufarbeitung: Die DDR im geschichtskulturellen Diskurs*, Schwalbach 2011.

8 Als europäische Erinnerungsethik charakterisiert Benjamin Nienass die Bemühungen der Europäischen Union, ein »postnationales« kollektives Gedächtnis zu etablieren, das sich maßgeblich an dem deutschen Modell orientiert. Vgl. Benjamin Nienass, »Postnational Relations to the Past: A ›European Ethics of Memory‹?«, *International Journal of Politics, Culture, and Society* 26, Nr. 1 (2013), S. 41–55. Vgl. auch Jenny Wüstenberg, »The Struggle for European Memory: New Contributions to an Emerging Field«, *Comparative European Politics* 15 (2014), S. 376–389.

9 Der Untergang der DDR fiel mit einem weltweit kometenhaften Anstieg der Erinnerungsstudien in den Human- und Sozialwissenschaften zusammen. Ein großer Teil befasst sich mit der Frage, wie das kollektive Gedächtnis entsteht, manipuliert, erhalten und weitergegeben wird. Parallel zu den Debatten in der Geschichtswissenschaft im Zusammenhang mit Pierre Noras *lieux de mémoire* und der Beziehung zwischen Geschichte und Erinnerung stützt sich das größer werdende Feld der »gedächtniswissenschaftlichen Studien« vor allem auf die komparatistische Literatur, so z. B. die wichtigen Bücher von Andreas Huyssen, Marianne Hirsch und James Young sowie die Soziologie des kollektiven Gedächtnisses, wo u. a. Jeffrey Olick die Arbeit von Maurice Halbwachs mit neuem Leben erfüllte. Vgl. Pierre Nora, »Between Memory and History: *Les Lieux de Mémoire*«, *Representations*, Nr. 26 (1989); Marianne Hirsch, *The Generation of Postmemory: Writing and Visual Culture After the Holocaust*, New York 2012; Andreas Huyssen, *Twilight Memories: Marking Time in a Culture of Amnesia*, New York 1995, und *Present Pasts: Urban Palimpsets and the Politics of Memory*, Stanford 2003; Jeffrey Olick, *The Politics of Regret: On Collective Memory and Historical Responsibility*, New York 2007. Ihr disziplinäres Erbe reflektierend, neigen diese Ansätze dazu, dem Symbolischen den Vorzug vor dem Empirischen zu geben, mit Ausnahme von Olick, der in seiner Untersuchung über die Erinnerung an den Nationalsozialismus in Westdeutschland soziologische und historische Ansätze kombiniert, vgl. Jeffrey Olick, *The Sins of the Fathers: Germany, Memory, Method*, Chicago 2016.

Die deutschen Wissenschaftler Jan Assmann und Aleida Assmann liefern einen einflussreichen Beitrag mit ihrem Vorschlag, zwischen Phasen des »kommunikativen Gedächtnisses«, in denen die Erinnerung vorwiegend biographisch ist und durch die Familie weitergegeben wird, und Phasen des »kulturellen Gedächtnisses« zu unterscheiden, in denen die Medien die Erinnerung verarbeiten und für diejenigen, die die Ereignisse nicht direkt miterlebt haben, neu ordnen. Vgl. Jan Assmann, *Cultural Memory and Early Civilization*, Cambridge

2011; sowie Aleida Assmann, *Cultural Memory and Western Civilization*, Cambridge 2011. Diese Kategorisierung in verschiedene Phasen erlaubt es jedoch kaum, die Erfahrung der DDR als gegenwärtige Abwesenheit zu erfassen, da sie eine zu lineare Entwicklung vom »kommunikativen« zum »kulturellen« Gedächtnis impliziert, während die beiden Formen des Gedächtnisses im vorliegenden Fall symbiotisch und simultan existieren. Zu diesem Punkt vgl. auch die Kritik an den Assmanns in Michael Meyen, *»Wir haben freier gelebt.« Die DDR im kollektiven Gedächtnis der Deutschen*, Bielefeld 2013.

10 Dies ähnelt dem, was Bill Brown als »Zweckentfremdung« bezeichnet, wobei die Zweckentfremdung »Objekte von dem System befreit, dem sie verpflichtet sind« und das Augenmerk auf den »Überschuss an Materie und Bedeutung« richtet, der sonst weitgehend unsichtbar bleibt. Vgl. Bill Brown, *Other Things*, Chicago 2015, S. 234–235. Die Objekte in meiner Studie sind sicherlich Dinge im Sinne Browns, die durch die Interaktion zwischen menschlichen Subjekten und materiellen Objekten aktiviert werden. Während mein Zugang zur Materialität ontologisch konsistent ist mit der allgemeinen Auffassung von der Interaktion zwischen Menschen und Dingen differenzierterer Studien in der »Ding-Theorie« wie z. B. Browns Werk oder Jane Bennetts *Vibrant Matter*, Durham 2010, möchte ich die Aufmerksamkeit darauf richten, Dinge und Menschen zusammenzudenken, um besser zu verstehen, wie die Erinnerung, dieses oft ätherische Subjekt, auf Begegnungen mit der Materialität gründet und wie diese Begegnungen als Mechanismen für die Übermittlung zwischen den Generationen dienen, besonders (aber nicht nur) unter den Bedingungen eines raschen gesellschaftlichen Wandels. Ich stimme Andreas Huyssen zu, wenn er schreibt, dass Walter Benjamin für die Konstellation von Erinnerung und Materialität sehr wichtig bleibt, da Geschichten und Temporalitäten, wie Benjamin vor langer Zeit betonte, um materielle Objekte herum erstarren, weshalb sie von nachfolgenden Generationen überarbeitet werden können. Vgl. Andreas Huyssen, »Memory Things and Their Temporality«, *Memory Studies* 9, Nr. 1 (2015), S. 107–110. Die Temporalität und die Frage der generationenübergreifenden Übermittlung werden in Studien über die Mensch-Objekt-Interaktion heruntergespielt, vor allem in den Akteur-Netzwerk-Variationen, auch wenn der Temporalität im biographischen Ansatz der Anthropologie eine zentrale Rolle zukommt; vgl. dazu Igor Kopytoffs klassischen Beitrag »The Cultural Biography of Things«, in: Arjun Appadurai (Hrsg.), *The Social Life of Things*, Cambridge 1987, S. 64–91. Eine scharfe Kritik an der »materiellen Wende«, die den Fokus auf nichtmenschliche Objekte als eine Art Kompensation für eine Repräsentationskrise betrachtet, liefert Severin Fowles, »The Perfect Subject (Postcolonial Object Studies)«, *Journal of Material Culture* 21, Nr. 1 (2016), S. 9–27.

11 Eine verwandte Analyse der Art und Weise, wie physische Überreste, Raum und Zeugnis zirkulieren und zu einer fortwährenden Infragestellung dominanter Narrative über den Zweiten Weltkrieg führen, findet sich in Lisa Yoneyama,

*Hiroshima Traces: Time, Space, and the Dialectics of Memory*, Berkeley 1999. Wie in Yoneyamas Studie zeigen die Fälle hier, wie Präsentation und Musealisierung als Verbreitungsmechanismen fungieren, während Huyssen in seinem bahnbrechenden Werk *Twilight Memories* darlegt, dass die Vergangenheit in Museen eingeschlossen und in »Grabkammern« der Vergangenheit zu einer Form der Amnesie wird. Das in *Die Spuren der DDR* vertretene Konzept des Verstörenden erinnert an die Schrift des Architekturhistorikers Mark Jarzombek über das postsozialistische Stadtbild Dresdens; hier stellt er fest, dass es kaum möglich sei, »von den zunehmend offiziellen öffentlichen Diskursen der Erinnerung, Restitution, Monumente und Verpflichtungen zu der residualen Präsenz anderer Formen von Geschichte überzugehen, ohne einen anscheinend unergründlichen Raum der Unsicherheit hinsichtlich der Natur der öffentlichen Sphäre zu öffnen«. Vgl. Mark Jarzombek, *Urban Heterology: Dresden and the Dialectics of Post-Traumatic History*, Lund 2001, S. 22. Zu der Frage, in welcher Beziehung im Alltag vernakuläre urbane Räume zum kollektiven Gedächtnis stehen, vgl. auch Paul Stangl, »The Vernacular and the Monumental: Memory and Landscape in Post-war Berlin«, *Geo Journal* 73, Nr. 3 (2008), S. 245–253. Eine historische Untersuchung darüber, wie das alltägliche Leben und die Erinnerung sich mit der baulichen Umwelt in der DDR überschnitten, inbesondere bei dem berühmten Wohnungsbauprojekt Marzahn in Ostberlin, bietet Eli Rubin, *Amnesiopolis: Modernity, Space, and Memory in East Germany*, Oxford 2016.

12 Vgl. etwa Zsuza Gille, *From the Cult of Waste to the Trash Heap of History: The Politics of Waste in Socialist and Postsocialist Hungary*, Bloomington 2007; Olga Shevchenko, *Crisis and the Everyday in Postsocialist Moscow*, Bloomington 2009. Da Objekte aus der Zeit der Kulturrevolution für das Design und den Konsum genutzt werden, kann man in China Elemente der Stil-Nostalgie erkennen, mit der ich mich in Kapitel 1 näher befasse. Vgl. die Einleitung zu Helen Wang, *Chairman Mao Badges: Symbols and Slogans of the Cultural Revolution*, London 2008; das Sonderheft »Collective Memories of the Cultural Revolution«, in: Guobin Yang / Mingbao Yue (Hrsg.), *China Review* 5, Nr. 2 (Herbst 2005); sowie Haian Xue und Martin Woolley, »Design and Nostalgia: Idealized Memory and Strategic Design Innovation in China«, *Journal of Design Strategies* 6 (2015), http://sds. parsons. edu/designdialogues.

13 Die Geschichte des ostdeutschen Plastiks erzählt sehr interessant und ausführlich Eli Rubin, *Synthetic Socialism: Plastics and Dictatorship in the German Democratic Republic*, Chapel Hill: University of North Carolina Press, 2008. Vgl. auch Paul Betts, »Cold War on the Home Front: The Soft Power of Midcentury Design«, *German History* 29, Nr. 2 (2011).

14 Zu den auf Englisch verfassten einflussreichen Texten von Historikern, die dem Alltag im Sozialismus besondere Aufmerksamkeit widmen, gehören Mary Fulbrook, *The People's State: East German Society from Hitler to Honecker*, New Haven 2005; Paul Betts, *Within Walls: Private Life in the German Democratic*

*Republic*, Oxford 2010; Josie McLellan, *Love in the Time of Communism: Intimacy and Sexuality in the GDR*, Cambridge 2011; sowie Katherine Pence und Paul Betts, *Socialist Modern: East German Everyday Culture and Politics*, Ann Arbor 2008. Historiker betonen zwar in ihren Texten, dass die Alltagssphäre sowohl für die Identität von Bürgern als auch für die Legitimität des DDR-Regimes äußerst wichtig war, befassen sich aber nur selten mit dem Alltag in der Gegenwart. Eine bemerkenswerte Ausnahme ist etwa Paul Betts, »The Twilight of the Idols: East German Memory and Material Culture«, *Journal of Modern History* 72, Nr. 3 (2000). Im englischen Sprachraum ist diese Aufgabe hauptsächlich den Bereichen Film und Literatur zugefallen, vgl. etwa Paul Cooke, der in *Representing East Germany Since Unification: From Colonization to Nostalgia*, New York 2005, anhand der postkolonialen Theorie Film, Literatur und Fernsehen analysiert; vgl. ferner eine Reihe ähnlich orientierter Sammelbände, die im Anschluss an Tagungen rund um den 20. Jahrestag von 1989 herausgegeben wurden. In der deutschsprachigen Literatur vgl. vor allem die Publikationen des Zentrums für Zeitgenössische Forschung Potsdam und der Bundesstiftung zur Aufarbeitung der SED-Diktatur.

Anthropologen sind qua Fach sensibel für die Wechselwirkung von Alltag und Materialität. Sharon Macdonald z. B. untersucht diese Beziehungen im Kontext der europäischen Erinnerungskulturen, einschließlich der deutschen, in *Memorylands: Heritage and Identity in Europe Today*, New York 2013. Daphne Berdahls mittlerweile klassische ethnographische Studie über ein mitten in Deutschland gelegenes isoliertes sozialistisches Grenzdorf in den Jahren 1990–92 identifiziert wichtige Alltagsbereiche wie Nostalgie und Konsum, auf denen das vorliegende Buch fußt. Vgl. Daphne Berdahl, *Where the World Ended: Re-Unification and Identity in the German Borderland*, Berkeley 1999; sowie Daphne Berdahl und Matti Bunzl, *On the Social Life of Postsocialism: Memory, Consumption, Germany*, Bloomington 2010. Abgesehen von Berdahls frühen und wichtigen Beiträgen konzentrieren sich jedoch die meisten anthropologischen Arbeiten über das Nachleben des Sozialismus weniger auf den Alltag als auf institutionelle oder strukturelle Fragen, wie etwa John Bornemans Untersuchung über die Kriminalitätskonstruktion in staatlichen Versuchen mit der Vergeltungsjustiz, Dominic Boyer in seiner Abhandlung über die Intellektuellen oder Andreas Glaeser in seiner ethnographischen Studie über die Berliner Polizei; vgl. John Borneman, *Settling Accounts: Violence, Justice, and Accountability in Postsocialist Europe*, Princeton 1997; Dominic Boyer, *Spirit and System. Media, Intellectuals, and the Dialectic in Modern German Culture*, Chicago 2005; und Andreas Glaeser, *Divided in Unity: Identity, Germany, and the Berlin Police*, Chicago 2000.

15 Mehr Aufmerksamkeit wird der Überschneidung von Alltag und Materialität außerhalb des früheren Ostdeutschlands geschenkt, vgl. insbesondere Katherine Verdery, *The Political Lives of Dead Bodies*, New York 1999; Gille, *From the*

*Cult of Waste to the Trash Heap of History*; Shevchenko, *Crisis and the Everyday in Postsocialist Moscow* und Svetlana Boyms wunderbares *Common Places*, Cambridge 1994. Jüngere Untersuchungen zu anderen Ländern, die auf signifikante Weise dasselbe wie ich versuchen, sind etwa Krisztina Fehérváry, *Politics in Color and Concrete*, Bloomington 2013; Gerald W. Creed, *Masquerade and Postsocialism: Ritual and Cultural Dispossession in Bulgaria*, Bloomington 2011; vgl. ferner Michał Murawskis ethnographisches Werk über den Warschauer Kulturpalast »Palaceology, or Palace-as-Methodology: Ethnographic Conceptualism, Total Urbanism, and a Stalinist Skyscraper in Warsaw«, *Laboratorium: Russian Review of Social Research* 5, Nr. 2 (2013), S. 56–83. Vgl. auch die Beiträge in Choi Chatterjee (u. a.), *Everyday Life in Russia Past and Present*, Bloomington 2015; Maria Todorova, Augusta Dimou und Stefan Troebst (Hrsg.), *Remembering Communism, Private and Public Recollections of Lived Experience in Southeast Europe*, Budapest 2014; sowie Michael Bernhard und Jan Kubik (Hrsg.), *Twenty Years After Communism: The Politics of Memory and Commemoration*, Oxford 2014. Auf andere Weise ist das Buch des Wende Museum Los Angeles über die materielle Kultur der DDR vielleicht das ausführlichste, das auf Englisch vorliegt. Vgl. Justinian Jampol, *Beyond the Wall: Art and Artifacts from the GDR*, New York 2014.

16 Vgl. Andrew Bergerson, *Ordinary Germans in Extraordinary Times: The Nazi Revolution in Hildesheim*, Bloomington 2004, S. 262; Alf Lüdkte, *The History of Everyday Life: Reconstructing Historical Experiences and Ways of Life*, Princeton 1995; sowie Betts, *Within Walls*.

17 Lieba Faier und Lisa Rofel, »Ethnographies of Encounter«, *Annual Review of Anthropology* 43 (2014).

18 Ebd.

19 Dies ähnelt der Art und Weise, wie die Entkolonialisierung überall in den ehemaligen Kolonien Europas, laut Ann Stolers Formulierung, »imperialistischen Schutt« hinterließ; in diesen zerstörten Ländern gibt es eine äußerst »kondensierte alternative Geschichte«, die »den Leuten *hinterlassen* wird« und mit der sie sich aktiv auseinandersetzen müssen. Vgl. Ann Laura Stoler, »Imperial Debris: Reflections on Ruins and Ruination«, *Cultural Anthropology* 23, Nr. 2 (2008). In *Inheritance of Loss* zeigt Koga, dass im nordöstlichen China solche Überreste durch die aktuellen Begegnungen mit den physischen Überbleibseln der kolonialen Moderne weiter zirkulieren.

20 William James, *The Principles of Psychology*, Bd. 1, New York 1950. Zu einem interessanten Kontrast zwischen britischen Ansätzen zur – auf Verlust und Entfremdung basierenden – Aneignung und französischen Ansätzen, die sich auf eine nicht-normative Integration von Objekten in die Alltagsgewohnheiten konzentrieren, vgl. Pamela Baillette und Chris Kimble, »The Concept of Appropriation as a Heuristic for Conceptualising the Relationship between Technology, People and Organisations«, in *13th UKAIS Conference*, Bournemouth 2008.

Einen Überblick über anthropologische Herangehensweisen an unser Thema geben Veronica Strang und Mark Busse (Hrsg.), *Ownership and Appropriation*, New York 2011.

21 Robin Wagner-Pacifici, »Theorizing the Restlessness of Events«, *American Journal of Sociology* 115, Nr. 5 (2010).

22 Vgl. Josiah Heyman, »Ports of Entry as Nodes in the World System«, *Identities* 11, Nr. 3 (2010).

23 Dass eine Kommerzialisierung der Vergangenheit der Erinnerung im Wege steht, behauptet Gary Cross, *Consumed Nostalgia: Memory in the Age of Fast Capitalism*, New York 2015, von dem auch das Zitat stammt. Im Gegensatz zu ihm glaube ich, dass die Kommerzialisierung neue Interaktionsformen mit den Überresten der Vergangenheit fördert, von ästhetisch motivierten Entscheidungen beim Konsum bis zur Nutzung urbaner Räume im Kontext der kreativen und kulturellen Wirtschaft.

## »Der Geschmack bleibt«

1 HVB Immobilien (2013), »Oberbaum City«, http://www.hvbimmobilien.com/real-estate/property/obc/oberbaum-city/?L=1.

2 Ursprünglich versuchten die Kuratoren, sich über den Westen lustig zu machen, indem sie den Laden »Kaufhaus des Ostens« (KaDeO) nannten, eine bewusste Satire auf das berühmte »Kaufhaus des Westens« (KaDeWe) in Westberlin. Ein Brief des Anwalts des KaDeWe überzeugte die Kuratoren davon, den Namen wieder zu ändern, und ein ähnliches rechtliches Problem stand auch ihrer zweiten Wahl, Kaufhalle des Ostens, im Weg. So griff man wieder auf DDR und Intershop zurück. Der offizielle Name, Intershop 2000, ist vermutlich eine juristische Rücksichtnahme auf die große Elektronikladenkette, die den Namen Intershop trägt.

3 Während sich dieses Kapitel vor allem auf die Ostalgie hinsichtlich der Konsumgüter konzentriert, nimmt die Ostalgie viele Formen an und reicht von der Renaissance ostdeutscher Rockgruppen wie City und Die Puhdys bis hin zu ostalgischen Fernsehshows mit früheren DDR-Berühmtheiten wie der Eiskunstläuferin Katarina Witt. Vgl. die Besprechung von Fernsehshows in Paul Cooke, *Representing East Germany Since Unification: From Colonization to Nostalgia*, New York 2005; zur Musik vgl. Peter Wicke, »Born in the GDR: Ostrock Between Nostalgia and Cultural Self-assertion«, *Journal of Contemporary Central and Eastern Europe* 6, Nr. 2 (1998), S. 148–155. Zur Rolle des Internets bei der Ostalgie vgl. Jonathan Bach, »Vanishing Acts and Virtual Reconstructions: Technologies of Memory and the Afterlife of the GDR«, in: Silke Arnold-de Simine (Hrsg.), *Memory Traces: 1989 and the Question of German Cultural Identity*, Oxford 2005.

4 Vgl. Marilyn Ivy, *Discourses of the Vanishing: Modernity, Phantasm, Japan*, Chicago 1995. Sie stützt sich hier auf Fredric Jamesons Diskussion der Nostalgie in *Postmodernism; or, The Cultural Logic of Late Capitalism*, Durham 1991, S. 19.

5 Vgl. Michel de Certeau, *The Practice of Everyday Life*, Berkeley 1984, S. xiii.

6 Milena Veenis, »Consumption in East Germany – the Seduction and Betrayal of Things«, *Journal of Material Culture* 4, Nr. 1 (1999), S. 86.

7 Gisela Brinker-Gabler und Sidonie Smith, *Writing New Identities. Gender, Nation, and Immigration in Contemporary Europe*, Minneapolis 1997, S. 265. Die Nostalgie vermittelt laut Dominik Bartmanski ein Gefühl der Kontinuität zwischen Vergangenheit und Gegenwart. Vgl. »Successful Icons of a Failed Time: Rethinking Post-Communist Nostalgia«, *Acta Sociologica* 54, Nr. 3 (2011), S. 213–231. Zur zeitlichen Ausrichtung der Nostalgie auf die Zukunft vgl. Dominic Boyer, »Ostalgie and the Politics of the Future in Eastern Germany«, *Public Culture* 18, Nr. 2 (2006), S. 361–381. Vgl. auch Svetlana Boym, *The Future of Nostalgia*, New York 2001.

8 Zitiert in Jürgen Roth und Michael Rudolf, *Spaltprodukte. Gebündelte Ost-West-Vorurteile*, Leipzig 1997.

9 Detlef Pollack und Gert Pickel, *Sozialer und kultureller Wandel in Ost- und Westdeutschland: eine Befragung*, Frankfurt 1998, S. 23.

10 Daphne Berdahl, *Where the World Ended: Re-Unification and Identity in the German Borderland*, Berkeley 1999, S. 140.

11 Michael Herzfeld, *Cultural Intimacy: Social Poetics in the Nation-State*, New York 1997.

12 Zu diesen und anderen Slogans vgl. Conrad Lay, »Der Siegeszug der Ostprodukte. Zur Mentalitäts- und Produktgeschichte der deutschen Vereinigung«, *Kommune*, Nr. 1 (1997); sowie Roth und Rudolph, *Spaltprodukte*.

13 Vgl. z. B. »Das Geheimnis der Ost-Schrippe«, *Berliner Kurier*, 19. Juli 2014, http://www.berliner-kurier.de/2012056.

14 Christa Wolf, *Was bleibt*, Frankfurt am Main 1990.

15 Zur Rolle der zweiten, »schwarzen« Wirtschaft als unerlässlicher Voraussetzung für das Funktionieren der ersten, »legitimen« Wirtschaft vgl. Katherine Verdery, *What Was Socialism, and What Comes Next?*, Princeton 1996. Zur ständigen Stimulierung der Verbraucherwünsche und ihrer postsozialistischen Auswirkungen vgl. auch John Borneman, *After the Wall: East Meets West in the New Berlin*, New York 1991, sowie sein Buch *Subversions of International Order: Studies in the Political Anthropology of Culture*, Albany 1998. Vgl. auch Berdahl, *Where the World Ended*, Kap. 4.

16 Borneman, *After the Wall*, S. 81.

17 Walter Benjamin, Gesammelte Werke: Literarische und ästhetische Essays + Rezensionen + Satiren + Autobiografische Schriften, https://books. google. de/books? isbn=8026828119.

18 Lay, »Der Siegeszug der Ostprodukte«.

19 Jürgen Hartwig, »Vorwort«, *Illustrierte DDR-Rundschau*, Nr. 17, S. 1, November 2003. Das Rondo-Zitat ist nachzulesen in Thomas Ahbe, *Ostalgie: Zum Umgang mit der DDR-Vergangenheit in den 1990er Jahren*, Erfurt 2005, S. 50.

20 Berdahl, *Where the World Ended*, S. 137.

21 Pierre Bourdieu, *Distinction: A Social Critique of the Judgement of Taste*, Cambridge 1984.

22 Lay, »Der Siegeszug der Ostprodukte«, S. 5. Wie die westliche Werbung in der ehemaligen DDR adaptiert und untergraben wird, analysiert Beret Norman, »Test the West: East German Performance Art Takes on Western Advertising«, *Journal of Popular Culture* 34, Nr. 3 (2000), S. 255–267.

23 Christian Duncker, »... und sie leben doch. Was machen eigentlich die DDR-Marken?«, Erfurt: MDR-Werbung, 2009.

24 Lay, »Der Siegeszug der Ostprodukte«, 5. Die in Frankfurt ansässige Werbeagentur Michael Conrad & Leo Burnett gewann einen Preis (den »Goldenen Effie«) für die f6-Kampagne mit dem Slogan »Der Geschmack bleibt«. In der Laudatio hieß es, »die ›f6‹ ist Bekenntnis zu einem Stück Ostdeutschland. Wahrscheinlich haben das die Raucher mit den Amerikanern gemeinsam, wer auf eine kurze eigene Geschichte zurückblickt, hält an dem wenigen Authentischen und Tradierten gerne fest.« Wie Anita Beier feststellt, wurde »das Image der großen westdeutschen Marken mit überlieferten Werten wie Beständigkeit, Konstanz, Zuverlässigkeit und Durchhaltevermögen ... der f6 durch diese Kampagne zuerkannt«. Vgl. Anita Beier, *Imagewerbung für Markenartikelzigaretten*, Hamburg 1994, S. 74. Die Wiedereinführung von Zigarettenmarken der DDR beruht auf einer Nachfrage, die bereits in einem Witz aus der Wendezeit Thema ist: »Nach der Währungsunion kommt ein Mann in den Laden und verlangt: ›Eine Schachtel Cabinet bitte.‹ – ›Ham wa nich‹, sagt die Verkäuferin. – ›Jeht det schon wieder los?‹« Wolfgang Janowitz und Eduard Huk, *Berlin jewendet: Das »Letzte« aus der DDR*, Berlin 1990, S. 79.

25 Horst Groschopp und Jörg Lau, »Ein Gespräch zwischen Horst Groschopp und Jörg Lau über: Die Einsamkeit des Kulturwissenschaftlers«, *Der Alltag. Wie erst jetzt die DDR entsteht* 72 (Juni 1996), S. 25. In einer DDR-Karikatur kurz nach der Währungsunion sagt ein Arbeiter zu seinem Boss: »So Chef, die Westverpackung hätten wir – jetzt müssen wir nur noch überlegen, welches Produkt wir reinmachen.« Janowitz und Huk, *Berlin jewendet*, S. 67.

26 George C. Bertsch und Ernst Hedler, *SED: Schönes Einheits-Design, Stunning Eastern Design, Savoir Eviter le Design*, Köln 1990, S. 7, 12, 27.

27 Hilmar Schmundt, »Die Umbesetzer. Drei Eastside Stories aus dem Besetzermilieu zwischen Western und Gestern«, *Der Alltag. Wie erst jetzt die DDR entsteht* 72 (Juni 1996), S. 125.

28 Ebd. S. 119, 127–129. Für diejenigen, die tatsächlich im Bereich des DDR-Designs arbeiteten, wie etwa Günter Höhne, der frühere Chefredakteur der Design-Zeitschrift der DDR *Form und Zweck*, stellt der Fokus der Ostalgie auf ostdeut-

sches Design eine Travestie dar. »Ausgerechnet das in stumpfen Pastellfarben daherknatternde, brenzlig stinkende motorisierte Marterinstrument TRABANT wurde zum Leitsymbol fürs DDR-Design, gefolgt von den Plastehühner-Eierbechern, Dederon-Küchenschürzen, Bakelit-Kabeltrommeln, Aluminium-Essbestecks, Tempo-Erbsen und Sprachlos-Zigarren. Wer's bisher immer noch nicht gewusst hatte, erfuhr es jetzt: wie dämlich-putzig der Alltag im Mangel- und Misswirtschaftsland DDR aussah und wie doof die Ossis gewesen sein mussten, die doch tatsächlich sich damit jahrzehntelang zufrieden gegeben hatten ...« Höhne hat die Jahre nach der Vereinigung mit dem Sammeln und Dokumentieren des DDR-Designs verbracht, eine elf Bücher umfassende Reihe über das DDR-Design herausgebracht und unterhält jetzt die Website www.industrieform-ddr.de. Das Zitat entstammt der Rede, mit der er eine Ausstellung für DDR-Design eröffnete. Günter Höhne, »Eines wird bleiben: Das DDR-Design«, Eröffnungsrede zur Ausstellung »Es war einmal ... DDR-Alltägliches aus der Sammlung Kraiss/Reuter« am 20. Mai 2011 im Fränkischen Museum Feuchtwangen.

29 Schmundt, »Die Umbesetzer«, S. 109.

30 Claudia Sadowski-Smith, »Ostalgie. Revaluing the Past, Regressing into the Future«, *GDR Bulletin* 25, Nr. 1 (1998), S. 1. Die Ostalgie-Party wurde von Ralf Heckel organisiert.

31 Ebd.

32 Ivy, *Discourses of the Vanishing*, S. 56.

33 Jean Comaroff und John L. Comaroff, »Millennial Capitalism: First Thoughts on a Second Coming«, *Public Culture* 12 (2000), S. 299. Sie befassen sich ganz allgemein mit der durch die Globalisierung hervorgerufenen Orientierungslosigkeit, aber in Deutschland wurde durch die Orientierungslosigkeit nach der Wiedervereinigung auch der Konsum zu einem bevorzugten Ort für den Identitätsaufbau.

34 Die Inhalte eines typischen Ostpakets variieren. Das »Großpaket« des Ostprodukte-Versands (49 Euro im Jahr 2013) enthält vor allem Lebensmittel, u. a. Sandmann-Tee, Rondo-Kaffee, Rotkäppchen-Sekt, zwei Plastikeierbecher, Timms Sauren (Wodka-Zitronen-Getränk), Klappbecher aus Plastik, das Duftschaumbad Badusan, Komet-Pudding und Komet-Grießgrütze, die Haselnusscreme Nudossi, Sywan-Heringsfilet, tafelfertige Tempo-Linsen, Werder-Ketchup, den Allzweckreiniger Novum Aktiv, den Fleckenentferner Nuth, den Tintex-Fleckenlöser, Geleefrüchte Berggold, Chokies-Plätzchen, Dresdener Russischbrot, Knusperflocken, einen Zetti-Schokoriegel, einen Schokoriegel Tangermünde Nährstange sowie Wikana-Kekse. Im Vergleich dazu enthält das Ostalgie-Paket des Ostprodukte-Versands (39,50 Euro) überwiegend Spaßiges: eine DDR-Fahne, Rotkäppchen-Sekt, eine Tasse »Held der Arbeit«, ein Kondom »Seid bereit«, einen Aufkleber mit dem DDR-Emblem, ein Duschbad »Held der Arbeit«, einen Zollstock »Aktivist der ersten Stunde« und einen Auf-

näher mit dem DDR-Emblem. Der Laden OLShop.de hat 14 – unterschiedlichen Themen gewidmete – Ostpakete von € 19,90 bis € 35 im Angebot (z.B. Kultprodukte, Weihnachten, Pakete für Herren oder Damen, Wellness, Haushalt, Lebensmittel usw.) So enthält das Lebensmittelpaket (35 Euro) beispielsweise Rondo-Kaffee, Werder-Ketchup, Filinchin-Knäckebrot, Wikana-Kekse, tafelfertige Tempo-Linsen, Halloren-Kugeln, Viba-Nougat, einen Zetti-Schokoriegel, Zetti-Knusperflocken, Viba-Erdnüsse, Rügenfisch Scomber Mix (Dosenfisch), Nudossi-Haselnusscreme, Bautzner Senf, Wurzener Erdnussflips, Rotstern Mokkabohnen, Neukircher Zwieback, Halberstädter Trockenwurst und Lausitzer Leinöl.

35 »Rückwärts nimmer – saufen immer!« parodiert das oft verspottete Schlagwort »Vorwärts immer, rückwärts nimmer«, das der ostdeutsche Staatschef Erich Honecker während seiner letzten offiziellen Rede zum 40. Jahrestag der DDR am 9. Oktober 1989 zitierte. Die Beschriftung des Spirituosen-Viererpacks, der in vielen Geschäften mit Ostprodukten und im Internet erhältlich ist, wird regelmäßig aktualisiert, um den Geburtstag der DDR spöttisch zu feiern. Der letzte Viererpack mit dem Etikett »Fast 64 Jahre DDR« wird mit der Zeile »Ich trinke euch doch alle« vermarktet, eine Anspielung auf die vielzitierte berühmt-berüchtigte Äußerung Erich Mielkes, des früheren Leiters des gefürchteten Staatssicherheitsministeriums, der, als seine Macht zusammenbrach, erklärte: »Ich liebe euch doch alle!«

36 Vgl. Olga Shevchenko and Maya Nadkarni, »The Politics of Nostalgia. A Case for Comparative Analysis of Postsocialist Practices«, *Ab Imperio* 2 (2004), S. 487–519.

37 Überall im Sowjetblock waren Witz und Humor eine zentrale Komponente des Sozialismus. Vgl. etwa Ben Lewis, *Hammer and Tickle: A History of Communism Told Through Communist Jokes*, London 2009; Christie Davies, »Jokes as the Truth About Soviet Socialism«, *Folklore* 46 (2010), S. 9–32; und Serguei A. Oushakine, »Laughter Under Socialism: Exposing the Ocular in Soviet Jocularity«, *Slavic Review* 70, Nr. 2 (2011), S. 247–255. Es ist kaum überraschend, dass im früheren Ostdeutschland auch viele Register des Humors gezogen wurden, um mit der Vereinigung umzugehen. Vgl. Jill Twark, *Humor, Satire and Identity: Eastern German Literature in the 1990s*, New York 2007.

38 Boris Dombrowski, »Wer entsorgt den DDR-Kitsch?«, *BZ*, 13. August 2010.

39 Dennis Sieberman, Leserbrief zu Katharina Pauli, »DDR-Produkte: das umstrittene Geschäft mit der Erinnerung«, *Frankfurter Allgemeine Zeitung*, 24. August 2012, http://www.faz.net.gqe-72bhp.

40 Lewis Hyde, *Trickster Makes This World: Mischief, Myth, and Art*, New York 1998, S. 7f.

41 Vgl. Alexei Yurchak, *Everything Was Forever, Until It Was No More: The Last Soviet Generation*, Princeton 2006; sowie Dominic Boyer und Alexei Yurchak, »American Stiob: Or, What Late-Socialist Aesthetics of Parody Reveal About

Contemporary Political Culture in the West«, *Cultural Anthropology* 25, Nr. 2 (2010).

42 Ivor A. Stodolsky, »A Non-Aligned Intelligentsia: Timur Novikovs Neo-Avantgarde and the Afterlife of Leningrad Non-Conformism«, *Studies in East European Thought* 63, Nr. 2 (2011).

43 Konrad Paul Liessmann, *Das Universum der Dinge. Zur Ästhetik des Alltäglichen*, Wien 2010.

44 Hyde, *Trickster Makes this World*, S. 7.

45 Der Kommentar wurde am 3. März 2003 von einem »MF« auf dem Online Forum Goodbye Lenin gepostet. Vgl. z. B. die raffinierte Umgestaltung von DDR-Logos durch den Designer Bluedog725: http://www.redbubble.com/explore/ostalgie+retro+gdr+ddr?ref=explore_tag_refinement.

46 Serguei Alex Oushakine, »›We're Nostalgic but We're Not Crazy‹: Retrofitting the Past in Russia«, *Russian Review* 66, Nr. 3 (2007), S. 456.

47 »National in der Form, sozialistisch im Inhalt« war ein kommunistischer Slogan, der alle Kulturbereiche beeinflusste, von der Architektur bis zu den Produkten und zur Musik. Vgl. Marina Frolova-Walker, »›National in Form, Socialist in Content‹: Musical Nation-Building in the Soviet Republics«, *Journal of the American Musicological Society* 51, Nr. 2 (1998); sowie Eli Rubin, *Synthetic Socialism: Plastics and Dictatorship in the German Democratic Republic*, Chapel Hill 2008.

48 Thomas Trappe, »Boom bei Ostprodukten. Ein Hauch von DDR«, *Süddeutsche Zeitung*, *6. Januar 2012*, http://www.sueddeutsche.de/geld/boom-bei-ostprodukten-ein-hauch-von-ddr-1.1252345.

49 Viktor in Jan Willmroth, »DDR-Marken. Schluss mit der Ostalgie«, *Der Spiegel*, 3. Oktober 2010.

50 https://www.ostprodukte-versand.de/ostalgie.html.

51 Ostpaket 2013.

52 Zu den östlichen Spitzenmarken, die aber nicht alle in den westlichen Bundesländern vertrieben werden, gehören alkoholische Getränke (Rotkäppchen-Sekt, Nordhäuser Doppelkorn sowie Köstritzer, Wernesgrüner, Hasseröder und Radeberger Bier), Süßigkeiten (Halloren-Kugeln, Grabower Küsschen, Frischli-Leckermäulchen, Komet-Desserts, Nudossi-Brotaufstrich, Schlager-Schokolade), Backwaren (Kathi-Backmischungen, Burger-Knäckebrot, Filinchin-Knusperbrot, Teigwaren aus Riesa), Waschmittel (Spee, Fit), Körperpflege- und Badeartikel (Florena-Creme, Badusan-Seifen), Bautzner Senf, Halberstädter Würste, Vita Cola, Werder-Ketchup, Kaffee (Rondo-Kaffee, im-nu-Malzkaffee) und natürlich Spreewald-Gurken.

53 Armin Rehberg, »(K)Östlich: Das Penny-Herz schlägt Ost«, *SuperIllu* 8 (2009), S. 35.

54 Vgl. Institut für Marktforschung Leipzig, »Markenbarometer Ost«, Leipzig 2010; sowie Volker Müller, »Der ostdeutsche Konsument zwischen Anpassung

und Verweigerung – von der DDR bis heute«, Institut für Marktforschung Leipzig (2005).

55 Ruediger, »Haben Westdeutsche kein Qualitätsbewusstsein?«, in: *Forum DDR-Marken* (Spiegel online, 2010). Zur Geschichte von Nudossi vgl. Jürgen Helfricht, *Der Nudossi Code*, Husum 2012. Vgl. auch »Nudossi vs. Nutella«, *Senf Dazu!*, 2. Januar 2009, http://senfdazu.blogspot.com/2009/01/nudossi-vs-nutella.html.

56 Shevchenko und Nadkarni, »The Politics of Nostalgia«. Vgl. auch Olga Shevchenko (Hrsg.), *Double Exposure: Memory and Photography*, New Brunswick, NJ, 2014.

57 Ampelmann-Japan, Concept (2013), www.ampelmann.co.jp.

58 Gil Eyal, »Identity and Trauma: Two Forms of the Will to Memory«, *History and Memory* 16, Nr. 1 (2004).

59 Ebd.

60 Ivy, *Discourses of the Vanishing*, S. 65.

## Kommunismus-Sammlungen

1 W. E. B. Du Bois, *The World and Africa. An Inquiry Into the Part Which Africa Has Played in World History*, New York 1947, S. 42.

2 Zitiert in Eli Rubin, *Synthetic Socialism: Plastics and Dictatorship in the German Democratic Republic*, Chapel Hill 2008, S. 203.

3 Vladislav Todorov, *Red Square, Black Square: Organon for Revolutionary Imagination*, Albany 1995, S. 10.

4 Die in dieser Tradition stehenden prominentesten Theoretiker des Alltags sind Walter Benjamin, Georg Simmel, Henri Lefebvre und Michel de Certeau. Jean Baudrillard, Roland Barthes und die britische Schule im Umkreis des historischen Sozialforschungsprojekts Mass-Observation spielen ebenfalls eine zentrale Rolle.

5 Zu privaten Räumen in der DDR vgl. besonders Paul Betts, *Within Walls*, Teil 2, und Mary Fulbrook, *The People's State*. Zu *Stiob* vgl. Dominic Boyer und Alexei Yurchak, »American Stiob: Or, What Late-Socialist Aesthetics of Parody Reveal About Contemporary Political Culture in the West«, *Cultural Anthropology* 25, Nr. 2 (2010), S. 179–221.

6 Vgl. Andrew H. Beattie, »The Politics of Remembering the GDR: Official and State-Mandated Memory Since 1990«, in: David Clarke und Ute Wölfel (Hrsg.), *Remembering the German Democratic Republic: Divided Memory in a United Germany*, New York 2011; Dominic Boyer, *Spirit and System: Media, Intellectuals, and the Dialectic in Modern German Culture*, Chicago 2005; sowie Martin Sabrow (u. a.), *Wohin treibt die DDR-Erinnerung? Dokumentation einer Debatte*, Bonn 2007.

7 Martin Sabrow, »Herrschaft und Alltag in der DDR« in: Regine Falkenberg, Carola Jüllig und Jörn Schütrumpf (Hrsg.), *Parteidiktatur und Alltag in der DDR*, Berlin 2007, S. 13. Außerdem »Die DDR erinnern«, ebd. Zu Alltagsproblemen im Nationalsozialismus vgl. Alf Lüdtke, *Alltagskultur, Subjektivität und Geschichte. Zur Theorie und Praxis von Alltagsgeschichte*, Münster 1994.

8 Zu den wichtigen Ausnahmen gehören die sehr frühe Design-Ausstellung »SED: Schönes Einheits-Design« und die Ausstellung des Deutschen Historischen Museums »Parteidiktatur und Alltag in der DDR« (2007). Das Dokumentationszentrum *Alltagskultur der DDR* in Eisenhüttenstadt, auf das wir in diesem Kapitel später noch eingehen, war für seine differenzierten professionellen Spezialausstellungen über das Alltagsleben ebenfalls sehr bekannt.

9 Ben Highmore, *Everyday Life and Cultural Theory*, London 2002, S. 21.

10 »Mitglieder stellen sich vor: Jürgen Friedhoff«, *Rundbrief des Vereins zur Dokumentation der DDR-Alltagskultur e. V.*, Nr. 3 (1997), S. 9.

11 Thomas Ahbe, »Hammer, Zirkel, Kaffeekranz«, *Berliner Zeitung*, 5. Februar 2000.

12 »DDR-Geschichte vor dem Müll gerettet«, *Märkische Oderzeitung*, 6. Juni 2008, http://www.moz.de/artikel-ansicht/dg/0/1/16774.

13 »Literatur in der Scheune«, *Berliner Zeitung*, 9. November 2009.

14 Jan Faktor, »Mitglieder stellen sich vor«, *Rundbrief des Vereins zur Dokumentation der DDR-Alltagskultur e. V.*, Nr. 5 (1999), S. 7.

15 Jean Baudrillard, *The System of Objects*, London 2005, S. 104.

16 Ebd.

17 Bei der Währung handelt es sich um die Deutsche Mark. Stephan Krawczyk, »Auf Rotem Samt«, *Rundbrief des Vereins zur Dokumentation der DDR-Alltagskultur e. V.*, Nr. 9, S. 20 f., Januar 2000.

18 D. J. Parkin, »Mementoes as Transitional Objects in Human Displacement«, *Journal of Material Culture* 4, Nr. 3 (1999).

19 Ebd., S. 308.

20 Ebd. B. Joseph Pine und James H. Gilmore, *The Experience Economy: Work Is Theatre and Every Business a Stage*, Boston 1999, S. 305.

21 Gisela Brinker-Gabler und Sidonie Smith, *Writing New Identities: Gender, Nation, and Immigration in Contemporary Europe*, Minneapolis 1997, S. 265.

22 Alexei Yurchak, *Everything Was Forever, Until It Was No More: The Last Soviet Generation*, Princeton 2006, S. 4.

23 Jürgen Hartwig, »Vorwort«, *Illustrierte DDR-Rundschau*, Nr. 17, S. 1, November 2003.

24 Rolf Winkler, »DDR … Das kenne ich noch von damals«, http://www.ddr--das-kenne-ich-noch.de/kontakt. html.

25 Jürgen Hartwig, »Wiedersehenserlebnisse nach 14 Jahren«, *Rundbrief des Vereins zur Dokumentation der DDR-Alltagskultur e. V.*, 0-Nummer, Dezember 1994, S. 8.

26 Es gibt weder eine allgemein anerkannte Zahl der Privatmuseen zum DDR-Alltag noch Kriterien für ihre Definition. Nimmt man die Heimatmuseen im früheren Osten oder Spezialmuseen etwa für Polizei oder Feuerwehrwagen hinzu, sind es deutlich mehr als 100, temporäre und Online-Ausstellungen nicht eingerechnet. Wenn man jedoch lediglich die Museen zählt, die den professionellen Kriterien des Internationalen Museumsrats genügen (vgl. http://icom.museum/the-vision/museum-definition/), kommen wahrscheinlich nicht einmal zehn zusammen. Viele Museen sind kleine Privatsammlungen, über die man in Kleinstädten nur zufällig stolpert oder die nur in lokalen Touristenführern verzeichnet sind. Meine eigene Liste von ostdeutschen Privatmuseen über den DDR-Alltag verzeichnet Apolda, Auerstedt (Erfurt), Berlin, Brandenburg an der Havel, Burg (Spreewald), Eisenhüttenstadt, Friedrichsbrunn (Harz), Gelenau, Greitz, Hohenstein (Harz), Langenweddingen, Malchow (Müritz), Mecklenburg Feriendorf Storchennest, Mühltroff, Neustadt (Dosse), Perleberg, Pirna, Radebeul, Schwemsal, Stassfurt, Thale, Tutow und Wittenberg. Sicherlich gibt es noch einige mehr. In Westdeutschland finden sich entsprechende Museen in Bochum und Pforzheim. Vgl. auch Thalia Gigerenzer, *Gedächtnislabore: Wie Heimatmuseen in Ostdeutschland an die DDR erinnern*, Berlin 2013.

27 Ludwigs Dokumentationszentrum und Hartwigs Verein sind trotz ihrer ähnlichen Namen unabhängige Organisationen. Zu den Anfangstagen des Dokumentationszentrum, vgl. Charity Scribners Besprechung des »Offenen Depots« in ihrem *Requiem for Communism*, Cambridge 2003, S. 23–45.

28 Jürgen Hartwig, »Vorwort«. *Rundbrief des Vereins zur Dokumentation der DDR-Alltagskultur e. V.*, April 1998, S. 1.

29 Conny Kaden, »Chronik des DDR-Museum Pirna«, DDR-Museum Pirna, http://www.ddr-museum-pirna.de/index.php/chronik.html.

30 Bemerkenswerte Ausnahmen von diesem Ausstellungsstil sind u. a. die Museen in Berlin, Eisenhüttenstadt und Radebeul (bei Dresden), die alle von Westdeutschen geleitet wurden. Festzuhalten ist auch, dass die Liebhaber des früheren DDR-Designs rund um die Sammlung Industrielle Gestaltung sich im Allgemeinen von den Museen der Amateursammler distanzieren, da sie ihrer Meinung nach unprofessionell sind und das Design nicht ausreichend wertschätzen. Die Amateursammler sind »durchaus mit Liebe und Begeisterung« dabei, haben aber auch gar nicht die Absicht … »das irgendwie etwas didaktisch professioneller zu machen«, sagte mir Günter Höhne, der frühere Chefredakteur der Design-Zeitschrift der DDR *Form und Zweck* und selbst ein bedeutender Sammler von DDR-Design. »Diese Museumsdirektoren aus dem Westen sind mir auch grundsätzlich lieber als unsere Osterbe-Pfleger … die ständig mit einem FDJ-Hemd rumlaufen und schreckliche Ausstellungen machen«. Während einzelne Personen ebenfalls ihre eigenen Design-Amateurausstellungen eröffnet haben, so wie Axel Rachwalski in seinem Museum »form gestaltung in der DDR« (Museum für DDR-Design) in Wernigerode,

eine 50 Quadratmeter große Ausstellung zum DDR-Design, besteht ein interessanter Unterschied zu den professionellen Ausstellungen darin, dass sie das DDR-Design im unmittelbaren Kontext des modernen deutschen Nachkriegsdesigns sehen und darin eher dem Museum der Dinge in Westberlin ähneln, für das Ost- und Westdeutschland zu einer gemeinsamen deutschen Tradition gehören. »Mein Traum«, sagte Höhne, »ist ein deutsches Design-Museum, und mein Alptraum ist ein DDR-Design-Museum.« Günter Höhne, persönliche Mitteilung.

31 Zur »Wir-Identität« vgl. Aleida Assmann, *Der lange Schatten der Vergangenheit. Erinnerungskultur und Geschichtspolitik*, München 2006. Zu den privaten DDR-Museen als Quellen einer gemeinsamen Identität vgl. Gigerenzer, *Gedächtnislabore.*

32 Zur speziellen Rolle des Plastiks bei der Entwicklung der Konsumgesellschaft der DDR einschließlich des berühmten Eierbechers vgl. Rubin, *Synthetic Socialism.*

33 Ebd.

34 http://www.ddr-museum-tutow-mv.de/veranstaltungsplan.html.

35 »Über eine halbe Million mal Geschichte zum Anfassen in 2012«, Berlin 2013. Die Zahlen von Apolda und Radebeul beruhen auf internen Schätzungen der dortigen Museen.

36 Vgl. Sara Jones, »(Extra)ordinary Life: The Rhetoric of Representing the Socialist Everyday After Unification«, *German Politics and Society* 33, Nr. 1/2 (2015), S. 130, sowie Sabrow (u. a.), *Wohin treibt die DDR-Erinnerung?*, S. 34.

37 Davon ausgenommen ist wiederum das Museum in Eisenhüttenstadt, das der Westberliner Museumsfachmann Andreas Ludwig geleitet hatte. Gründer des DDR Museums Berlin ist der Freiburger Peter Kenzelmann, und der erste Direktor, Robert Rückel, stammte ebenfalls aus dem Westen. Sein heutiger Direktor, Gordon Freiherr von Godin, kam aus dem Hotel- und Gaststättengewerbe.

38 Martin Sabrow, »DDR-Alltag im Museum«, in DDR Museum (Hrsg.), *2 Jahre DDR Museum: Eine kritische Bilanz*, Berlin 2008, S. 12. Als Reaktion auf solche Kritiken änderte das DDR Museum tatsächlich sein Ausstellungskonzept und richtete eine ganz neue – dem Staat gewidmete – Abteilung mit einem nachgebauten Verhörraum ein, vgl. dazu unten in diesem Kapitel.

39 Gottfried Korff, *Museumsdinge. Deponieren – Exponieren*, Köln 2002, S. 36.

40 Vgl. die differenzierte Diskussion in Martin Sabrow und Norbert Frei (Hrsg.), *Die Geburt des Zeitzeugen nach 1945*, Göttingen 2012. »Der Zeitzeuge als Wanderer zwischen zwei Welten«, ebd. Vgl. auch die Ausführungen zum Kitsch in Kap. 1.

41 Susan Crane, »Memory, History and Distortion in the Museum«, *History and Theory* 36, Nr. 4 (1997), S. 45.

42 Kathleen Görß, »Liebe Gäste«, DDR-Museum Tutow, http://www.ddr-museum-tutow-mv.de/.

43 Der Direktor stammt aus Westdeutschland.
44 Stiftung Haus der Geschichte der Bundesrepublik Deutschland, Zeitgeschichtliches Forum Leipzig, »Wir über uns«, http://www.zeitklicks.de/top-menu/termine/navigation/topnav/termin/haus-der-geschichte-zeitgeschichtliches-forum-leipzig/?action=day-25.
45 Die Bundesstiftung zur Aufarbeitung der SED-Diktatur, meist als Bundesstiftung Aufarbeitung bezeichnet, listet über 900 Gedenkstätten auf, die meist auf Bürgerinitiativen zurückgehen; vgl. Anna Kaminsky (Hrsg.), *Orte des Erinnerns: Gedenkzeichen, Gedenkstätten und Museen zur Diktatur in SBZ und DDR*, Berlin 2016. Zu den Spannungen zwischen Privatmuseen über die SED-Diktatur und dem Staat vgl. Sara Jones, *The Media of Testimony: Remembering the East German Stasi in the Berlin Republic*, Basingstoke 2014; und Jenny Wüstenberg, »Transforming Berlin's Memory: Non-State Actors and GDR Memorial Politics Today«, in: David Clarke und Ute Wölfel (Hrsg.), *Remembering the German Democratic Republic*, Basingstoke 2011, S. 65–76.
46 Olga Shevchenko und Maya Nadkarni, »The Politics of Nostalgia. A Case for Comparative Analysis of Postsocialist Practices«, *Ab Imperio* 2 (2004), S. 487–519.
47 Ausstellungskonzept, DDR Museum Thale, 2013, http://www.ddr-museum-thale.de/ausstellungskonzept/index.html; »Olle DDR Dauerausstellung«, Museumsbaracke »Olle DDR«, http://www.olle-ddr.de/
48 Jan-Werner Müller, »Just Another *Vergangenheitsbewältigung?* The Process of Coming to Terms with the East German Past Revisited«, *Oxford German Studies* 38, Nr. 3 (2009), S. 338.
49 Nikolai Vukov, »The ›Unmentionable‹ and the ›Unforgettable‹:, Museumizing the Socialist Past in Post-1989 Bulgaria«, in: Oksana Sarkisova und Peter Apor (Hrsg.), *Past for the Eyes: East European Representations of Communism in Cinema and Museums After 1989*, New York 2008.
50 Ebd.
51 Stefan Wolle, persönliche Mitteilung.
52 Hans-Peter Freimark, persönliche Mitteilung.
53 »Olle DDR Dauerausstellung«.
54 Gästebuch-Eintrag 126, »Brigitte Al-Halbouni aus Magdeburg« (Dienstag, 12. Oktober2010), http://www.ostalgie-kabinett.de/gaestebuch.htm.
55 Diese Ausstellungen geben nur selten zu erkennen, dass Frauen in der DDR häufig sowohl im Haus als auch in der Fabrik tätig waren.
56 Eine Ausnahme von den weiblich kodierten Museen sind die wenigen, die, wie in Pirna, hervorragende militärische Ausstellungen zeigen.
57 Museumsnews, »Die erweiterte Ausstellung und das DDR-Restaurant Domklause sind eröffnet!«, Berlin 2010. Das Restaurant erwies sich jedoch als finanzieller Fehlschlag und wurde nach fünf Jahren geschlossen.
58 »A Hands-on Experience of History«, Berlin 2012.

59 Marshall McLuhan, *Understanding Media: The Extensions of Man*, New York 1994 [1964], S. 44–47.

60 Walter Benjamin, *Illuminations,* hrsg. von Hannah Arendt, übers. von Harry Zohn, New York 2007, S. 117–120.

61 McLuhan, *Understanding Media,* S. 315. Zur Taktilität und McLuhan vgl. bes. Takeshi Kadobayashi, »Tactility, This Superfluous Thing: Reading McLuhan Through the Trope of Sense«, *UTCP Bulletin,* Nr. 4 (Mai 2005), S. 26–31. Wichtig ist hier auch McLuhans Vorstellung vom Gleichgewicht der Sinne als notwendiger Komponente der Rationalität. Marshall McLuhan (u. a.), *The Gutenberg Galaxy: The Making of Typographic Man*, Toronto 2011.

62 »Pressemappe«, Berlin 2009.

63 Stefan Wolle, persönliche Mitteilung.

64 Stefan Wolle, persönliche Mitteilung.

65 Jones, *The Media of Testimony.*

66 Vgl. Betts, *Within Walls*, Teil 1; sowie Christa Wolf, *Was bleibt*, Frankfurt am Main 1990.

67 Beverly James, *Imagining Postcommunism: Visual Narratives of Hungary's 1956 Revolution*, College Station 2005, S. 138.

68 Ebd.

69 Andreas Ludwig, »Representations of the Everyday and the Making of Memory: GDR History and Museums«, in David Clarke und Ute Wölfel (Hrsg.), *Remembering the German Democratic Republic*, New York 2011, und »›Übereinstimmung‹, ›Teilhabe‹ und ›Zufriedenheit‹ – die sozialistische Lebensweise«, in: Andreas Ludwig (Hrsg.), *Alltag: DDR. Geschichten, Fotos, Objekte*, Berlin 2012.

70 Vgl. z. B. Marc-Dietrich Ohse, *Jugend nach dem Mauerbau. Anpassung, Protest und Eigensinn*, Berlin 2003.

71 Vgl. z. B. die in dem Abschnitt »Milieus« beschriebenen Ausstellungen in Andreas Ludwig, Mario Stumpfe und Jörg Engelhardt, *Alltagskultur der DDR: Begleitbuch zur Ausstellung »Tempolinsen und P2«,* Berlin 1996; Ludwig, *Alltag: DDR*, S. 295–324.

72 Hans-Peter Freimark, persönliche Mitteilung.

73 Im Jahr 1871 gab es z. B. 36 solcher Museen, während sich ihre Zahl vor dem Ausbruch des Ersten Weltkrieges verzehnfacht hatte und auf 388 angestiegen war. Vgl. Korff, *Museumsdinge. Deponieren – Exponieren*, S. 52. Gab es 1981 in der Bundesrepublik etwa 688 »Volks- und Heimatkundemuseen«, waren es vor der Vereinigung bereits 1000 und über 2000 im Jahr 1996.

74 Korff, *Museumsdinge*, S. 51 f. Zu den Privatmuseen der DDR als Heimatmuseen vgl. Gigerenzer, *Gedächtnislabore.*

75 Ebd., S. 55–57.

76 Jones, »(Extra)ordinary Life«.

77 Vgl. Daphne Berdahl, »Expressions of Experience and Experience of Expres-

sion: Museum Re-Presentations of GDR History«, in: Matti Bunzl (Hrsg.), *On the Social Life of Postsocialism. Memory, Consumption, Germany*, Bloomington 2010, S. 112–115.

78 Als Historiker war Kohl an diesen beiden Projekten, die er als komplementär ansah, besonders interessiert. Im Jahr 1982, als an eine Wiedervereinigung überhaupt noch nicht zu denken war, setzte sich Kohl für ein Museum in Bonn ein, das die deutsche Nachkriegsgeschichte erzählen sollte. Doch erst 1989 wurde in Bonn mit dem Bau begonnen, und die Tore des Museums öffneten sich 1994, als die Regierung gerade ihren Umzug nach Berlin vorbereitete. Das Deutsche Historische Museum (DHM), das den umfassenderen Auftrag hatte, die deutsche Geschichte seit dem 1. Jahrhundert v. Chr. zu zeigen, wurde 1987, anlässlich der 750-Jahrfeier Berlins, angekündigt und sollte im Westen ein – in der Nähe des Reichstags neu zu errichtendes – Gebäude beziehen. Als Reaktion auf den Fall der Berliner Mauer ließ das DHM die Pläne für ein neues Gebäude fallen und zog in den historischen Bau in der Straße Unter den Linden, der bis 1990 das ostdeutsche nationale Geschichtsmuseum, das Museum für Deutsche Geschichte oder MDG, beherbergt hatte. 1991, ein Jahr später, wurde es für Ausstellungen eröffnet. Von den 300 Angestellten, die zur Zeit der Vereinigung im MDG arbeiteten, wurden, wie man mir sagte, nur zwei ins DHM übernommen.

79 Zu diesen Ausstellungen gehören *Parteidiktatur und Alltag in der DDR* (2007), *Fokus DDR* (2012), *Farbe für die Republik: Auftragsfotografie vom Leben in der DDR* (2014) und *Alltag Einheit. Porträt einer Übergangsgesellschaft* (2015–16).

80 Zeitgeschichtliches Forum, »Konzept«, www.schoenes-leipzig.de.

81 Jürgen Reiche, persönliche Mitteilung.

82 Jürgen Reiche, persönliche Mitteilung. Viele der Museumsobjekte stammen von den Mitarbeitern (auch wenn sie das nicht öffentlich erwähnen), wie etwa das »Westpaket« einer Familie oder amateurhafte Urlaubsfilme eines Großvaters.

83 Sandra Starke, persönliche Mitteilung.

84 »Wer kann DDR besser?« *SUPERillu* 50 (2013), S. 22 f.

85 Der größte Teil der Sammlung befindet sich weiterhin im Depot, ein wunder Punkt für die Stiftung Industrie- und Alltagskultur, welche die Freunde des früheren DDR-Designs repräsentiert und anlässlich der Eröffnung des neuen Museums feststellte, es sei »ein offener Missbrauch des Gebäudes und der industriellen Sammlung« Stiftung Industrie- und Alltagskultur, 2013, http://www.stiftungindustrie-alltagskultur.de/index.php?id=4.

86 Michael Sheringham, *Everyday Life: Theories and Practices from Surrealism to the Present*, New York 2010, S. 13 f.

87 Thomas Lindenberger, »Die DDR nachdem das Tor zum Westen geschlossen war«, in: Ludwig, *Alltag: DDR*. Lindenberger argumentiert gegen den von Mary Fulbrook vertretenen sog. Normalisierungsansatz; vgl. Mary Fulbrook (Hrsg.),

*Power and Society in the GDR, 1961–1979: »The Normalisation of Rule«?*, New York 2009.

88 Harry Harootunian, *History's Disquiet: Modernity, Cultural Practice, and the Question of Everyday Life*, New York 2000, S. 6.

## Rückbau

1 Dabei handelt es sich um das Kaiserreich (bis 1918), Weimar (1919–1933), den Nationalsozialismus (1933–1945), die Teilung in Ost und West während des Kalten Krieges (1949–1990) und das heutige wiedervereinte Deutschland.

2 Dieses Problem stellt sich besonders, aber beileibe nicht ausschließlich, in postsozialistischen Settings. Vgl. William Neill, J. V., *Urban Planning and Cultural Identity*, New York 2004; Helmuth Berking (Hrsg.), *Negotiating Urban Conflicts: Interaction, Space, and Control*, Bielefeld 2006; Francesca Ferguson (Hrsg.), *Talking Cities: The Micropolitics of Urban Space*, Boston 2006; Lebbeus Woods, *War and Architecture*, New York 1993; Mark Crinson, *Urban Memory: History and Amnesia in the Modern City*, London 2005, sowie Charity Scribner, *Requiem for Communism*, Cambridge 2003.

3 Michael Rothberg, *Multidirectional Memory: Remembering the Holocaust in the Age of Decolonization*, Stanford 2009, S. 5.

4 Pierre Nora, »Between Memory and History: *Les Lieux de Mémoire*«, *Representations*, Nr. 26 (1989), S. 7.

5 Ebd., S. 7 f.

6 Andreas Huyssen, Present Pasts: Urban Palimpsests and the Politics of Memory, Stanford 2003. Vgl. auch Michael Rothberg, »Introduction. Between Memory and Memory: From Lieux de mémoire to Nœuds de mémoire«, Yale French Studies, Nr. 118/119 (2010), S. 3–12.

7 Vgl. Yukiko Koga, *Inheritance of Loss: China, Japan, and the Political Economy of Redemption after Empire*, Chicago 2016.

8 In seinem Werk *Stranded Objects: Mourning, Memory, and Film in Postwar Germany*, Ithaca 1990, untersucht Eric Santner eloquent die Rolle der Trauer und Melancholie im Westdeutschland der Nachkriegszeit, während der Osten (etwa wenn Santner im Zusammenhang mit der ostdeutschen Romanschriftstellerin Christa Wolf nicht auf deren Herkunft aufmerksam macht) in seinem ansonsten hervorragenden Buch eine merkwürdig abwesende Gegenwart bleibt.

9 Roland Barthes, *Mythologies,* übers. von Annette Lavers, New York 1984.

10 Vgl. auch Jacques Derrida, *Specters of Marx: The State of the Debt, the Work of Mourning, and the New International*, übers. von Peggy Kamuf, New York 1994.

11 Zur Pathologie der Nostalgie als einer Form westlicher Angst vor der Moderne vgl. Huyssen, Present Pasts, und Nauman Naqvi, The Nostalgic Subject. A Genealogy of the »Critique of Nostalgia«, Working Paper 23, Messina 2007.

12 Die Gesamtbesucherzahl betrug 60 154 205. Vgl. Anke Kuhrmanns Standardwerk *Der Palast der Republik: Geschichte und Bedeutung des Ost-Berliner Parlaments- und Kulturhauses*, Petersberg 2006, S. 65. Als der Palast 1976 eröffnet wurde, hatte die DDR 16 786 000 Einwohner, etwa genauso viel wie 1989, im letzten Jahr ihres Bestehens (16 614 000). 1949, im Jahr ihrer Geburt, hatte sie mit 18 892 000 Einwohnern die höchste Bevölkerungszahl, die sich von da an ständig verringerte. Vgl. http://www.populstat.info/Europe/germanec.htm.

13 Nina Brodowski, »Geschichts(ab)riss«, in: Philipp Misselwitz, Hans Ulrich Obrist und Philipp Oswalt (Hrsg.), *Fun Palace 200X. Der Berliner Schlossplatz: Abriss, Neubau oder grüne Wiese?*, Berlin 2005, S. 53.

14 So Schröder, zitiert in Thomas Beutelschmidt und Julia M. Novak, *Ein Palast und seine Republik: Ort – Architektur – Programm*, Berlin 2001, S. 216. Zu den Befürwortern des Palastes vgl. Freundeskreis Palast der Republik, »Der Palast lebt – trotz alledem«, *Rundbrief für die Mitglieder und Sympathisanten des Freundeskreises*, Nr. 1 (2009). Zur Bandbreite der zivilgesellschaftlichen Gruppen vgl. Fabian Reinbold und Mirjam Novak, »Leidenschaftliche Kämpfer: Die Abrissdebatte und ihre Akteure«, in Alexander Schug (Hrsg.), *Palast der Republik: Politischer Diskurs und private Erinnerung*, Berlin 2007.

15 Um die Mitte der 1970er Jahre hatten die beiden deutschen Staaten sich erst implizit, dann explizit gegenseitig anerkannt. Westdeutschland gab seinen langjährigen Widerstand gegen die internationale Anerkennung der DDR auf und begründete dies damit, dass eine direkte Konfrontation das DDR-Regime nur stärken, während eine Kooperation es schwächen würde.

16 Deshalb wurde der Begriff »deutsche Nation« aus der DDR-Verfassung aus dem Jahr 1974 buchstäblich gestrichen und »Deutschland«, wo immer es möglich war, durch »DDR« ersetzt. So wurde z. B. die Deutsche Akademie der Wissenschaften zur Akademie der Wissenschaften der DDR, und die westdeutsche Literatur galt als »ausländisch«. Vgl. Stefan Willer, »Politik der Aneignung: Die ›Erbetheorie‹ in den ›Weimarer Beiträgen‹ der siebziger Jahre«, *Weimarer Beiträge* 51, Nr. 1 (2005), S. 44–64.

17 Zur Geschichte und zum Ursprung des deutschen Volkshauses und seinem Schicksal in der DDR vgl. Horst Groschopp, »Kulturhäuser in der DDR: Vorläufer, Konzepte, Gebrauch. Versuch einer historischen Rekonstruktion«, in: Thomas Ruben und Bernd Wagner (Hrsg.), *Kulturhäuser in Brandenburg*, Potsdam 1994; Simone Hain, »Das Volkshaus der DDR. Zur Entwurfsgeschichte und Funktionsbestimmung«, in: Beutelschmidt und Novak, *Ein Palast und seine Republik*; Christine Meyer, *Kulturpaläste und Stadthallen der DDR*, Hamburg 2005. In der Sowjetunion bildete sich ein rigider ideologischer Ansatz in Bezug auf die Kulturpaläste heraus, vgl. dazu Lewis H. Siegelbaum, »The Shaping of Soviet Worker's Leisure: Workers' Clubs and Palaces of Culture in the 1930s«, *International Labor and Working Class History* 56 (1999), S. 78–92.

18 Andere Parteifunktionäre aber konterten: »Solange wir nichts Besseres als diese

importierten Tänze haben, wird Twist bei uns getanzt werden, ob wir das wollen oder nicht.« Zitiert in Groschopp, »Kulturhäuser in der DDR«, S. 39.

19 Die Schulden der DDR stiegen von weniger als einer Milliarde Dollar im Jahr 1970 auf mehr als zwölf Milliarden im Jahr 1981. Vgl. Mary Lavinge, *International Political Economy and Socialism*, Cambridge 1991, S. 324. Zu dieser Periode vgl. Mary Fulbrook, *The People's State: East German Society from Hitler to Honecker*, New Haven 2005, und den von ihr herausgegebenen Band *Power and Society in the GDR, 1961–1979: The »Normalisation of Rule«?*, New York 2009. Einen faszinierenden Blick darauf, wie sich in dieser Zeit durch die Übernahme modernistischer Wohnbauprinzipien die bauliche Umgebung veränderte, bietet Eli Rubin in *Amnesiopolis: Modernity, Space, and Memory in East Germany*, Oxford 2016.

20 Peter Müller, »Counter-Architecture and Building Race: Cold War Politics and the Two Berlins«, *GHI Bulletin Supplement 2* (2005), S. 103. Der von Ulbricht favorisierte Entwurf stammte von Helmut Hennig. Die Geschichte des zentralen Gebäudes und die Nachkriegsumgestaltung des Ostberliner Zentrums, einschließlich Fernsehturm und Alexanderplatz, ist faszinierend und verdient eine eigene Abhandlung. Zur Geschichte des zentralen Gebäudes vgl. Bruno Flierl, »Planung und Bau des Palastes«, in Beutelschmidt und Novak, *Ein Palast und seine Republik*, S. 54–75; Juan Jose Gomez Gutierrez, »Building Homes, Building Politics: Berlin's Postwar Urban Development and Ideology«, *Central Europe Review* 1, Nr. 21 (1999), http://www.ce-review.org/99/21/gomez21.html; Klaus von Beyme, »Ideas for a Capital City in East and West«, in: Thorsten Scheer, Josef Paul Kleihues und Paul Kahlfeldt (Hrsg.), *City of Architecture, Architecture of the City: Berlin 1900–2000*, Berlin 2000, S. 247; sowie Kuhrmann, *Der Palast der Republik*. Wenn Ulbricht seinen Wolkenkratzer hätte errichten können, hätte er vielleicht ein ähnliches Vermächtnis hinterlassen wie der Warschauer Kulturpalast; vgl. die anschauliche Beschreibung in Michał Murawskis *Palace Complex: The Social Life of a Stalinist Skyscraper in a Capitalist City*, Bloomington, im Erscheinen begriffen.

21 Flierl, »Planung und Bau des Palastes«.

22 Bei dieser Überlegung ging es weniger um eine unverstellte Symbolik als um banale Erwägungen; angeblich hing Honecker emotional an dem Gelände für die Weltjugendspiele von 1973, das dort lag, wo Ulbricht von einem Wolkenkratzer geträumt hatte. Die Paraden waren jedenfalls in die Karl-Marx-Allee verlegt worden, weshalb der Platz noch verlassener wirkte. Dennoch handelte es sich um eine starke Symbolik, und in seinen Reden präsentierte Honecker den Palast als Teil des DDR-Erbes der deutschen sozialistischen Revolution, welche die gescheiterten Revolutionen von 1848 und 1918 vollendete. Dieses Erbe-Narrativ verband den früheren sowjetischen Satellitenstaat, der seine Gründung einer Niederlage und Besatzung verdankte, mit einer größeren Tradition von Autonomie, aktiven Selbstbefreiungsversuchen und echter Revolu-

tion. Es war auch das Narrativ einer doppelten Erlösung: einer unausgesprochenen, die vom Unbehagen des Landes von Karl Marx, Vasall der Sowjetunion zu sein, handelte, und einer ausgesprochenen, dem mythischen Telos, demzufolge alle deutschen sozialistischen Traditionen in der »sozialistischen Einheitspartei« der DDR mündeten. Diese »Einheit« versuchte den deutschen Sozialismus von seinen erbitterten, selbstzerstörerischen Fehden in der Zeit zwischen den Weltkriegen zu erlösen, die den Nazis eine Politik des »Teilens und Herrschens« ermöglichten. Die Bedeutung dieses Narrativs manifestierte sich materiell in dem einzigen Teil des preußischen Schlosses, der erhalten blieb und in das nahe gelegene Staatsratsgebäude integriert wurde – das Portal mit dem Balkon, auf dem Karl Liebknecht 1918 die (gescheiterte) »freie sozialistische Republik« ausrief und das Schloss »für das deutsche Volk« reklamierte. Vgl. Rudy Koshar, *Germany's Transient Pasts: Preservation and National Memory in the Twentieth Century*, Chapel Hill 1998, S. 205.

23 Dies entbehrt nicht einer gewissen Ironie, da Honecker in den späten 1960er Jahren ein opportunistischer Hardliner gewesen und Ulbricht in den frühen 1960er Jahren für Reformen durchaus offen gewesen war. Vgl. Fulbrook, *The People's State.*

24 Entwurfsblatt vom 24. Mai 1973 in Hain, »Das Volkshaus der DDR«, S. 79.

25 Ebd., S. 83.

26 Josie McLellan gibt dafür ein Beispiel und zeigt, dass die Darstellung von Personen, die auf dem zentralen Gemälde der berühmten Kunstausstellung im Palast der Republik »Dürfen Kommunisten träumen?« nackt baden, Teil des veränderten offiziellen Diskurses war: Der Nudismus, der nach der Parteilinie »unauslöschlich mit dem Nationalsozialismus, der Sozialdemokratie und moralischem Verfall« verbunden war, wurde nun zu »einem Symbol für ein junges, zukunftsorientiertes Ostdeutschland«. Josie McLellan, »State Socialist Bodies: East German Nudism from Ban to Boom«, *Journal of Modern History* 79 (2009), S. 76.

27 Vgl. Otakar Macel, »Post-war Modern Architecture in the Former Eastern Bloc«, in: Hubert-Jan Henkert und Hilde Heynen (Hrsg.), *Back from Utopia: The Challenge of the Modern Movement*, Rotterdam 2002, S. 111. Zur stalinistischen Architektur vgl. Vladimir Paperny, *Architecture in the Age of Stalin: Culture Two*, Cambridge 2002; und Boris Groys, *The Total Art of Stalinism: Avant-Garde, Aesthetic Dictatorship, and Beyond*, Princeton 1992.

28 Kenneth Frampton in: Kuhrmann, *Der Palast der Republik*, S. 176. Der Laterneneffekt war vielleicht eine bewusste Anspielung des Chefarchitekten Graffunder auf die Forderung des Weimarer Expressionisten Bruno Taut nach »kristalline(n), nachts unter dem bestirnten Himmel farbig glühende(n) Volkshäuser(n)«. Vgl. Heinz Graffunder, Martin Beerbaum und Gerhard Murza, *Der Palast der Republik*, Leipzig 1977; Hain, »Das Volkshaus der DDR«, S. 83.

29 Vgl. Kuhrmann, *Der Palast der Republik*, S. 43, 125. Zum Modernismus in der

DDR-Architektur vgl. auch Thomas Hoscislawski, *Bauen zwischen Macht und Ohnmacht: Architektur und Städtebau in der DDR*, Berlin 1991.

30 Hain, »Das Volkshaus der DDR«, S. 83.

31 Stefan Wolle, »Der Palast als Gesamtkunstwerk. Oder: Das Gleichnis vom Pfennig«, in: Beutelschmidt und Novak, *Ein Palast und seine Republik*, S. 185.

32 Svetlana Boym, *The Future of Nostalgia*, New York 2001, S. 187.

33 Andreas Ulrich, *Palast der Republik: ein Rückblick*, München 2006; Lara Kneisler, »Die ›erträumte DDR‹ – der Palast der Republik als Kulturstandort«, in: Schug, *Palast der Republik*, S. 264.

34 Rudolf Ellereit, »93 Prozent Kultur«, in: Kirsten Heidler und Ingetraud Skirecki (Hrsg.), *Von Erichs Lampenladen zur Asbestruine: alles über den Palast der Republik*, Berlin 1998, S. 174.

35 Zitiert in Schug, *Palast der Republik*, S. 40.

36 Im Osten galt die Asbestverseuchung allgemein als politischer Vorwand für die Schließung und den Abriss des Palastes. Der Asbest kam, vielleicht eine Ironie des Schicksals, aus Großbritannien. Vgl. Werner Heinitz und Bernd Schöll, »Asbest – vom Baustoff zum Gefahrstoff. Sanierungsmaßnahmen«, in: Beutelschmidt und Novak, *Ein Palast und seine Republik*.

37 Freundeskreis Palast der Republik, »Der Palast lebt – trotz alledem«. Das Zitat entstammt seiner Ausstellung aus dem Jahr 2009, doch seit der Schließung des Palastes organisiert der Freundeskreis weiterhin Kampagnen, Events und Ausstellungen, um die Entscheidung, den Palast abzureißen, zu verurteilen und die Erinnerung an ihn am Leben zu erhalten.

38 Vgl. Santner, *Stranded Objects*; vgl. auch Huyssen, *Present Pasts*.

39 Nora, »Between Memory and History«, S. 7.

40 Sonja Thiel, »Asbest und der Palast – Ein Diskursmotiv und seine Karriere«, in: Schug, *Palast der Republik*, S. 136–143.

41 Im Depot befindet sich nur eine Auswahl von Objekten, die die Rettungsteams für relevant hielten. Viele Objekte wurden versteigert und zu Geld gemacht. Damalige Kunstwerke aus den Galerien, einschließlich der Dauerausstellung »Können Kommunisten träumen?«, fristen im Depot des Deutschen Historischen Museums ihr Dasein. Vgl. Christiane Oehmig, »Der ausgelagerte Palast«, in: Beutelschmidt und Novak, *Ein Palast und seine Republik*.

42 Zitiert in Schug, *Palast der Republik*, S. 288.

43 Hartmut Böhme, »Die Ästhetik der Ruinen«, in: Dietmar Kamper und Christoph Wulf (Hrsg.), *Der Schein des Schönen*, Göttingen 1989, S. 288.

44 Hermine G. de Soto, »(Re)Inventing Berlin: Dialectics of Power, Symbols, and Pasts, 1990–1995«, *City and Society* 8, Nr. 1 (1996), S. 29–49.

45 Joachim Fest, »Plädoyer für den Wiederaufbau des Stadtschlosses«, in: Michael Mönninger (Hrsg.), *Das neue Berlin*, Frankfurt am Main 1991, S. 108–118.

46 Goerd Peschken, »Wer hat Angst vor dem Berliner Schloß?«, *Ästhetik & Kommunikation* 32, Nr. 114 (2001), S. 28.

47 Siedler, »Das Schloss lag nicht in Berlin«.
48 Wilhelm von Boddien, »Das Antlitz Berlins: Stadtschlossausstellung«, in: Heidler und Skirecki, *Von Erichs Lampenladen*, S. 195 f.
49 Marc Schüffner, »Public Remarks on Rebuilding the Berlin Schloss«, CDU Ortsleitung Wannsee, www.cdusz.de/nachrichten/200511142119351.pdf.
50 Siedler, »Das Schloss lag nicht in Berlin«.
51 Wolfgang Schivelbusch, *In a Cold Crater: Cultural and Intellectual Life in Berlin, 1945–1948*, Berkeley 1998, S. 14 f.
52 Siedler, »Das Schloss lag nicht in Berlin«, mit Anspielung auf die geplante Idealstadt von Ludwig Hilbersheimer.
53 Gavriel D. Rosenfeld, »The Architects' Debate«, *History and Memory* 9, Nr. 1 (1997), S. 189–225.
54 Für Rosenfeld (S. 193) begann die Debatte ironischerweise mit der Kritik an James Stirlings 1977 preisgekröntem Entwurf für die Staatsgalerie in Stuttgart, den die Modernisten als faschistisch kritisierten.
55 Zitiert in Rosenfeld, »The Architects' Debate«, S. 203.
56 Ebd., S. 206.
57 Zum Historikerstreit vgl. James Knowlton und Truett Cates (Hrsg.), *Forever in Hitler's Shadow? Original Documents of the Historikerstreit, the Controversy Concerning the Singularity of the Holocaust*, Atlantic Highlands, NJ, 1993; Charles S. Maier, *The Unmasterable Past: History, Holocaust, and German National Identity*, Cambridge 1988. Vgl. auch die Diskussion in Santner, *Stranded Objects*.
58 Während der Nazizeit diente das Schloss als Kulisse und Bühne für bestimmte bedeutende Veranstaltungen, vor allem für die Eröffnungsfeier der Olympischen Spiele von 1936, während der angrenzende Lustgarten hauptsächlich als Schauplatz für Nazi-Kundgebungen genutzt wurde. Doch im Vergleich mit vielen anderen Stätten in Berlin war das Schloss weitgehend »unbelastet« und stand in keiner direkten Verbindung mit der Nazizeit. Es ist ein attraktiver Ort für eine nationale Verjüngung, eben weil es bei den Nazi-Verbrechen kaum eine Rolle spielte und weil Hitler es, wie allgemein bekannt, nicht mochte.
59 Zitiert in Andreas Tzortzis, »Berlin's Master Builder Retires«, *New York Times*, 27. September 2006.
60 Ebd.
61 Die Zitate in diesem Paragraphen stammen aus K. E. Till, *The New Berlin: Memory, Politics, Place*, 2005, S. 46 f., 56. Vgl. auch Josef Paul Kleihues, *Ausgewählte Texte*, Berlin 2004; sowie Harald Bodenschatz (u. a.), *Berlin und seine Bauten: Städtebau*, Berlin 2009. Zur Stadtplanung, die sich auf den Schwarzplan stützt, vgl. *Planwerk Innenstadt*, Berlin 1999.
62 Rossis Kritik ist dargelegt in Rosenfeld, »The Architects' Debate«, S. 218.
63 So Stimmann, zitiert in Till, *The New Berlin*, S. 46.
64 von Boddien, »Das Antlitz Berlins«, S. 196.

65 Siedler, »Das Schloss lag nicht in Berlin«. Hervorhebung durch den Autor.

66 Siedler formuliert es direkt: »Die Frage eines Wiederaufbaus des Stadtschlosses gilt also nicht so sehr dem Schloss selber als dem klassischen Zentrum Berlins … Hier geht es weniger um einzelne Bauwerke […] sondern um die Stadtgestalt.« Ebd.

67 Das ursprüngliche Konzept sah eine optische Illusion vor, bei der sich dem flanierenden Betrachter Bilder zeigten, die zwischen dem Vorkriegsschloss, dem zerstörten Schloss und dem Palast der Republik abwechselten. Peschken, »Wer hat Angst vor dem Berliner Schloß?«

68 Vgl. Förderverein Berliner Schloss, Ausstellungskatalog der Ausstellung »Das Schloss?«, Berlin 1994.

69 Reinbold und Novak, »Leidenschaftliche Kämpfer«.

70 Rosenfeld, »The Architects' Debate«, S. 207.

71 Ebd., S. 197.

72 Wilhelm von Boddien, »Totally Destroyed and Newly Rebuilt Buildings«, Förderverein Berliner Schloss e. V., 2009, http://www.berliner-schloss.de. In ähnlicher Weise verglich die Stadtplanerin und Architektin Barbara Jakubeit architektonische Entwürfe mit nachdruckbaren Büchern oder Partituren und fragte: »Was macht die Kunst der Architektur so wertvoll, dass sie, wenn ihr Entwurf noch existiert, nicht reproduziert werden kann?« Aus einem Interview in Michael Z. Wise, *Capital Dilemma: Germany's Search for a New Architecture of Democracy*, New York 1998, S. 117 f. Ebenfalls zitiert in Didem Ekici, »The Surfaces of Memory in Berlin: Rebuilding the Schloss«, *Journal of Architectural Education* (2007), S. 32.

73 Ekici, »The Surfaces of Memory«, S. 32; von Boddien, »Totally Destroyed«.

74 Ekici, »The Surfaces of Memory«, S. 33.

75 Siedler, »Das Schloss lag nicht in Berlin«.

76 Rudy Koshar, *From Monuments to Traces: Artifacts of German Memory, 1870–1990*, Berkeley 2000, S. 19.

77 Dominick LaCapra, »Revisiting the Historians' Debate«, *History and Memory* 9, Nr. 1 (1997), S. 90.

78 Vgl. Maier, *The Unmasterable Past.*

79 Zur Frage, ob Preußen den Grundstein für die faschistische Ära legte, vgl. Woodruff D. Smith, *The Ideological Origins of Nazi Imperialism*, New York 1986; sowie Gordon A. Craigs klassisches Werk *The Politics of the Prussian Army: 1640–1945*, Oxford 1964. Die beiden Standardwerke zur preußischen Geschichte unterscheiden sich hauptsächlich durch ihren Schwerpunkt; Sebastian Haffner, *The Rise and Fall of Prussia*, London 1980, betont den Militarismus, Christopher M. Clarke, *Iron Kingdom: The Rise and Downfall of Prussia, 1600–1947*, Cambridge 2006, die Kultur. Bei dem Versuch, ihre Legitimität zu zementieren, hatte die DDR natürlich ihre eigene Sichtweise Preußens. Speziell zur Erinnerungskultur vgl. die Behandlung Preußens in Jon Berndt Olsen, *Tailoring*

*Truth: Politicizing the Past and Negotiating Memory in East Germany, 1945–1990*, New York 2015, S. 137–182. Vgl. auch Jan Herman Brinks, *Paradigms of Political Change. Luther, Frederick II, and Bismarck: The GDR on Its Way to Unity*, Milwaukee 2001; ferner Alan Nothnagle, »From Buchenwald to Bismarck: Historical Myth-Building in the German Democratic Republic, 1945–1989«, *Central European History* 26, Nr. 1 (1993), S. 91–113.

80 Gavriel D. Rosenfeld, »A Mastered Past? Prussia in Postwar German Memory«, *German History* 22, Nr. 4 (2004), S. 505.

81 Koshar, *From Monuments to Traces*, S. 25.

82 Rosenfeld, »A Mastered Past?«, S. 526.

83 Golo Mann zitiert in Saul Friedländer, »Some German Struggles with Memory«, in: Geoffrey H. Hartman (Hrsg.), *Bitburg in Moral and Political Perspective*, Bloomington 1986, S. 33.

84 Das Schloss war längst nicht das einzige Bauwerk dieser Art. Dazu gehörten auch die Bauakadamie, die Alte Kommandantur in Berlin und die Garnisonskirche in Potsdam. Vgl. Rosenfeld, »A Mastered Past?«, S. 525.

85 Vgl. Humboldt Forum. Der klassische Text über die Lücken ist Andreas Huyssen, »The Voids of Berlin«, *Critical Inquiry* 24, Nr. 1 (1997), S. 57–81. Vgl. auch Thomas Flierl und Hermann Parzinger (Hrsg.), *Humboldt-Forum Berlin: Das Projekt/The Project*, Berlin 2009; und Internationale Bauakademie Berlin (Hrsg.), *Humboldt-Forum: Symposium zu Fragen der Rekonstruktion und der räumlichen Konzeption des Berliner Schlosses*, Berlin 2004.

86 Deutscher Bundestag, »Antrag: Wiederherstellung der historischen Mitte Berlins«, Deutscher Bundestag, 2002.

87 Ebd.

88 Neill, *Urban Planning and Cultural Identity*, S. 105, unter Verweis auf *Die Welt* und die *Frankfurter Allgemeine Zeitung*.

89 Alexandertechnik, »Der Anti-Humboldt« (2009), http://www.humboldt forum.info/.

90 So zitiert in Gerwin Zohlen, »Verfassungsplatz und Platz der Nation. Zum Schlossplatz in Berlin«, in: Beutelschmidt und Novak, *Ein Palast und seine Republik*, S. 194.

91 Barthes, *Mythologies*.

92 Zitiert in Rosenfeld, »The Architects' Debate«, S. 211.

93 Vgl. Brodowski, »Geschichts(ab)riss«.

94 Vgl. Schug, *Palast der Republik*, S. 250.

95 Aufgrund einer Machbarkeitsstudie und einer gut besuchten Ausstellung im angrenzenden Staatsratsgebäude hatte die Forschungsgruppe Urban Catalyst im Jahr 2002 zunächst eine zeitweilige Nutzung des Palastes für kulturelle Veranstaltungen vorgeschlagen. Die *Wagnerkomplex*-Aufführung war Teil ihrer intensiven Bemühungen, doch nach ihrer Einschätzung war die Ausstellung der Terrakotta-Krieger von Xian ein »trojanisches Pferd« und zeigte die Vorliebe

der Bundesregierung für einen »kommerzielle(n) Unternehmer ohne kulturelle und politische Ambitionen«. Im Gegensatz dazu nutzte McKinsey den Palast im Tausch gegen die finanzielle Unterstützung von Kultur-Programmen. Philipp Oswalt, Klaus Overmeyer und Philipp Misselwitz, *Urban Catalyst: Mit Zwischennutzungen Stadt entwickeln*, Berlin 2013, S. 292. Zur Globalisierung von Berlins kulturellem Kapital vgl. Claire Colomb, »Requiem for a Lost Palast: ›Revanchist Urban Planning‹ and ›Burdened Landscapes‹ of the German Democratic Republic in the New Berlin«, *Planning Perspectives*, Nr. 22 (2007), S. 283–323; Huyssen, *Present Pasts*; Nikolaus Hirsch, »Brauchen wir Bauwerke, zur Vereinigung der Völker erbaut?«, in: Misselwitz, Obrist und Oswalt, *Fun Palace 200x*.

96 Vgl. »Antrag: Die Mitte der Spreeinsel als offenes Bürgerforum gestalten«, Deutscher Bundestag, 2002. Adrienne Goehler, die Berliner Senatorin für Wissenschaft, Forschung und Kultur (Bündnis 90/Die Grünen), setzte sich bei der Regierung für diese Idee ein.

97 Amelie Deuflhard und Philipp Oswalt, »The Making of Volkspalast«, in: Amelie Deuflhard und Sophie Krempl-Klieeisen (Hrsg.), *Volkspalast. Zwischen Aktivismus und Kunst*, Berlin 2006, S. 41.

98 Florian Waldvogel, »Volksballast oder Ort kultureller Produktion«, ebd.

99 Vgl. Tim Edensor, *Industrial Ruins: Space, Aesthetics, and Materiality*, New York 2005.

100 Waldvogel, »Volksballast«.

101 Michel de Certeau, *The Practice of Everyday Life*, Berkeley 1984.

102 In Kenny Cupers und Markus Miessen, *Spaces of Uncertainty*, Wuppertal 2002, S. 63.

103 Julia M. Novak, Thomas Beutelschmidt und Joseph Hoppe, »Palast-Parcours – Abriss der Geschichte«, in: Deuflhard und Krempl-Klieeisen, *Volkspalast*, S. 28. Der erste Vorstand bestand aus Amelie Deuflhard (Theater Sophiensæle), Philipp Oswalt (Studio Urban Catalyst), Jörn Weisbrodt (Staatsoper Unter den Linden), Joseph Hoppe (Deutsches Technikmuseum Berlin) und dem Rechtsanwalt Eberhard Rhein; Leiter der Geschäftsstelle war der Architekt Stefan Rethfeld. Der Verein war zeit seines Bestehens als Netzwerk mit verschiedenen wechselnden Partnern konzipiert. Die Idee der temporären Nutzung war verbunden mit einer breiteren Bewegung innerhalb der Architektur und Stadtplanung in den 2000er Jahren, die für die Idee der zeitweisen Nutzung des urbanen Raums in postindustriellen Städten eintrat als Reaktion auf die sich wandelnde Wirtschaft und Gesellschaft in der baulichen Umgebung, mit einer starken Betonung der kreativen Ökonomie. Vgl. die Aufsätze in Oswalt, Overmeyer und Misselwitz, *Urban Catalyst*; Klaus Overmeyer, Urban Pioneers: Temporary Use and Urban Development in Berlin, Berlin 2007; sowie Florian Haydn und Robert Temel (Hrsg.), *Temporary Urban Spaces: Concepts for the Use of City Spaces*, Basel 2006.

104 Misselwitz, Obrist und Oswalt, *Fun Palace 200X*, S. 137.

105 Sophie Krempl-Klieeisen, »Volkspalast. Was tragen Sie zur Demokratie bei?«, in: Deuflhard und Krempl-Klieeisen, *Volkspalast*, S. 56.

106 Rem Koolhas, »Architektur soll keine Werte verkörpern, sondern den Nutzen des Gebäudes – Ein Gespräch mit Miriam Böttger«, ebd., S. 186.

107 Sindy Duong, »Zwischennutzung im Palast der Republik. Ein Kreativfeld ohne ideologische Interessen?«, in: Schug, *Palast der Republik*, S. 124. Der Berliner Kultursenator Thomas Flierl spielte hier die Schlüsselrolle und brachte das Projekt in der Regierung entscheidend voran. Vgl. Oswalt, Overmeyer und Misselwitz, *Urban Catalyst*, S. 294.

108 Zu Prices architektonischen Ideen vgl. Hans Ulrich Obrist (Hrsg.), *Re: CP by Cedric Price*, Cambridge, MA, 2003. Zu Prices Beziehung zum Palast vgl. Misselwitz, Obrist und Oswalt, *Fun Palace 200X*.

109 Der Volkspalast, unter der Leitung von Amelie Deuflhard, Matthias Lilienthal und Philipp Oswalt, war die komprimierte Fassung eines früheren Konzepts für die zeitweilige Palastnutzung unter dem ursprünglichen Projektnamen »1000 Tage«. Das Projekt wurde in den Sommermonaten der Jahre 2004 und 2005 zweimal verwirklicht. Zu einem Überblick über die wichtigsten Events vgl. Deuflhard und Krempl-Klieeisen, *Volkspalast*. Einen Überblick über die verschiedenen Phasen des Projekts geben Oswalt, Overmeyer und Misselwitz, *Urban Catalyst*, S. 288–303. Vgl. auch *Zwischennutzung Palast der Republik*, Berlin: ZwischenPalastNutzung, 21. Juni 2004. Vgl. ferner *Zwischennutzung des Palast der Republik: Bilanz einer Transformation 2003*, Berlin 2005.

110 Deuflhard und Krempl-Klieeisen, *Volkspalast*, S. 47. Lars Rambergs Projekt war kein offizieller Teil des Volkspalasts.

111 »Supernova«, Lichtproduktionsgenossenschaft LPG, 2004, http://www.lichtproduktionsgenossenschaft.de/html/supernova.html.

112 Derrida, *Specters of Marx*, S. 51.

113 ZwischenPalastNutzung, »1000 Tage«, in: Deuflhard und Krempl-Klieeisen, *Volkspalast*.

114 LaCapra, »Revisiting the Historians' Debate«, S. 98.

115 ZwischenPalastNutzung, »Chance«, http://www.zwischenpalastnutzung.de/. Ein Zeichen für den Erfolg des Volkspalasts waren nach dessen eigenen Angaben die Proteste gegen den Abriss und gegen die Pläne des Wiederaufbaus des Schlosses im Spätsommer 2006: »Anders als in den frühen 1990er Jahren wurde diese Protestbewegung nun von einer jüngeren, vorwiegend aus Westdeutschland stammenden Generation getragen. Sie kannte das Gebäude vor allem aufgrund der Zwischennutzung, sah den Bau als wichtiges zeitgeschichtliches Zeugnis, als Symbol für das neue Berlin und das vereinte Deutschland in seiner ganzen Ambivalenz.« Oswalt, Overmeyer und Misselwitz, *Urban Catalyst*, S. 298.

116 Bruno Flierl, »Zur Neuaneignung des Areals Mitte – Spreeinsel Berlin.« In: Misselwitz, Obrist und Oswalt, *Fun Palace 200X*, S. 164. Die Organisatoren des Volkspalastes erkannten selbst: »Eine Schwäche des Projektes ›Der Berg‹ war jedoch, dass es sich dabei um eine eher formale, vor allem ästhetische Intervention handelte, während in dieser Situation des unmittelbar bevorstehenden Abrisses eine stärkere Politisierung und Thematisierung der Zukunft des Ortes wünschenswert gewesen wäre.« Dennoch hatte nach ihrer Feststellung der Volkspalast die Sicht der Öffentlichkeit verändert: Aus einer Stätte des DDR-Vermächtnisses wurde ein »Labor für zeitgenössische Kulturproduktion«. »Der Palast war zum Ort einer gesellschaftlichen Auseinandersetzung geworden, die den schwierigen, höchst ambivalenten Prozess der deutschen Vereinigung ästhetisch, kulturell und politisch reflektierte.« Oswalt, Overmeyer und Misselwitz, *Urban Catalyst*, S. 297 f.

117 *Der Rückbau*, Berlin 2006. Ein Webcam-Video, das zwischen April 2006 und Dezember 2008 den Prozess Monat für Monat dokumentiert, ist zugänglich unter http://www.stadtentwicklung.berlin.de/bauen/palast_rueckbau/video_flash/index.shtml.

118 Über den Stahl im Burj Khalifa reflektierend bemerkte Alexander Kluge: »Herculaneum ist nicht nur unter Lava verborgen. Es kann im höchsten Turm von Dubai versteckt sein.« »Der Angriff der 13. Fee«, *Der Freitag Online*, 24. Dezember 2009. Vgl. auch Thomas Loy, »Resteverwertung: Der Palast der Republik lebt weiter – in Einzelteilen«, *Der Tagespiegel Online*, 18. November 2012.

119 Jean-Louis Cohen, »Das Schloss? Roundtable on the Reconstruction of the Berlin Royal Palace«, New York University, Center for European and Mediterranean Studies and Deutsches Haus, 2008.

120 Friedrich von Bose, »The Making of Berlin's Humboldt-Forum: Negotiating History and the Cultural Politics of Place«, *Dark Matter,* Nr. 11 (2013), www.darkmatter101.org.

121 Cohen, »Das Schloss?«

122 Das Humboldt Forum wäre Thema eines eigenen Buches. Eine Kritik daran, wie das Humboldt Forum den Bildungsbegriff romantisiert, liefert Sean Franzel, »Recycling *Bildung*: From the Humboldt-Forum to Humboldt and Back«, *Seminar* 50, Nr. 3 (2014), S. 379–397. Vgl. auch die Kritik in von Bose, »The Making of Berlin's Humboldt-Forum«; Larissa Förster, »Nichts gewagt, nichts gewonnen: Die Ausstellung ›Anders zur Welt kommen. Das Humboldt-Forum im Schloss. Ein Werkstattblick‹«, *Paideuma: Mitteilungen zur Kulturkunde,* Nr. 56 (2010), S. 241–261; sowie Nina Brodowski, »Provincializing Humboldt. Der Diskurs um den Berliner Schlossplatz als gesellschaftspolitischer Gradmesser«, *Polar: Politik/Theorie/Alltag,* Nr. 12 (2013), http://www.polar-zeitschrift.de.

123 Freundeskreis Palast der Republik, »Presseinformation zur Wanderausstellung des Freundeskreises Palast der Republik« (2016).

124 Vgl. Marion Pfaus, *Rückbau 21,* http://www.rueckbau21.de. »Kein Schloss in meinem Namen« unterhält ein Archiv mit den Schloss-Debatten, zugänglich unter http://schlossdebatte.de.

125 »Temporäre Freiraumgestaltung Schlossareal: Ergebnisprotokoll«, Berlin: Senatsverwaltung für Stadtentwicklung, 22. September 2006. Bilder des Projekts sind zugänglich unter http://www.relaisla.de/relaishome/html/projekte/89/pro.html.

126 Das Stück hieß »Na, Bravo (Encore)«, *Ton Spur* 30, http://berlin.tonspur.at/b_30.html.

## Die Mauer nach der Mauer

1 Gilles Deleuze und Félix Guattari, *A Thousand Plateaus: Capitalism and Schizophrenia*, Minneapolis 1987.

2 Paul Ricœur, *Memory, History Forgetting*, Chicago 2004, S. 57.

3 Das Augenmerk gilt hier weniger den diskursiven Repräsentationen als dem materiellen Raum der Mauer, insbesondere der früheren innerstädtischen Grenze.

4 Robert Musil, *Posthumous Papers of a Living Author*, Hygiene, CO 1987 [1936].

5 Zum Konzept des Verschwindens vgl. Marilyn Ivy, *Discourses of the Vanishing: Modernity, Phantasm, Japan*, Chicago 1995, S. 65.

6 Jonathan Bach, »Memory Landscapes and the Labor of the Negative in Berlin«, *International Journal of Politics, Culture, and Society* 26, Nr. 1 (2013); Michael Taussig, *Defacement: Public Secrecy and the Labor of the Negative*, Stanford 1999; Georg Friedrich Wilhelm Hegel, *Preface to the Phenomenology of Spirit*, Princeton 2005 [1807].

7 Erst 1996 erhielten sie das Recht, ihr Eigentum mit einem Nachlass von 75 % des aktuellen Verkehrswertes von der Bundesregierung zurückzukaufen.

8 Zur kritischen Rekonstruktion vgl. Alexander Tölle, »Urban Identity Policies in Berlin: From Critical Reconstruction to Reconstructing the Wall«, *Cities* 27, Nr. 5 (2010), S. 348–357; Virag Molnar, »The Cultural Production of Locality: Reclaiming the ›European City‹ in Post-Wall Berlin«, *International Journal of Urban and Regional Research* 34, Nr. 2 (2010), S. 281–309; Karen E. Till, *The New Berlin: Memory, Politics, Place*, 2005; Naralle Hohensee, »Reinventing Traditionalism: The Influence of Critical Reconstruction on the Shape of Berlin's Friedrichstadt«, *Intersections* 11, Nr. 1 (2010), S. 55–99.

9 Carolyn Loeb, »Planning Reunification: The Planning History of the Fall of the Berlin Wall«, *Planning Perspectives* 21 (2006), S. 78.

10 Sebastian Richter, »Die Mauer in der deutschen Erinnerungskultur«, in: Klaus-Dietmar Henke (Hrsg.), *Die Mauer: Errichtung, Überwindung, Erinnerung,* Berlin 2011, S. 252–266. Berlin stand in jenem Sommer auch stärker als sonst

im Zentrum der nationalen Aufmerksamkeit, da der Bundestag nur zwei Jahre zuvor offiziell von Bonn dorthin umgezogen war und wenige Wochen vor dem Jahrestag des 13. August eines der großen neuen Abgeordnetenhäuser mit viel Tamtam eröffnet wurde.

11 Christian Bommarius, »Losungsworte der Geschichte«, *Berliner Zeitung*, 11. August 2001.

12 Das Museum befand sich ursprünglich (1962) in der Bernauer Straße. 1963 erfolgte der Umzug in die Friedrichstraße (Checkpoint Charlie).

13 Eigentümer des Grundstücks war eine Bankaktiengesellschaft der westdeutschen Stadt Hamm.

14 Nils-Viktor Sorge, »Das Kreuz mit den Kreuzen«, *Stern* (2005); Jana Sittnick, »Die Frau meint es ernst«, *Die Tageszeitung*, 30. Oktober 2004.

15 Hans-Hermann Hertle und Marie Nooke, *The Victims at the Berlin Wall, 1961–1989*, Berlin 2011. Dt.: *Die Todesopfer an der Berliner Mauer 1961–1989*, Berlin 2009.

16 Sittnick, »Die Frau meint es ernst«.

17 Ebd.

18 Hildebrandt und ihre Unterstützer wollten das als »temporäres« Kunstwerk deklarierte Mahnmal zu einem dauerhaften machen und gingen wegen einer Pachtverlängerung vor Gericht. Nachdem sie dort verloren hatten, forderte der Grundstückseigner die Stadt Berlin auf, das Mahnmal zu entfernen.

19 Johannes Gernert, »Die Kreuzritter vom Checkpoint«, *Die Tageszeitung*, 6. Juli 2005, S. 5.

20 Die Rolle der virtuellen Medien bei der Sichtbarmachung der Stätte ist für die Absorbierung, Organisierung, Konzeptualisierung und Kontrolle der vielfältigen Stätten, welche die Berliner Mauer ausmachen, immer wichtiger geworden. Aufgrund des unbeabsichtigten Isomorphismus zwischen den verteilten Mauerresten, dem Konzept und der Struktur einer Website ist die Mauer für Apps und virtuelle Handy-Guides besonders gut geeignet. Vgl. z. B. die Smartphone-App der Stadt Berlin: http://www.berlin.de/mauer/wo-war-die-mauer/app.en.html. Eine andere Variante, um die Mauer zu zeigen, ist die zunehmende Verwendung von virtuellen 3D-Bildern, z. B. http://www.twinity.com/en/community/berlin-wall. Hier stellen sich interessante Fragen nach der Authentizität, der Materialtreue und Indexikalität, Fragen, die eine ausführliche Behandlung verdienen. Franziska Koenig-Paratore danke ich für ihre aufschlussreichen Kommentare.

21 Thomas Flierl, *Gesamtkonzept zur Erinnerung an die Berliner Mauer: Dokumentation, Information und Gedenken*, Berlin 2006.

22 Bei den Grünflächen handelte es sich um den Nordbahnhof, den Mauerpark und einen Fahrradweg/Naturpfad, der in den Außenbezirken der Stadt an der Mauer entlangführte.

23 Flierl, »Gesamtkonzept«, S. 15.

24 Axel Klausmeier und Leo Schmidt, »Mauerrelikte«, in: Klaus-Dietmar Henke (Hrsg.), *Die Mauer: Errichtung, Überwindung, Erinnerung*, Berlin 2011, S. 342–354.

25 Aleida Assmann, *Der lange Schatten der Vergangenheit. Erinnerungskultur und Geschichtspolitik*, München 2006, S. 224.

26 Andreas Huyssen, »The Voids of Berlin«, *Critical Inquiry* 24, Nr. 1 (1997), S. 57–81.

27 James E. Young, »The Counter-monument: Memory Against Itself in Germany Today«, *Critical Inquiry* 18, Nr. 2 (1992), S. 273.

28 Cathy Caruth, *Unclaimed Experience: Trauma, Narrative, and History*, Baltimore 1996.

29 Roann Barris, »Architectures of Memory and Counter-Memory: Berlin and Bucharest«, Konferenzpapier, vorgelegt beim *Ralph and Ruth Fisher Forum: Interpreting Emotion in Eastern Europe, Russia, and Eurasia,* University of Illinois at Urbana-Champaign, IL, 19. – 21. Juni 2008, S. 6.

30 Der Wettbewerb wurde 1994 ausgelobt, und der Entwurf von Kohlhoff und Kohlhoff erhielt einen von zwei zweiten Preisen – ein erster Preis wurde nicht vergeben. Dieser Entwurf wurde schließlich ausgewählt, und 1998 wurde das Denkmal enthüllt.

31 Sybille Frank, *Der Mauer um die Wette gedenken: Die Formation einer Heritage-Industrie am Berliner Checkpoint Charlie*, Frankfurt 2009.

32 Christina Brüning, »Keine Einigung im Streit über Berliner Checkpoint Charlie«, *Berliner Morgenpost*, 22. Juli 2012.

33 Christoph Stollowsky, »Mauermuseum: Ort mit starker Symbolkraft – und nicht unumstritten,« *Der Tagesspiegel*, 12. Dezember 2013. Das Konzept manipuliert diplomatisch die zugegebenermaßen »schwierige Beziehung« zwischen dem Senat und Hildebrandts Museum, indem es das Museum als originalen Teil der Erinnerungslandschaft der Stätte einbezieht und es in seiner idiosynkratischen Form in den größeren Kontext einfügt.

34 Dies war eine Werbung für den Bundesverband Deutsche Stiftungen, der in dem Gebäude seinen Hauptsitz hatte.

35 Franz Thiel, »›Ohne Titel‹«, in: *Kunst im Stadtraum: 21 Kunstprojekte im Berliner Stadtraum,* Berlin 2002, S. 22 f.

36 Jeffrey Jurgens, »›A Wall Victim from the West‹: Migration, German Division, and Multidirectional Memory in Kreuzberg«, *Transit* 8, Nr. 2 (2013), S. 19.

37 Edward W. Soja, *Thirdspace: Journeys to Los Angeles and Other Real-and-Imagined Places,* Cambridge 1996.

38 Die Werbeagentur, die die Nutzungsrechte an den Flächen besaß, musste sich mit den Einkünften aus den Resten begnügen.

39 Künstlerinitiative East Side Gallery, »East Side Gallery Berlin«, www.eastside-gallery-berlin.com/.

40 Taussig, *Defacement,* S. 52.

41 Hendrik Lakeberg, »Squat and Reload: Ben De Biel«, *Sound of Berlin* (2012), http://soundofberlin.net/ben-de-biel/portrait-squat-reload.html.

42 In den frühen 1990er Jahren hatte es auch am Potsdamer Platz für eine kürzere Zeit eine Wagenburg gegeben.

43 »Alptraum im Niemandsland«, *Der Spiegel*, Nr. 21 (1996), S. 146 f.

44 Martin Henselmann, »Wem gehört die Stadt«, *Das Freischüssler*, Nr. 3 (1999), http://akj.rewi.hu-berlin.de/alt/zeitung/99/3/18a.htm.

45 35,5 Prozent stimmten für die Grünen, 20,8 Prozent für die Sozialdemokraten, 14,3 Prozent für die Piraten und 12,5 Prozent für die Partei Die Linke. Vgl. http://www.xhain.info/wahl2011/.

46 Axel Klausmeier, persönliche Mitteilung, 8. Mai 2013.

47 Matt Shea, »Berliners Are Fighting a War Against Hipster-Led Gentrification«, *Vice.com,* 5. April 2013, http://www.vice.com/en_uk/read/berlins-war-against-gentrification.

48 »Save Berlin: The Cranes Are Back!«, *ExBerliner*, 22. April 2013.

49 »Deckname ›Jens Peter‹: Bauherr der East Side Gallery war IM der Stasi«, *Spiegel Online*, 16. November 2013, http://www.spiegel.de/panorama/east-side-gallery-bauherr-hinkel-war-in-der-stasi-a-933975.html.

50 Die Stiftung Berliner Mauer hatte sich lange um die Zuständigkeit für die Stätte bemüht, doch als sie schließlich dieses Ziel erreichte, blieb aufgrund fehlender finanzieller Mittel und unterschiedlicher Perspektiven unklar, welche Form der Erhaltung möglich oder wünschenswert war.

51 Susan Leigh Star, »This Is Not a Boundary Object: Reflections on the Origin of a Concept«, *Science, Technology, and Human Values*, Nr. 35 (2010), S. 601–617.

52 Im Gegensatz z. B. zum Brandenburger Tor, dem Potsdamer Platz oder der Topographie des Terrors, wo die Mauer im Kontext anderer geschichtlicher Ereignisse erscheint.

53 Hope M. Harrison, »The Berlin Wall and Its Resurrection as a Site of Memory«, *German Politics and Society* 29, Nr. 2 (2011), S. 78–106; Michael Rothberg, *Multidirectional Memory: Remembering the Holocaust in the Age of Decolonization*, Stanford 2009.

54 Brigitte Sion, *Memorials in Berlin and Buenos Aires: Balancing Memory, Architecture, and Tourism*, New York 2014.

55 B. Joseph Pine und James H. Gilmore, *The Experience Economy: Work Is Theatre and Every Business a Stage*, Boston 1999.

56 Quinn Slobodian und Michelle Sterling, »Sacking Berlin«, *The Baffler,* Nr. 23 (2013), http://www.thebaffler.com/salvos/sacking-berlin; Claire Colomb, *Staging the New Berlin: Place Marketing and the Politics of Urban Reinvention Post-1989*, London 2012.

57 Walter Benjamin, *Illuminations,* hrsg. von Hannah Arendt, übers. von Harry Zohn, New York 2007.

58 Deleuze und Guattari, *A Thousand Plateaus.*

## Epilog
## Exit Ghost

1 Zur generationenübergreifenden Übermittlung durch das Erbe vgl. Yukiko Koga, *Inheritance of Loss: China, Japan, and the Political Economy of Redemption After Empire*, Chicago 2016. Zur Erbe-Theorie vgl. auch Stefan Willer, *Erbfälle: Theorie und Praxis kultureller Übertragung in der Moderne*, Paderborn 2014.

2 Zu Bataille: »wenn das System nicht mehr wachsen kann oder wenn das Überschüssige nicht mehr ganz in seinem Wachstum absorbiert werden kann, muss es notwendigerweise seinen Profit verschleudern, muss es ihn, willentlich oder nicht, eindrucksvoll oder wenigstens in einer Art Katastrophe ausgeben.« Zitiert in Georges Bataille, *The Accursed Share: An Essay on General Economy*, Bd. 1: *Consumption*, übers. von R. Hurley, New York 1998, S. 21.

Deutsche Übersetzung des Zitats: *Anpassung und Sehnsucht: Strategien der Ohnmacht in Zeiten des Ökonomismus. Jahrbuch für Arbeit und Menschenwürde Bd. 1*, 2000, S. 17, https://books.google.de/books?isbn=3825842886.

3 Dies ist ein beachtlicher Unterschied zu dem, wie, von Karl Marx und Georg Simmel bis heute, der Markt und die Akkumulation des Öfteren betrachtet werden, nämlich vor allem als eine Sphäre der Entfremdung von der Erfahrung und nicht als ein Mittel, durch das kulturelles Wissen bewahrt, in Umlauf gebracht und von Generation zu Generation weitergegeben wird.

4 Eric Santner, *Stranded Objects: Mourning, Memory, and Film in Postwar Germany*, Ithaca 1990, S. 45.

5 Ebd., S. 37 f.

6 Santner bezeichnet die Oszillation zwischen den Begriffen des Double Bind als »paradoxes Ritual oder auratische Entauratisierung«, die eher zu einer Wiederholung als zu einem Übergang führt. Vgl. ebd., S. 126. Zur multidirektionalen Erinnerung vgl. Michael Rothberg, *Multidirectional Memory: Remembering the Holocaust in the Age of Decolonization*, Stanford 2009.

7 Santner, *Stranded Objects*, S. 36.

8 Im Januar 1990 berichtete die Professorin Leonore Lieblein von einem Interview, das sie mit Müllers Dramaturgen Alexander Weigel über diesen Punkt geführt hatte: »Als ich ihn frage, ob er aufgrund einiger jüngerer politischer Ereignisse seine Meinung über das Stück geändert habe, sagt er ›nein‹, zumal er und Müller niemals der Ansicht gewesen seien, dass das Stück nur eine Aussage habe. Er räumt aber ein, dass sich das Publikum geändert haben und dieselben Dinge anders sehen könnte.« Vgl. Leonore Lieblein, »East Berlin Theater Diary«, *Journal of Dramatic Theory and Criticism* 7, Nr. 1 (1991), S. 120 f.

9 »Das Gedicht weist darauf hin«, schreibt Barnett, »dass Deutschland niemals wirklich gewusst hat, wie es sich in einer historischen Zwickmühle verhalten soll, und nimmt das Scheitern der Revolution von 1848 vorweg.« David Barnett, »Resisting the Revolution: Heiner Müller's *Hamlet/Machine* at the Deut-

sches Theater, Berlin, March 1990«, *Theater Research International* 31, Nr. 2 (2006), S. 189. Müller verwendete das Zitat als Motto für Robert Wilsons Produktion in New York und Hamburg (1986). Das Gedicht stammt von Ferdinand Freiligrath.

10 Santner, *Stranded Objects*, S. 46.

11 »Offener Brief der Vertrauensleute des ›Deutschen Theaters‹ an den Bundeskanzler Helmut Kohl (November 1989)«, http://www.ddr89/texte/briefe9.html.

12 Ebd.

13 Interview des Autors mit Romy Weyrauch und Martin Zepter, Berlin, 25. Mai 2015.

14 Ebd.

15 Vgl. u. a. Matthias Matussek, »Requiem für einen Staat«, *Der Spiegel*, 26. März 1990, S. 290.

16 Der Begriff »dritte Generation Ost« bezieht sich im Allgemeinen auf die früheren Ostdeutschen, die in den 1990er und frühen 2000er Jahren aufwuchsen. Vgl. Michael Hacker [u. a.] (Hrsg.), *Dritte Generation Ost: Wer wir sind, was wir wollen*, Berlin: Christoph Links, 2012.

17 *1989 [Exit Ghost]*, Akt 1, Szene 2. Unveröffentlichtes Manuskript.

18 *1989 [Exit Ghost]*, Akt 1, Szene 3.

19 Jana Hensel, *Zonenkinder*, Reinbek bei Hamburg 2002. Vgl. u. a. auch Sabina Rennefanz, *Eisenkinder: Die stille Wut der Wendegeneration*, München 2013. Zu 1968 und zur dritten Generation Ost vgl. u. a. Hans-Joachim Maaz, »Ihr könnt die 68er des Ostens sein«, *Die Zeit,* 10. Januar 2013, http://www.zeit.de/2013/03/Wendekinder-Hans-Joachim-Maaz.

20 Thomas Schubert, »Alles nur Theater? Die ›Dritte Generation Ost‹ betritt die Bühne«, unveröffentlichtes Manuskript.

21 Koga, *Inheritance of Loss.*

22 *1989 [Exit Ghost]*, Akt 1, Szene 5.

23 Original: »Ich stand an der Küste und redete mit der Brandung BLABLA.« Heiner Müller, *Die Hamletmaschine.*

24 *1989 [Exit Ghost]*, Akt 1, Szene 2; Akt 2, Szenen 3 und 4.

25 Interview.

26 *1989 [Exit Ghost]*, Akt 3, Szenen 1 und 2.

27 Ebd., Szene 6.

28 Schubert, »Alles nur Theater?«

29 Dominic Pettman, »A Break in Transmission: Art, Appropriation, and Accumulation«, *Genre* 34, Nr. 3–4 (2001), S. 280.

# Register


Abfall
Objekte als A. 10, 62
wird Artefakt 68
s. auch Müll 10
Abgrenzung 115
Abwesende Gegenwart / Abwesenheit der Gegenwart 14, 127 f.
Abwesenheit
Arbeit des Negativen und A. 164
Architektur, definiert durch A. 110, 128, 133, 144
der Berliner Mauer 19, 161, 165 f., 190, 197
in Erinnerungsstätten 19, 163
spürbare 133
und Vorstellung 144
s. auch Abwesende Gegenwart / Abwesenheit der Gegenwart
Alltag
s. Alltagsleben
Alltagsleben
Alltagsobjekte und Emotionen 16
Alltagsprodukte 29
als apolitisch 91
Ästhetik 71
Auswirkungen auf Alltagsobjekte 59
Darstellung des A. 16
im Faschismus 13
im Postsozialismus 11
im Sozialismus 7 f., 12, 14, 17, 59–62, 68, 77, 82, 107 f., 124, 201
in der DDR 8, 12, 68, 77, 80, 96, 105
materielle Kultur 11 ff., 62
Modalitäten des A. 11
private Museen über das A. 68, 80, 82
sekundäre Produktion des A. 59, 147
sich verändernde Einstellung staatlicher Museen 104, 107
Stasi als Teil des A. 96
und die Erinnerung von unten 10
Volkshaus als ganz alltäglicher Ort 118
s. Begegnung mit dem A.
s. Sammler des A.
Ambiguität/Mehrdeutigkeit
der Stasi im Alltag 96
des Erbes 138, 200, 209
im Dienst der Parodie 17, 47
in der Stadtgestaltung 148
zwischen Abwesenheit und Gegenwart 20, 112, 164
Ampelmännchen 42, 56
Aneignung
als Bruch mit der Tradition 213
als Prozess des Erbens 200
der Berliner Mauer 163, 198
der East Side Gallery 190–193, 199
Erinnerung durch A. 14
in Museen 61 f., 98, 109, 201
ironische A. 24, 26, 39, 44, 49
Kommerzialisierung 9, 18, 58, 165
Melancholie, elegisches Erbe und A. 125
neue Formen der A. 19, 111
neuer Wert, geschaffen durch A. 14
Palast der Republik 18, 112, 147, 201
performatives Erbe 151, 203
Überschuss, abgeschöpft durch A. 200
unsensible 98
von Ostprodukten 17, 40
von Trümmern 144
Antidenkmäler 166, 176
Anti-Humboldt 158
Antipolitik
der Erinnerung 77
Museen als Form der A. 61, 80, 100
Antistalinistische Aktion Berlin-Normannenstraße (ASTAK) 80
Apolitische Räume
als Ausdruck von Authentizität 17, 83
als Wertekategorie 60, 100
Arabischer Frühling 20
Architektur
als Ausdruck der Nation 118
als Ausdruck des Postmodernismus 136

Anti-Architektur 149
des Humboldt Forums 140, 154
des Palastes der Republik 118, 132
Honeckers A. 117 f., 120
im wiedervereinten Berlin 111
modernistische Prinzipien der A. 118
Nachkriegskritik an der A. 129
Temporalität des Traumas, eingefangen durch die A. 174, 176, 180
und historische Bedeutung 131
s. auch Abwesenheit
Architekturstreit 130, 136, 138, 156
Archivierung 127
Aristoteles 147
Asisi, Yadegar 184, 186
ASTAK
s. Antistalinistische Aktion Berlin-Normannenstraße
Ästhetisierung 38, 143
Aufarbeitung (der Vergangenheit)
Alltagsleben und A. 12, 62, 98, 108
private Museen als Teil der A. 62, 98, 102, 108
s. auch Vergangenheitsbewältigung
Aufgeklärter Absolutismus 139, 141
Aufhebung (spekulative Synthese) 153
Aura
der Authentizität 83, 106
der Kunst 136, 189
der Vertrautheit 84
des Palastes der Republik 118, 123, 136
preußische A. 137, 138
von Artefakten 42
von Museen 83, 87, 103
von Stabilität 123
Authentizität
als Instrument für die Präsentation des Nicht-Erinnerungswürdigen 83, 90
als Vertrauen 83, 90, 175, 181
am Checkpoint Charlie 182
Arbeitstheorie der A. 181
authentische Identität Berlins 133, 137
Bedeutung der Quantität für die A. 85
Erinnerungswert und A. 81
gesteigert durch Taktilität 89 f., 201
Hinterfragung der A. 31
Intimität und A. 88 ff., 95
Kopie des Berliner Stadtschlosses und A. 136
Objekte, Alltagsleben und A. 81, 84 ff., 108
professionelle Gestaltung 106, 181
und Warenfetischismus 32
von Gütern 33, 34
von Museen 17, 62, 83 f.
Wert der A. 81 f.
s. auch Aura der A.
Autonomie 59

Barris, Roann 176
Begegnung
bittersüße B. 31
dritter Raum als Begegnungsstätte 187
Ethnographie der B. 13
Gedenkstätte Bernauer Straße als Begegnungslandschaft 180
heutige B. mit dem historischen Gedächtnis 161
mit dem Alltagsleben 12
mit der Vergangenheit 82
Räume für persönliche B. 109
Stadien 91
zwischen Ost und West 31
s. auch Eigensinn
Benjamin, Walter 33, 91, 136, 198
Berdahl, Daphne 29
Berlin
als Ort städtebaulicher Kontroversen 111
Ansehen 143
definiert durch Abwesenheit 110
Phantom-Wolkenkratzer 117
politischer Streit 110 f., 125
Signifikant für B. 144, 160
Umgestaltung von B. 129
Vermächtnis 160, 193
s. auch Architektur im wiedervereinten B.
s. auch authentische Identität Berlins

Berliner Mauer
als Grenze 19, 161, 164 f., 167, 190, 196
als retemporalisiert 19, 163, 197
Authentizität 175, 181, 192, 196
Fall der B. M. 19 f., 33, 38, 56, 150, 152, 199, 203 f., 206 f., 210
Gedenkstätten 19, 161, 162, 164, 166, 170, 172, 174, 178, 181, 184 f., 200
Geist 189, 192, 194
historischer Verlauf 173
Mauergrundstücke 164
nationales Denkmal 178
Pflastersteinpfad 171
Rolle 163 f., 174, 198
Schicksal nach der Wiedervereinigung 161, 177, 197
Spuren 165, 192, 198
Überreste 14, 170, 175 f., 185, 193
Verschwinden 161
Versionen in der Gedenkstätte Bernauer Straße 175
s. auch Aneignung der B. M.
Berliner Stadtschloss
abwesende Präsenz 128, 132
als Ausdruck der preußischen Aura 112, 131, 143
als symbolisches Zentrum der Nation 141
als Versprechen 134
Sehnsucht nach dem B. S. 128, 133
Simulation 135 f.
Wiederaufbau 20, 112, 127, 130 f., 134, 137, 140, 156, 202
Zerstörung 143
Berührung
Geschichte zum Anfassen 74, 89 f.
Intimität 89, 90
Ostprodukte und westlicher Tastsinn 38
s. auch Synästhesie
Boddien, Wilhelm von 128, 132, 133 f., 136 f., 141, 148
Borneman, John 32
Brandenburger Tor 117, 128, 170, 172, 174
Brandt, Willy 115
Brinker-Gabler, Gisela 28
Bundesrepublik Deutschland (BRD) 7 f., 11 ff., 17 f., 20, 23 f., 26, 28, 37, 46, 55 f., 66 f., 78, 80, 99, 102, 104, 106, 109 f., 115, 117, 124, 128, 130, 138 f., 141, 172, 181, 191, 198, 202 f., 205, 208, 211, 213, 215, 218
s. auch vereintes Deutschland
Burj Khalifa, Wolkenkratzer 154 f.
Butzmann, Manfred 188

Caruth, Cathy 176
CDU
s. Christlich-Demokratische Union (CDU)
Certeau, Michel de 24, 59, 147
Checkpoint Charlie
als Erinnerungsstätte 19, 161
Erlebnis 180
falsche Soldaten 182 f., 187
Ironie 183
Konsumismus 199
Kontext 172, 184
Marktkultur 187
Migranten-Narrative 185
Multimedia-Ausstellung 184
Organisation der Temporalität 180
schwarze Kreuze 167 ff., 193, 195
Werbung für die Berliner Mauer 186
s. Authentizität am C. C.
s. Beziehung zur Gedenkstätte Bernauer Straße
China 11, 154
Christdemokraten
Proteste 169
Umgang mit Denkmälern 167, 169
Christlich-Demokratische Union (CDU) 46 f., 148, 169, 205
Crane, Susan 79

das Echte (das Reale) 31
DDR
s. Deutsche Demokratische Republik (DDR) 7
DDR Museum Berlin
im Museum gezeigte Videos 93
Kritik Sabrows 77 f., 84
multisensorische Erfahrungen 92

Präsentation der DDR 92, 106
Verhörraum 95 f., 103
Demokratie
moralischer Anspruch des Modernismus auf D. 130
Ostalgie als Gefahr 7
Revolution und D. 203
sozialdemokratische Tradition des Volkshauses 115, 118
Denkmal für die ermordeten Juden Europas 165, 167, 176
Design
der DDR-Zeit 24, 38 ff.
der Popkultur 49
von Marken 30, 38
Detemporalisierung 19, 161, 164, 197
Deutsche Demokratische Republik (DDR)
Ablehnung des Marktes 29
als gegenwärtige Abwesenheit 7
antikolonialistische Rhetorik 58
Erleben im Museum 77, 91 f.
gelebte Erfahrung 79 f., 102
internationale Anerkennung 115
Narrativ nach der Wiedervereinigung 78, 202, 206
Produkte 9, 11, 16 f., 20, 22 ff., 29 f., 33, 35 f., 38, 40, 42, 44, 48, 50 ff., 54, 62, 85, 107
Symbole 42, 45 f., 49, 58
technologische Führerrolle 10
Untergang 45, 207
verschwunden 10
Wandel 11, 109
s. auch Kommunismus
s. auch kulturelles Gedächtnis
s. auch Wirtschaft/Ökonomie
s. Design der DDR-Zeit
s. Erinnerung an die DDR
s. Kitsch der DDR
Deutsche Reichsbahn 21
Deutsches Historisches Museum (DHM) 104 f.
Deutschland
s. Bundesrepublik Deutschland (BRD)
s. Deutsche Demokratische Republik (DDR)
s. vereintes Deutschland
DHM
s. Deutsches Historisches Museum (DHM) 104
Diktatur
und Alltag 60, 77, 79 f., 99
Vergleich zwischen der Zeit des Nationalsozialismus und der DDR 8, 46
Verharmlosung 78, 82, 98, 105
Disartikulation 48
Dokumentationszentrum Alltagskultur der DDR 68 f.
doppeltes Erbe 8, 208
Double Bind 202
dritte Generation Ost 207
dritter Raum 187
Du Bois, W. E. B. 58

East Side Gallery
Bau von Luxuswohnungen 193 f.
Besatzungspolitik 187
Besetzer 190, 192
historische Bedeutung 187
Mauergemälde 189
Nutzung als Erholungsgebiet 191
Protest 195
s. Aneigung der E. S. G.
s. auch Gedenkstätten
s. Verunstaltung
Eigensinn 98
Eisenhüttenstadt 68
Ekici, Didem 136
elegisches Erbe
Kampf 16
Palast der Republik 150
typische Merkmale 127
s. Melancholie, e. E. und Aneignung 112
Erbe (*heritage*)
Architektur des nationalen E. 118
Status der East Side Gallery 196
Volkshaus 115

Erbe (*inheritance*)
Anerkennung 209
Erbstreitigkeiten 200
Erinnerung und E. 127, 143
Formen des E. 112, 125, 127, 143, 150, 153, 203
Nachkriegsmodernität als E. 87
Umgang mit 18
verborgenes E. 205
s. Ambiguität/Mehrdeutigkeit des E.
s. auch doppeltes Erbe
s. auch elegisches Erbe
s. auch mythisches Erbe
s. auch performatives Erbe
Erinnerung/Gedächtnis
Abschottung der E. 163
an den Palast der Republik 122
an die DDR 60, 76
Darstellung in Museen 72, 76, 82, 92
empirische Fragen 161
Erinnerungslandschaft 24, 26, 103 f., 107, 109, 152, 163 f., 166, 168, 173, 185, 187, 201
Erinnerungspolitik 18, 46, 55, 202
Erinnerungsstätten 19, 161, 163 f.
Geschichte als Komplizin 111
Kampf zwischen E. und Vergessen 83
Nicht-Erinnerungswürdiges als Wertekategorie 83, 100
Objektivität 81
Staat als Hüter der nationalen E. 56, 161
Trauma und Verdrängung 83, 100, 102
und Alltagsleben 18, 20, 99
Verschwinden 67, 163
Wert und E. 14, 81, 83, 92, 200
s. Aneignung durch E.
s. Antipolitik der E.
s. auch Erbe und E.
s. auch kollektive Erinnerung / kollektives Gedächtnis
s. auch Kommerzialisierung
s. auch kulturelles Gedächtnis
s. auch multidirektionale E.
s. auch selektive E.
s. auch Vergessen
s. auch Wirtschaft/Ökonomie
Erinnerungsstätten
s. Gedenkstätten 19
Erinnerungsstücke 66
Erinnerungswert 14, 82, 92, 200
s. Authentizität und E. 14
Ersatz 31 f.
*Exit Ghost*
persönliche Erfahrungen der Schauspieler 209
Sprache 210
und Erinnerung 208, 213
Eyal, Gil 57

Faier, Lieba 13
Fälschungen
als Bedrohung der Glaubwürdigkeit 175
Andenken an den Kalten Krieg 183
Visa als Eintrittskarten 23, 102
Wahrnehmung westlicher Güter als F. 33 f.
s. auch Authentizität
s. auch Kopie/Imitation
Feff, Catherine 134 f.
Fest, Joachim 127 f.
Fischer, Martin 174, 195
Flierl, Bruno 153
Flierl, Thomas 169
Fontane, Theodor 52, 54
Freiheitsmahnmal
Checkpoint Charlie 167–170
negatives Bild 170
Freundeskreis Palast der Republik
s. Palast der Republik

Gauck, Joachim 7
Gedächtnis
s. Erinnerung/Gedächtnis
Gedenkstätte Bernauer Straße
als Erinnerungsstätte 19, 161
als heilige Stätte 174
Beziehung zum Checkpoint Charlie 170, 187
Herstellung von Authentizität 181

physische Beschreibung 174, 176, 179 f.
Stahlstangen 177
Temporalität des Traumas 174, 176, 180
s. auch Versionen der Berliner Mauer in der G. B. S.
Gedenkstätten
als Antidenkmäler 166, 176
Bernauer Straße 19, 161, 170, 172, 174 f., 177, 180 f., 183, 187, 195, 198
Checkpoint Charlie 19, 161, 167 f., 170, 173 f., 180 ff., 185 ff., 193, 198 f.
East Side Gallery 19 f., 161, 170, 172, 174, 187–199
Senatskonzept 169 f.
Temporalität 163, 173 f., 180, 197
s. Abwesenheit in Erinnerungsstätten
generationenübergreifende Übermittlung 10, 15
s. auch dritte Generation Ost
s. auch Erbe
Gentrifizierung
Symbol für 194
Widerstand gegen 193, 199
Gesamtkonzept zur Erinnerung an die Berliner Mauer 196
gescheiterter Modernismus
s. Modernismus
Geschmack
Definition 34
Einheitsgeschmack 30 f.
Veränderungen 34
Gespensterhaftigkeit 128
Globalisierung 201, 211
Goldene Zukunft 27, 33
*Good-bye Lenin!* 23, 46, 49, 52, 94
Graffunder, Heinz 118
Grenzen
Überschreitung von G. 15, 47, 60
Verschwinden von G. 161
s. auch Berliner Mauer als G.
Groschopp, Horst 36
Grütters, Monika 181

Habermas, Jürgen 138
*Hamletmaschine*
als Symbol für Trauer 203
Gespräche 205
*Hamlet* (William Shakespeare) 19, 203, 206 f., 210, 212
Handelsmessen 16
Harootunian, Harry 109
Hartwig, Jürgen 63, 67 ff.
Haus der Geschichte (Bonn) 104–107, 172
Haus der Geschichte (Wittenberg) 88
Häuslichkeit 91
Heimatmuseum
historische Entwicklung 103
private DDR-Museen 103
Heimsuchung 210
Herzfeld, Michael 29
Highmore, Ben 61
Hildebrandt, Alexandra 167–170, 193
Hildebrandt, Rainer 167, 182
Hinkel, Maik Uwe 196
Historikerstreit 131, 138
Historische Meile (Berlin) 170
HO (Lebensmittelgeschäft) 108
Holocaust-Denkmal
s. Denkmal für die ermordeten Juden Europas
Honecker, Erich
Porträt 23, 95
von ihm angestrebter Sozialismus 98, 116, 149
s. Honeckers Architektur
Humboldt, Alexander von 140
Humboldt Forum
als kulturelle Institution 140, 157
als magische Formel 140
Angebote 143
Bau 154
Einweihung 160
Kritik 143, 156, 157
Sinn und Zweck 141, 157
Humboldt, Wilhelm von 140
Humor
Ironie 44, 48
Ostalgie 47 f.
Huyssen, Andreas 111, 175
Hyde, Lewis 49

Identität
Definition durch das Stadtbild 133
deutsche I. 8, 13, 46, 56, 138, 196
durch Objekte 13, 15
Erinnerungspolitik 46
Geschmack und Identitätsbestimmung 34
Konstruktion der I. durch Aneignung 14
ostdeutsche I. 29, 35, 42, 49
sozialistische I. 112, 115
Verlust 36, 40
IM
s. Informelle Mitarbeiter (IM)
Imitation
s. Kopie/Imitation
Informelle Mitarbeiter (IM) 37
Intershop 16, 21, 23, 200
Intimität
durch Objekte 71, 88
in Museumsausstellungen 88, 104
Unterwäsche 88 f.
s. auch kulturelle Intimität
s. Authentizität und I.
Ironie
als Form der Selbstdistanzierung 48
in der Ostalgie 42, 47, 50
s. auch Checkpoint Charlie
s. ironische Aneignung
Ivy, Marilyn 24, 41, 57

James, Beverly 97
James, William 14
Jones, Sara 95
Jüdisches Museum (Berlin) 111, 176
Jurgens, Jeffrey 185

Kaden, Conny 70 f.
Kalter Krieg
Berliner Mauer als Symbol 19, 161, 172, 193
Checkpoint Charlie als Symbol 172, 174
Erinnerung an den K. K. 175
Generationenunterschiede in Debatten des K. K. 148
geplantes Museum über den K. K. 184
Schloss als Wiedergutmachung für den K. K. 127
Kapelle der Versöhnung 179 f.
Kapitalismus
Furcht vor K. 211
Gier 193
Mystifizierung 58
kapitalistische Moderne 59
Kitsch
Analyse 48
der DDR 41
en miniature 46
im Palast der Republik 120
Objekte 48, 54
s. Sammler von K.
Klausmeier, Axel 174 f., 181, 186, 193
Kleihues, Paul 132
Kneisler, Bruno 121
Koga, Yukiko 111, 208
Kohl, Helmut 105, 204 f., 211
kollektive Erinnerung / kollektives Gedächtnis
Entwicklung 163
physische Orte 111
symbolischer Gehalt 17, 57
Kolonialismus 58, 157
Kommerzialisierung
als Hindernis für die Erinnerung 15
als Stil-Nostalgie 24, 26, 41
der Berliner Mauer 183
in der Marktwirtschaft 15
Nostalgie und K. 17, 26, 42, 55
untergegangene Warenformen 41
s. auch Aneignung
Kommunismus
DDR, Nationalsozialismus und K. 8 f., 47, 141
K.-Nostalgie 16
s. auch Sozialismus
Scheitern 127
s. Sammeln von kommunistischen Relikten
Komplizenschaft
Alltag und K. 58, 61, 200
Generationenunterschiede 148

Nähe zur Macht als K. 124
reflektierter Umgang mit der K. 148
s. auch doppeltes Erbe
und materielle Kultur 12
Konsum
als Rausch 33, 62
als Symbol 24
moderne Rituale 50
Prozess 59
Temporalität des K. 197
verführerische Macht des K. 198
s. kulturelle Kompetenz
Konsum (Lebensmittelgeschäft) 74, 76
Kopie/Imitation
des Berliner Stadtschlosses 18, 134, 136
des Westens 120
s. auch Simulacrum
Korff, Gottfried 78, 103 f.
kreative Ökonomie 198
Krier, Leon 130
kritische Rekonstruktion 131
kulturelle Intimität 29
kulturelle Kompetenz 34
kulturelle Obsoleszenz 11, 62, 67, 201
kulturelles Gedächtnis
Erinnerungskultur der DDR 99
kulturelle Erinnerungslandschaft 24, 26
Schaffung kultureller Erinnerung 17

LaCapra, Dominick 138, 153
Lampugnani, Vittorio 136
Lay, Conrad 35
Lebensmittelladen
s. HO (Lebensmittelgeschäft)
s. Konsum (Lebensmittelgeschäft)
Leere
durch historische Umstände entstanden 132, 175
nach dem Abriss des Palasts der Republik 110, 128, 160
neue L. in Berlin 110
Lewandowsky, Via 158
Libeskind, Daniel 111, 176
Liessmann, Konrad 48
Lieu de mémoire 123
Loeb, Carolyn 165
Lüdtke, Alf 60
Ludwig, Andreas 68, 70, 98

Marken(namen)
Betonung 52
Design 30, 38
Kultstatus 30, 56
s. auch Ostprodukte
Zigaretten 30, 31, 35 f., 39
Marktwirtschaft 11, 15
s. Kommerzialisierung in der M.
Materialität
empirische Fragen 161
Überschneidung mit dem Alltag 11
und Nostalgie 26
materielle Kultur
Darstellung der Vergangenheit 9, 23, 61
Darstellung des sozialistischen Alltags 62, 127, 215
Einblick in die Funktionsweisen des Alltags 9, 82, 98
Rolle im Vereinigungsprozess 13
s. Alltagsleben und m. K.
s. Komplizenschaft und m. K.
s. Sammeln, m. K. und Massenproduktion
Max, Wolfgang 63
McLuhan, Marshall 91 f.
Melancholie 112, 125, 133, 202
s. Aneignung, elegisches Erbe und M.
Migration 185
Ministerium für Staatssicherheit (Stasi)
Erhaltung 37, 80
innerhalb der Mauer-Gedenkstätten 172, 196
persönliche Komplizenschaft 37
Video-Überwachung 92 f.
s. Alltagsleben und Stasi
Mittag, Günter 59
Modernismus 129–132, 143
s. auch Postmoderne
modernistische Nostalgie
als Sehnsucht 24, 26, 28, 34, 42, 123
Rolle 24, 26

Modernität
Architektur 119 f., 129, 134
Nachkriegsmoderne 87
Rolle der M. 18
s. auch kapitalistische Moderne
s. auch sozialistische Modernität
s. Sehnsucht nach der Moderne
Monumente/Denkmäler
nach der Wende 128, 174, 187, 193
s. auch Christdemokraten
Müll
Phase des M.-Einsammelns 63, 108
Produktion von M. 62
Müller, Heiner 19, 200, 203–206, 210, 212
Müller, Jan-Werner 82
multidirektionale Erinnerung 197, 202
Multidirektionalität 110, 198
Museen
als Entertainment 77
als Erfolg 82
als Objekt 15
Amateurmuseen 17, 61, 70, 75, 77 f., 80, 82 f., 96 f., 102 ff., 108
Ausbreitung 69
Ausstellungen 15, 17, 21, 23, 38 f., 42, 51, 61, 64, 69, 74, 77, 80–89, 94–100, 105 ff., 124, 134 f., 140, 156, 172, 182–185, 207
Ausstellungsobjekte 71
Behandlung des Widerstands 80, 98 f., 105
Darstellung der Häuslichkeit 91
empathische Erlebnisse 103
Erlebnis der realen DDR 71, 74, 83, 92
generationen- und epochenspezifische Erinnerungen 71
gespielte Lieder 84, 93
interaktives Erleben 62, 74, 90, 92, 95 f., 106
nach der Wiedervereinigung 98, 109
Präsentation nicht-erinnerungswürdiger Objekte 83, 90, 96
prominente Beispiele 104
staatlich unterstützt 17, 20, 61, 81, 84, 104–107
Taktilität 89 f.
Wandel des Lebensstils 109
s. Aneignung in M.
s. auch Alltagsleben
s. auch Antipolitik
s. Aura von M.
s. Authentizität von M.
s. Intimität in Museumsausstellungen
Museum Apolda (Museumsbaracke Olle DDR) 75, 81, 85
Museum in der Kulturbrauerei Prenzlauer Berg 106 f.
s. auch Stiftung Haus der Geschichte der Bundesrepublik Deutschland, HdG
Museum Kampehl 73
Museum Perleberg
Ausstellungen 75 f., 89, 98–102
politischer Inhalt 100
Spiegel-Exponat 100 f.
Museum Pirna 70
Museum Tutow 56, 75, 79, 81
Museum Zeitreise 72, 75, 79, 86, 99
mythisches Erbe
Ästhetisierung 112
und Volkspalast 150
Zeitlosigkeit 112, 143

Nachkriegszeit
Bedeutung *Hamlets* 203
Narrativ der deutschen Geschichte 104
Opfer für den Sozialismus 98
Zielscheibe konservativer Stadtplanungskritik 129 f.
s. auch Modernität
Nach-Wende-Zeit
Berliner Flächennutzungsplan 164, 167
Generationen 18, 40, 201, 212
informeller Mitarbeiter als dominante Gestalt 37
Marktgesellschaft 98, 109
s. auch Deutsche Demokratische Republik (DDR) 18
Nadkarni, Maya 55, 81

Nation
Erinnerung und nationale Identität 56
symbolisches Terrain 111
Nationalsozialismus
Berliner Schloss im N. 131, 138
Modernismus und N. 130
Schicksal des Volkshauses 116
Vergleich mit Sozialismus 8 f., 46, 141
s. auch Architekturstreit
s. auch Historikerstreit
Neokonservatismus 136
Neoliberalismus
omnipräsenter N. 211
räuberischer N. 193
Niemeyer, Oscar 119
Nostalgie
als Phänomen 17, 23, 26
gefährliche N. 7
hinsichtlich des Verlusts der Sehnsucht 28
Verlust des nostalgisches Flairs 49
Wandel von Müll in Nostalgieobjekte 64
s. auch modernistische N.
s. auch Ostalgie
s. Kommerzialisierung und N.
s. Kommunismus-N.
s. Materialität und N.
s. Ostprodukte als Gegenteil von N.

Objekte
antipolitische O. 85
Authentizität und Vertrauen 84
der Ostalgie 17, 41
Konsumgüter 14, 35, 58, 201
kulturell obsolete O. 62, 67, 201
monetärer Wert 65
Sinneserfahrungen 92
Umgang mit O. 9, 18, 65, 88
unbestimmte O. 202
Wert von O. 10, 14, 15, 55, 64 f., 108
s. auch Alltagsleben
s. auch Müll
s. auch Museen
s. Authentizität, O. und Alltagsleben
s. Intimität durch O.
s. Kitschobjekte
s. Sehnsucht getrennt vom O.
Ostalgie
als gesellschaftliches Faktum 56
als ironisch 46, 49, 57
als Trickster 47 ff., 56
Bestätigung kollektiver Identität 40
Geist der O. 47
Kraft der O. 47
Materialität, Nostalgie und O. 26
negative Konnotationen 56
T-Shirt 25, 49
und Institutionalisierung 26
und Kommerzialisierung 26, 55
und regionale Produkte 49, 52
Vermeidung des Begriffs 79
Vorwürfe 46, 58
Welle der O. 23
s. auch Nostalgie
s. auch Ostprodukte
s. Objekte der O.
Ostdeutsche kommunistische Partei
s. Sozialistische Einheitspartei Deutschlands (SED)
Ostdeutschland
s. Deutsche Demokratische Republik (DDR)
Ostpakete 44
Ostprodukte
als Gegenteil von Nostalgie 44
als sekundäre Produktion 59
Funktion 24
Humor 17, 26, 44, 45
Marken 23, 30, 35, 52
Messen 16, 51, 53
Trickster-Qualität 51
Umwertung 32
Wandel von nostalgischen zu regionalen Produkten 17, 24, 49, 51–54
westliche Eigentümer 35
Oswalt, Philipp 147, 150

Palast der Republik
Abriss 127, 133, 141, 144 f., 150, 154 f., 157

als Symbol 117, 125, 133, 144, 148, 153
Asbestverseuchung 123, 125, 141, 144
Debatte über den öffentlichen Raum 146
Emotionen 113
Erfolg 113
Freundeskreis P. d. R. 124, 157
Gesellschaftstänze 120, 122
Glasblume 120 f.
Graffito 158, 160
Kulturprogramm 120
Kunstinstallationen 150 ff.
Rückbau 110, 154
Ruine 145 ff., 154, 201
Schließung 113, 124, 144
Supernova 150, 152
symbolischer Abschied 150, 153
Transformation durch performatives Erbe 151
Vernichtung 124
Vertilgung 124
vom Kommunismus gereinigt 145
Zwischennutzung 151, 159
s. Aneignung des P. d. R.
s. Architektur des P. d. R.
s. Aura des P. d. R.
Parkin, David 66 f.
Partei des Demokratischen Sozialismus (PDS) 166
performatives Erbe
in *Exit Ghost* 203, 209
Palast der Republik 112, 151
s. auch Aneignung
s. auch doppeltes Erbe
Peschken, Gerd 128, 134
Pettman, Dominic 213
Pfaus, Marion 157
Postmoderne 136
Postsozialismus 11, 55
Potsdamer Platz 172, 192
Preußen
als Symbol 138
als unbeschwert 139
nach der Wiedervereinigung 138 f.
s. auch aufgeklärter Absolutismus
s. auch Aura
Price, Cedric 149, 154

Raum
Abwesenheit und R. 164
apolitischer R. 60, 81, 84
bebauter R. als leerer Signifikant 144
des Alltags 18
des Widerstands 59 f.
Herstellung des R. durch den Konsum 187
*horror vacui* 147
öffentlicher R. 110, 146
therapeutischer R. 102
urbaner R. 16, 110
Zeit und R. 64, 163
s. auch dritter Raum 8
s. auch Zeitraum 8
Raumerweiterungshallen 21 f.
Reartikulation 49
relais Landschaftsarchitekten 157, 159
Retemporalisierung
der Berliner Mauer 163, 197
Typen 174
Rofel, Lisa 13
Rosenfeld, Gavriel 130 f., 139
Rossi, Aldo 132
Rothberg, Michael 110, 197
Rückbau 110, 154, 157
Ruinen
Aneignung 147
s. auch Palast der Republik
Sichtbarkeit 10, 170

Sabrow-Kommission 60 f., 77
Sabrow, Martin 60, 77 ff., 84
Sadowski-Smith, Claudia 40
Sammeln
als Form des Überlebens 65
als Impuls 64, 103
Entwicklung 107
materielle Kultur und Massenproduktion 9, 23, 61, 85
von kommunistischen Relikten 64
Sammler
des Alltagslebens 63, 105
Hartwig als S. 63, 67 ff.

Max als S. 63
von Kitsch 23
von Paraphernalien 63
Winkler als S. 67 f., 71
Sammlung Industrielle Gestaltung 107
Santner, Eric 202, 204
Schmundt, Hilmar 39 f.
Schröder, Gerhard 114
Schubert, Thomas 212
Schüffner, Marc 129
Schwarzmarkt 32
Schwarzplan 132
SED
s. Sozialistische Einheitspartei Deutschlands (SED)
*SED – Schönes Einheits-Design* 38 f.
Sehnsucht
getrennt vom Objekt 27, 42
modernistische Form der Nostalgie 26, 28, 42, 123
nach dem Palast der Republik 125
nach der Moderne 26
sekundäre Produktion 59, 147
Selbst
Selbstheilung 87, 102
Selbstwertgefühl 65
vollentwickeltes S. 27
selektive Erinnerung 7
Shakespeare, William 19
Shevchenko, Olga 55, 81
Sichtbarkeit 10, 166, 170, 173, 176, 190
Siedler, Wolf Jobst 128 f., 132, 133, 137, 139, 160
Simulacrum 136, 137
Slogans 7, 17, 27, 30 f., 42, 44 f., 51, 54, 193, 204
Sozialismus
Ära des S. 13, 23, 81
Ideologie 58, 60, 84
materielle Kultur und real existierender S. 98
sozialistisch in der Form, national im Inhalt 50, 54
Staatssozialismus 12, 59
s. Alltagsleben im S.
s. auch Postsozialismus
Sozialistische Einheitspartei Deutschlands (SED) 8, 46, 93, 105
sozialistische Modernität 7
Sprachlosigkeit 210
Sprachlos (Zigarettenmarke) 39
staatliche Repression 19, 80, 205
Stereotype 14
Stiftung Haus der Geschichte der Bundesrepublik Deutschland, HdG
s. Haus der Geschichte (Bonn)
Stiftung Preußischer Kulturbesitz 140
Stil-Nostalgie 24, 26, 38, 41 f.
Stimmann, Hans 131 f., 144, 148
Stiob 47 f., 60
Stodolsky, Ivor 47
Synästhesie
Verwendung 91
Zweck 92

Taktilität
als negativ 91
s. auch Museen
Temporalität
der Mauergedenkstätten 197
Jetztzeit 198
Sichtbarmachung der Erinnerung durch T. 161, 163, 173, 176, 196 f.
s. auch Checkpoint Charlie
s. auch Detemporalisierung
s. auch Gedenkstätte Bernauer Straße
s. auch Retemporalisierung
s. auch Zeit
theatrale subversion (Theaterkollektiv) 206
Thiel, Frank 183
Till, Karen 132
Ton/Sound
in Ausstellungen von Alltagsmuseen 94, 97
Kunstprojekt Tonspuren 158
Topographie des Terrors 111, 170, 172
Tränenpalast
s. Stiftung Haus der Geschichte der Bundesrepublik Deutschland, HdG

Trauer
Melancholie, abwesende Gegenwart und T. 112, 125
s. *Hamletmaschine* als Symbol für T.
Trauma
Geschichte als T. 100, 111
Narrativ 19, 176
s. auch Gedenkstätte Bernauer Straße
Trauma-Erfahrung 177
Unterdrückung der Erinnerung 100, 102
Trickster/Trickbetrüger
Funktionen 17, 48
Mythos 47
s. Ostalgie als T.

Übergang 15
Überschuss
an Unsichtbarkeit und Sichtbarkeit 10, 190
abgeschöpft durch Aneignung unerwünschter Ü. 61
verleiht Objekten den Status eines Originals 85
Ulbricht, Walter 23, 116 ff., 128, 154
Urban Catalyst 147
Utopie/Utopia 27, 211 ff.

Veenis, Milena 27, 33
Vereinigung
abruptes Ereignis 12 f., 67, 123
Aufführung *Hamletmaschine* 19, 206
Bedeutung des Palasts der Republik nach der V. 112 ff., 120, 144
Chancen 20, 132
Reaktion des Deutschen Theaters 204
Säuberungsaktionen 62
und materielle Kultur 10–13, 23
Verbraucherwünsche 62
s. auch Wiedervereinigung
s. Monumente/Denkmäler nach der Wende
vereintes Deutschland
Absorbierung Ostdeutschlands 67
demokratische Legitimität 78
preußisches Erbe 139
Vermächtnis des sozialistischen Alltags 8
s. auch Bundesrepublik Deutschland (BRD)
s. auch Deutsche Demokratische Republik (DDR)
Verein zur Dokumentation der DDR-Alltagskultur 64, 68, 70
Vergangenheit
Aneignung 9, 15, 203
Antipolitik 100
Ästhetisierung 112
Debatten über die V. 111 f., 131
Heimsuchung durch die V. 204
Kommerzialisierung 15
Sehnsucht nach der V. 26
Sichtbarkeit 163, 176
Träume von der V. 109, 147
vor dem Verschwinden bewahrt 57, 104, 163
Wert der V. 66
s. auch Aufarbeitung (der V.)
s. auch Multidirektionalität
s. auch Vergangenheitsbewältigung
Vergangenheitsbewältigung
Alltagsleben und V. 58
Identität und V. 9, 15, 56, 64, 111
zweite Chance und V. 20
s. auch Aufarbeitung (der Vergangenheit)
Vergessen 83
Verharmlosung 12, 78, 82, 98, 105
Vermächtnis
s. Erbe
Verschwinden
der DDR 67
der Vergangenheit 57
einer Ära 23
von Warenformen 41
s. auch Berliner Mauer
s. auch Erinnerung/Gedächtnis
s. auch Grenzen
Versöhnungskirche 174, 179
Verstörendes/Unbestimmtes 10, 99, 202
Verunstaltung 190

Volkshaus 115 f., 118, 149, 157
Volkspalast
s. Palast der Republik
Vukov, Nikolai 82 f., 100

Wagner-Pacifici, Robin 15
Waldvogel, Florian 147
Warenfetischismus 32, 59
*Was bleibt* (Christa Wolf) 31
Wende
s. Vereinigung
s. Wiedervereinigung
Wert
authentischer W. 32
das Nicht-Erinnerungswürdige, Erinnerung und W. 83
des Palasts der Republik 123 f.
durch multisensorische Erfahrungen 92
intersubjektiver W. 65 f.
Pole 10
s. auch Aneignung
s. auch Objekte
Umwertung 32
von Waren 15
Weskott, Martin 63
Westdeutschland
s. Bundesrepublik Deutschland (BRD)
Westprodukte 215
Weyrauch, Romy 204
Widerstand
Alltag als Form des W. 60, 99
in Museen 80, 98 f., 105
Wiedervereinigung
Berliner Architektur nach der W. 164, 180
s. auch Vereinigung
s. Museen nach der W.
s. Preußen nach der W.
Wirtschaft/Ökonomie
Erinnerungsökonomie 9, 197 f.
Mangelwirtschaft 8, 62, 74
Ökonomie des schönen Scheins 34
s. auch kreative Ökonomie
s. auch Marktwirtschaft
s. auch Schwarzmarkt
Wolf, Christa 31, 210

Yurchak, Alexei 66

Zeit
aus der Z. gefallene Orte und Dinge 19, 161, 200
Beschleunigung 181, 186
mythisches Erbe und Z. 112, 143
s. auch Detemporalisierung
s. auch Retemporalisierung
s. auch Temporalität
Verlangsamung 181
Zeitgeschichtliches Forum Leipzig 80, 99, 105
s. auch Stiftung Haus der Geschichte der Bundesrepublik Deutschland, HdG
Zeitraum 13, 113, 163, 200
Zepter, Martin 205, 210
Zigaretten
s. Marken(namen) 30
Zirkulierung von erlösenden Praktiken 198
Zwischennutzung 151, 159